# 企业文化与人本管理

（第二版）

段维龙　著

北京大学出版社
PEKING UNIVERSITY PRESS

## 内容简介

企业文化管理是企业管理理论的最新成果，是知识经济时代现代企业管理的主要方式，是企业管理的发展趋势，是现代管理理论的升华。《企业文化与人本管理》(第二版)吸收了最新理论研究与实践探索成果，是一部探讨企业文化建设与人本管理的著作。

本书从研究文化与企业文化的基本概念出发，揭示了企业及企业文化管理的主要特点，阐明了企业文化管理与提升企业核心竞争力的关系，较为系统地提出了企业文化建设与人本管理的系列观点，其中，第一篇，企业文化——文化建设篇；第二篇，企业管理——人本管理篇；第三篇，企业文化案例——中西方企业文化案例篇。本书内容翔实，案例丰富，语言流畅，对企业文化建设与实施文化管理具有较高的实践指导价值。

本书是企业进行企业文化建设和探索实施文化管理的学习材料，也可作为本、专科管理类各专业学生“企业文化与人本管理”“企业文化”或“文化管理”等课程的教材，还可作为企业文化建设与文化管理培训资料。

**图书在版编目(CIP)数据**

企业文化与人本管理/段维龙著. —2 版. —北京：北京大学出版社，2013.8
ISBN 978-7-301-22818-0

Ⅰ.①企…　Ⅱ.①段…　Ⅲ.①企业文化－企业管理－高等学校－教材　Ⅳ.①F270

中国版本图书馆 CIP 数据核字(2013)第 150829 号

**书　　名：企业文化与人本管理(第二版)**
著作责任者：段维龙　著
策 划 编 辑：周　伟
责 任 编 辑：周　伟
标 准 书 号：ISBN 978-7-301-22818-0/F·3674
出 版 发 行：北京大学出版社
地　　址：北京市海淀区成府路 205 号　100871
网　　址：http://www.pup.cn　　新浪官方微博：@北京大学出版社
电 子 信 箱：zyjy@pup.cn
电　　话：邮购部 62752015　发行部 62750672　编辑部 62754934　出版部 62754962
印 刷 者：北京富生印刷厂
经 销 者：新华书店
787 毫米×1092 毫米　16 开本　13.75 印张　335 千字
2009 年 11 月第 1 版
2013 年 8 月第 2 版　2013 年 8 月第 1 次印刷
定　　价：28.00 元

# 前　言

一个民族的进步依靠民族文化的牵引，一个国家的发展和社会的进步依赖其优秀的民族文化，一个企业做大、做强、做久依赖于其优秀的企业文化。关于企业文化的研究于20世纪80年代初传入我国，三十几年里，企业文化的研究经久不衰，企业管理理论研究从经验管理、科学管理上升到文化管理，实现了管理理论和管理实践的质的飞跃。从1945年战败到20世纪80年代，日本取得了前所未有的繁荣与发展，GDP达到世界第二位，一直持续到2010年6月被中国取代，居世界第三位，日本经济发展是企业的快速发展创造的“日本奇迹”，也是世界奇迹。日本战后崛起的主体是企业，企业的崛起引起美国等国家的专家、学者和企业家对日本崛起原因的研究，结论是日本企业的优秀企业文化是其跨越式发展的“核武器”。我国企业要实现这个飞跃，也必须重视企业文化研究，加强企业文化建设，探索实施文化管理，将文化管理研究的重心逐步转移到人本管理上来，实施人本管理，提高企业核心竞争力，延长企业生命周期。

企业如何在激烈的市场竞争中求生存、谋发展，加强企业文化建设，加强文化管理研究，实施人本管理是企业管理的必由之路。这也是我国企业，特别是中小企业适应我国加入WTO、应对世界市场竞争的需要。

本书在简要地概述国内外企业文化建设与文化管理理论基础之上，介绍了美国、日本、德国和中国四个中西方国家的文化差异、企业文化差异和代表性企业文化案例，分析了我国企业文化建设存在的问题，重点强调企业转变观念，重视文化建设，探索文化管理，进行企业文化塑造和文化创新，实施人本管理，这也是本书的基本思路和主体结构。

在知识经济时代，世界进入经济一体化和贸易全球化的今天，企业如何建设优秀的企业文化、实施人本管理是本书的主题，作者提出了许多个人的看法，并提出企业文化是企业生存发展的推动力，企业精神提升企业的核心竞争力，是企业长寿的遗传密码等论点。本书分为企业文化——文化建设篇、企业管理——人本管理篇和企业文化案例篇——中西方企业文化案例篇共八章。第一章是企业与企业文化概略，第二章是企业文化与企业生存发展，第三章是企业文化建设的内容与原则，第四章是企业文化与CIS战略，第五章是企业管理概略，第六章是管理理论的演进——传统管理到文化管理，第七章是人本管理——企业文化管理的本质，第八章是中西方企业文化差异与典型案例。

本书的读者对象比较广泛，包括学习研究企业文化、文化管理的人士，高校师生，特别适用于从事企业文化建设与文化管理实践工作的企业家、企业主和企业管理人员。

企业文化是一门新兴学科，涉及范围广，虽然借鉴了许多国内外专家、学者以及企业家的观点及论著（本书参考文献部分进行了基本介绍），引用了企业文化建设的成功案例，提出了一些新思路，但由于作者的学识所限，不足之处在所难免，敬请广大读者不吝指正。

段维龙

2013年2月再版于广东职业技术学院

# 目　　录

## 第一篇　企业文化——文化建设篇

第一篇

# 企业文化——文化建设篇

上下同欲者胜。

——《孙子兵法》

一个没有文化的军队是愚蠢的军队，而愚蠢的军队是打不了胜仗的。

——毛泽东

国家富强在于经济，经济繁荣在于企业，企业兴旺在于管理，管理优劣在于文化。

——著名经济学家于光远

企业文化是企业发展的重要保证，没有文化支撑的企业干不成事。

——著名经济学家、清华大学教授魏杰

如果企业是一条鱼，那么水就是企业生存的市场，水中的氧气就是优秀的企业文化，缺氧的水中鱼儿无法生存，缺乏优秀文化的企业必然退出市场。

——段维龙

# 第一章 企业与企业文化概略

凝聚土壤的是水分，凝聚人心的是文化。

——日本松下电器公司创始人松下幸之助

人本是散落的珍珠，随地乱滚，文化就是那根柔弱又强韧的细线，将珠子穿起来成为社会。当公民社会不再依赖皇权或神权来巩固它的底座，文化、历史是公民社会最重要的黏合剂。

——台湾著名文化人龙应台

世界上一切资源都可能枯竭，只有一种资源可以生生不息，那就是文化。

——华为电子技术有限公司董事长任正非

企业是社会的主体，文化是企业的灵魂。

——段维龙

## 1.1 企业概略

作为国民经济的细胞，企业是现代社会经济的基本单位，是社会生产、流通和服务的直接承担者，以生产或服务满足社会需要，实行自主经营、独立核算、依法设立的一种营利性的经济组织。企业是市场经济活动的主要参与者，是市场经济条件下最重要的市场主体。

### 1.1.1 企业及其责任

研究企业文化，研究企业管理，研究企业人本管理，首先必须研究什么是企业，企业的责任或使命是什么，现代企业的主要形式和基本特征是什么，这些成为本章研究的主体内容。

## 一、企业的概念

企业是社会生产力发展到一定水平的结果，是商品生产与商品交换的产物。随着社会生产力的提高和商品生产的发展，到了资本主义社会，出现真正为了进行商品交换的经营活动，由此才产生了严格意义上的企业。

“企业”的英语表示为“Enterprise”，由“Enter”和“Prise”两个部分构成，“Enter”具有“获得、开始享有”的含义，引申为“盈利、收益”；“Prise”则有“撬起、撑起”的意思，引申为“杠杆、工具”，二者合起来表示为“获取盈利的工具”。日本意译为“企业”，表示商事主体企图从事某项事业，且有持续经营的意思，是从事经营活动，获取盈利的主体，其终极目的是谋求自我利益最大化。

综上所述，企业是指以盈利为目的，从事生产、流通或服务等经济活动，以产品或服务满足社会需要，自主经营、自负盈亏、自我约束、自我发展、依法设立、独立核算，具有法人资格的经济组织。简而言之，企业是指依法设立，以盈利为目的，从事商品生产经营或服务活动的独立核算的经济组织。

## 二、企业的一般要素

（1）企业拥有一定的资源——人、财、物、时间、技术、信息和市场等。

（2）企业有明确的活动内容——企业从事社会商品的生产、流通或服务等经济活动。

（3）企业有一定的生产经营活动的场所——土地（车间和厂房）。

（4）企业有一定数量和质量的员工和管理者——人。

（5）企业自主经营、自负盈亏，具有法人地位——法人。

（6）企业生产经营活动的主要目的——获取经济利润。

## 三、企业的责任

### （一）经济责任

企业的经济责任主要是创造经济利益，获取经济利润，即企业盈利。经济责任是企业的主要责任。现代企业是自主经营、自负盈亏、自我约束、自我发展的市场主体，是独立的商品生产者或经营者，实行资本所有权与经营管理权相分离，有利于激发投资者、经营者和生产者的积极性，实现资源优化配置，有效筹集资本，提高企业的经营效能，创造经济利益，以促进国民经济的快速、持续和健康发展。

#### 1. 企业增收盈利的责任

企业通过理念创新、制度创新、管理创新、技术创新和产品创新等手段，扩大产品生产或市场份额，提供优质产品和高效服务，增加经济利润，严格控制成本，以增加企业的营利能力，促进企业的生存发展。增收盈利责任是企业的主要经济责任，如果没有盈利，企业就面临破产退出市场的结局，那么，企业的其他经济责任和社会责任均无法实现。

#### 2. 所有者保值增值的责任

企业对所有者承担的基本责任是保护所有者的投资并使其增值，即保值增值的责任。

所有者都希望能得到一定的投资报酬(至少保本),希望企业开发产品、开拓市场、增加利润,提高投资报酬率。

3. 债权人偿还债务的责任

债权人,是指向企业出借资金或物资的人。企业对债权人的责任就是到期偿还债务或物资的责任,否则,企业债权人的利益受损,这会影响企业的信誉和融资能力,并进而影响企业的生存和发展。

4. 员工增收的责任

企业通过经营获得经济利润,确保员工的劳动报酬(包括工资、福利、奖金和保险等),并促进员工全面发展,否则,企业难以吸引和留住员工,不能调动员工的积极性、主动性和创造性。

### (二) 社会责任

企业的社会责任,是指企业对社会和国家所承担的责任,即维护社会稳定、保护环境、节约资源、依法经营和参加公益活动等。企业的社会责任一般包括政治责任、法律责任、社会公益责任、维护社会稳定责任、保护环境与节约资源责任及其他的社会责任。

1. 政治责任

企业特别是现代企业,其政治责任主要是指企业对社会政治生活的影响。如西方国家的公司制企业通过资助政务官、议员竞选等方式间接参与并影响国家政治生活。我国的公司制企业通过建立规范的相互配合、相互制衡,决策权、执行权和监督权"三权"分设的法人治理结构,建立较为完善的民主管理制度,实现民主管理,提升民主意识,以推动整个国家民主化建设。我国企业的政治责任还包括企业必须拥护国家国体(人民民主专政)和政体(人民代表大会制度)体制,积极参政议政,为国分忧、为国争光,实现民族复兴的政治责任。

2. 法律责任

企业必须依法成立、依法经营、依法管理,遵守国家的法律、法规,自觉接受法律、法规和政府管理指导的约束。第一是遵纪守法,包括企业依法办理营业执照,在规定的营业范围内从事经营活动。第二是企业依法经营,做到依法纳税,不做假账,不偷税、不漏税。第三是企业严格执行《中华人民共和国劳动法》(以下简称《劳动法》),依法发放员工工资,不克扣工资,杜绝使用童工,杜绝随意加班等不良现象的发生。另外,企业还应当规范遵守国家其他的法律法规。

因此,企业必须遵守国家的政策、法律、法规和相关条例等。一方面,企业依法经营的合法权益受到法律保护;另一方面,企业违法必须承担法律责任,依法追究企业法人代表或其工作人员的行政责任、民事责任和刑事责任。

3. 社会公益责任

社会公益责任包括企业支持关心文教、科研、慈善和卫生事业等责任。企业参加公益活动的责任,包括积极参加社会慈善事业,为医院、社会福利院、养老院和自然灾害等提供捐赠,聘用残疾人工作,提供各种奖学金和助学金,举办公益性的社会教育宣传活动等。

4. 维护社会稳定责任

企业的社会责任还包括维护社会稳定。邓小平关于“改革、发展、稳定”的关系时明确指出：改革是动力；发展是目的；稳定是前提。即改革是发展的动力，发展是改革的目的，稳定是发展的前提。社会稳定也是企业稳定的基本环境，是企业生存与发展必备的外部条件。企业有义务承担维护社会稳定的责任，如稳定物价，促进就业，加强安全生产监督管理，禁止非法罢工、游行、集会、示威等。

5. 保护环境与节约资源责任

企业还必须承担保护自然环境、节约资源的责任，遵守国家环境保护法律、法规，依法履行资源和能耗节约的义务，其生产和经营必须达到国家环境标准，并加强污染治理。同时，企业有义务承担完成植树造林等责任。

6. 其他的社会责任

(1) 为顾客提供优质的产品和服务的责任。

企业要发展，必须遵守《中华人民共和国消费者权益保护法》，依法保护消费者权益，承担为顾客提供优质的产品和服务的责任。顾客是企业生存发展之母，企业的成败归根到底取决于顾客的数量和质量。顾客认同企业，产生忠诚度，企业具有了发展的基础和潜力，否则企业只能关门倒闭。企业要生存、要发展，其提供的产品和服务必须使顾客感到满意并产生忠诚度，必须提供符合顾客要求的质量合格、价格合理、规格适当、设计科学的产品或服务。严禁坑害顾客利益，否则只能步 2008 年河北“三鹿奶粉事件”和发生在 2011 年 5 月的成都龙泉驿女子商场黑心美容院给顾客文眼线，竟然使用外阴洗液，烧坏顾客的眼睛坑害顾客事件的后尘，企业不仅最终只能破产退出市场，还要承担法律责任。[①]

(2) 维护员工安全等责任。

员工既是企业的第一资源和最重要的资源，也是企业活力之所在。企业除了给员工提供符合其劳动质和量的报酬外，还必须遵守《劳动法》和《中华人民共和国安全生产法》，提供安全的工作环境、良好的工作条件、规定的职业保障的工作。企业坚持“以人为本”的观念，信任员工、尊重员工、关心员工、爱护员工，做到合法用工、善待员工，促进员工全面发展。

## 四、企业的类型

按照不同的标准，企业有不同的分类方式。

按照所有制结构不同，企业可分为全民所有制企业(即国有企业)、集体所有制企业、私营(个体)企业、混合所有制企业和外商独资企业等。

按照投资者主体的关境领域不同，企业可分为内资企业、外商投资企业和港、澳、台商投资企业。

按照企业的经营内容及行业属性不同，企业可分为工业、农业、商业、交通运输、建筑安装、邮电、金融和科技等企业。

---

① 孙英兰. 专家解说三聚氰胺[J]. 瞭望新闻周刊，2008.

三鹿事件是指 2008 年河北三鹿乳业集团奶粉中查出三聚氰胺有毒奶粉导致婴儿患“双肾多发性结石”和“输尿管结石”病症的事件。

按照企业使用的主要经营资源不同，企业可分为劳动密集型企业、资金密集型企业、技术密集型企业和知识密集型企业。

按照企业的规模不同，企业可分为大型企业、中型企业和小型企业。

按照法律地位不同，企业可分为法人企业与非法人企业。①

按照投资人的出资方式和责任形式不同，企业可分为个人独资企业、合伙企业和公司制企业。这种分类方式是应用比较多的分类方式。

### （一）个人独资企业

个人独资企业，是指依法在中国境内设立，按照《中华人民共和国个人独资企业法》成立，由一个自然人投资，财产为投资人个人所有，投资人以其个人财产对企业债务承担无限责任。也就是说，个人独资企业既不是企业法人，也不是公司法人。

个人独资企业的特征包括以下三个方面。

（1）出资人是一个自然人。该自然人应当具有完全民事行为能力，并且不是法律、法规禁止从事营利性活动的人。

（2）企业财产归投资人个人所有。这里的"企业财产"不仅包括企业成立时投资人投入的初始财产，而且还包括企业存续期间积累的财产。投资人是个人独资企业财产的唯一合法所有者。

（3）企业不具有法人资格，投资人以其个人财产对企业债务承担无限责任，这是个人独资企业的重要特征。

### （二）合伙企业

合伙企业是由两个或两个以上的自然人通过订立合伙协议，共同出资经营、共负盈亏、共担风险的企业组织形式。我国的合伙组织形式仅限于私营企业。合伙企业一般无法人资格，不缴纳所得税。

合伙企业的特征包括以下五个方面。

#### 1. 生命有限性

合伙企业比较容易设立和解散。合伙人签订了合伙协议就宣告了合伙企业的成立。新合伙人的加入，旧合伙人的退伙、死亡、自愿清算、破产清算等均可以造成原合伙企业的解散以及新合伙企业的成立。

#### 2. 责任无限性

合伙企业作为一个整体对债权人承担无限责任。按照合伙人对合伙企业的责任，合伙企业可分为普通合伙和有限合伙。普通合伙的合伙人均为普通合伙人，对合伙企业的债务承担无限连带责任。如四人成立的合伙企业破产，当其中三人已无个人资产抵债时，尽管第

---

① 黄速建．论法人企业的基本特征[J]．经济改革与发展，1996，(9)：12．

法人企业指依法经主管机关核准登记设立，取得法人资格，独立承担民事责任的经济组织。非法人企业一般是公司的分公司或分支机构，不能独立承担民事责任，责任由总公司承担。

四人已依约还清应分摊的债务，但仍有义务用其个人财产偿还其他三人应分摊的合伙债务，不过第四人对其他三人拥有财产追索权。

3. 风险共担性

合伙企业的经营活动由合伙人共同决定，合伙人有执行和监督的权利。合伙负责人和其他人员的经营活动由全体合伙人承担民事责任，每个合伙人代表合伙企业实施的经济行为对所有的合伙人均有约束力。

4. 财产共有性

合伙人投入的财产由合伙人统一管理和使用，未经其他合伙人的同意，任何合伙人不得移为他用。

5. 利益共享性

合伙企业在生产经营活动中所取得、积累的财产归合伙人共有。如有亏损，则亦由合伙人共同承担。损益分配的比例应在合伙协议中明确规定，未经规定的，可按合伙人出资比例分摊或平均分摊。以劳务抵作资本的合伙人，除另有规定者外，一般不分摊损失。

（三）公司制企业

根据《中华人民共和国公司法》（以下简称《公司法》）的规定，公司是指全部资本由股东出资构成，股东以其出资额或所持股份为限对公司承担责任，公司以其全部资产对公司债务承担责任的法人企业。即公司制企业是指具有独立法律主体地位，以自己的法人财产对外承担有限责任并冠以公司名称的现代企业组织形式。《公司法》规定的公司形式包括有限责任公司和股份有限公司。

公司制企业具有两个主要特点。一是公司承担有限责任。公司是独立的法人主体，以法人财产权承担有限责任。出资者以其出资额为限，对公司债务承担责任，公司以其全部法人资产对其债务承担责任。二是公司属于法人团体，治理结构明晰。公司具有法人地位[①]，具有与自然人相同的民事行为能力。公司是由股东出资入股组成的法人团体，由股东大会（最高权力机构）、董事会（闭会期间决策机构）、监事会（最高监督机关）和总经理（决策执行机关）组成企业组织机构；董事会拥有对总经理的任免、奖惩权力；监事会对董事会和总经理的工作情况进行监督。监事会由股东代表和职工代表组成，其中职工代表的比例不得低于1/3；总经理受雇于董事会，执行董事会的决策，在授权范围内负责经营企业。此外，公司还设立职工代表大会，使员工参政、议政，维护员工权益，并对董事会、监事会和总经理的工作进行监督。企业内部治理机构责、权、利明确，分工合作，决策权、执行权和监督权“三权”分设，相互制衡。一般公司制法人企业内部治理结构如图 1-1 所示。

---

① 尹田．论法人的权利能力[J]．法制与社会发展，2003，(1)：8.

法人是指在法律上具有民事权利和承担民事义务的组织。企业法人是指依法成立，有必要的财产，有自己的名称、组织机构和场所，能够独立承担民事责任的经济组织。

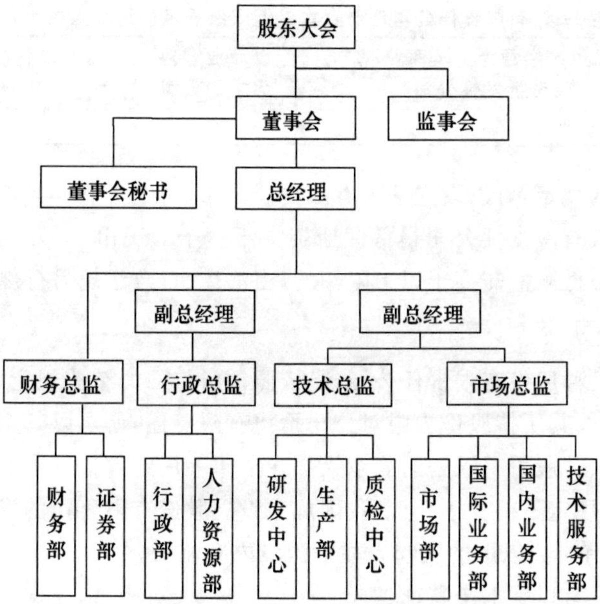


**图 1-1　公司制法人企业内部治理结构**

1. 有限责任公司

有限责任公司又称有限公司,是指由 50 人以下的股东共同出资，每个股东以其所任缴的出资额对公司承担有限责任,公司以其全部资产对其债务承担责任的企业法人。

有限责任公司包括国有独资公司以及一人有限责任公司。

国有独资公司,是指国家单独出资,由国务院或者地方人民政府授权本级人民政府国有资产监督管理机构履行出资人职责的有限责任公司。一人有限责任公司,是指只有一个自然人股东或者一个法人股东的有限责任公司。

有限责任公司具有以下五个特征：

(1) 责任有限性,即公司股东以其出资额对公司承担责任,公司以其全部资产对公司债务承担责任；

(2) 股东人数有限性,即有限责任公司股东人数,我国法律规定为 50 人以下；

(3) 资产转让的限制性,即有限责任公司是资合公司,但同时具有较强的人合因素,股东之间的关系较密切,具有一定的人合性质,公司股份对外转让须得到其他股东过半数同意；

(4) 有限责任公司不能向社会公开募集公司资本,不能发行股票；

(5) 有限责任公司设立条件和程序相对简单和灵活。

有限责任公司的组织形式适合于中小企业的组织形式。

我国《公司法》规定,有限责任公司的注册资本不得低于人民币 3 万元,全体股东的货币出资金额不得低于有限公司注册资本的 30%。有限责任公司注册资本规定限额不同行业标准参见表 1-1。

表 1-1 有限责任公司注册资本最低限额规定(万元/人民币)[①]

| 企业类型 | 以生产经营为主及商业、物资批发性公司 | 以商业零售为主的公司 | 以科技开发、咨询、服务性为主的公司 |
|---|---|---|---|
| 最低注册资本 | 50 | 30 | 10 |

根据《公司法》的规定，可以设立一人有限责任公司，一个自然人只能投资设立一个一人有限责任公司。一人有限责任公司最低注册资本不少于人民币 10 万元。特定行业的有限责任公司注册资本最低限额需高于以上限额的，由法律、行政法规另行规定。

2. 股份有限公司

股份有限公司又称股份有限责任公司，是依照《公司法》的有关规定设立的，其全部资本分为等额股份，股东以其所持股份为限对公司承担有限责任，公司以其全部资产对公司债务承担责任的企业法人。股份有限公司股东人数在法律上规定有最低限额。法国和日本规定不得少于 7 人，德国规定不得少于 5 人，我国规定设立股份有限公司的发起人应在 2 人以上 200 人以下，其中须有半数以上的发起人在中国境内有住所。

股份有限公司具有以下七个特征：

(1) 股份有限公司是独立的经济法人；

(2) 股份有限公司的股东人数不得少于法律规定的数目，如法国规定，股东人数最少为 7 人；

(3) 股份有限公司的股东对公司债务负有限责任，其限度是股东应交付的股金额；

(4) 股份有限公司的全部资本划分为等额的股份，通过向社会公开发行的办法筹集资金，任何人在缴纳了股款之后，都可以成为公司股东，没有资格限制；

(5) 公司股份可以自由转让，但不能退股；

(6) 公司账目必须向社会公开，以便投资人了解公司的情况，进行选择；

(7) 公司设立和解散有严格的法律程序，手续复杂。

股份有限公司是典型的资合公司，最适合大中型企业的组织形式。

股份有限公司和有限责任公司的区别如下。

第一，股东人数不同。

设立股份有限公司应有 2 个以上(含 2 个)发起人，200 人为上限，且须有半数以上的发起人在中国境内有住所。设立有限责任公司必须有 1 个以上 30 个以下的股东，因特殊需要，公司股东超过 30 个的，须经批准，但最多不得超过 50 个。

第二，股权形式不同。

在股份有限公司中，公司的资产总额平均划分为相等的股份，股东的股权是用持有多少股来体现的。而有限责任公司的资产不是等额划分，股东的股权是按照投资企业的资产比例划分的。

---

① 李志青. 注册资本与实收资本浅释[J]. 冶金财会，2009.

注册资本是企业在登记机关登记注册的资本额，是出资人实缴的出资额的总和，也叫法定资本，注册资本反映的是公司法人财产权，是出资人实缴的出资额的总和。注册资金是企业实有资产的总和，是企业全部财产的货币表现，是国家授予企业法人经营管理的财产或者企业法人自有财产的数额体现。

第三，股权转让不同。

股份有限公司可以发行股票，股票可以自由转让和交易。但有限责任公司不能发行股票，只发出资证明，股东转让出资要由股东会或董事会讨论通过，且内部人员优先。

第四，设立方式不同。

有限责任公司是发起设立，不能募集设立，股东人数有限，其出资额在公司成立时必须缴足。而股份有限公司可以发起设立，也可以募集设立。以募集方式设立的股份有限公司要经过公开招股程序，设立程序复杂。

第五，治理结构不同。

有限责任公司的组织结构设立方式与组织结构安排可以在公司章程中确定。而股份有限公司则必须经过创立大会的选任才可以产生公司的董事会和监事会。

第六，决策方式不同。

有限责任公司的董事长和总经理一般由一人担任，决策权和经营权可以统一，实行直线领导，是中小企业理想的公司形式。而股份有限公司的董事长、监事会主席和总经理要求分设，所有权、经营权和监督权“三权”彻底分离，资本社会化和公众化，这样分散了投资风险，有利于社会监督，大型企业适合这种组织形式。

建立的有限责任公司和股份有限公司等公司制企业，符合现代企业发展要求，体现了现代企业有限责任的发展特征，是企业发展趋势。因此，现代企业应当按照现代企业的基本特征和要求建立现代企业制度。

### 1.1.2　现代企业制度

现代企业，是指依法成立、依法独立享有民事权利和承担民事义务的法人组织。现代企业制度，是指以完善的企业法人制度为基础，以有限责任制度为保证，以公司制企业为主要形成，以产权清晰、权责明确、政企分开、管理科学为基本特征的新型企业制度。从法律上讲，现代企业制度就是企业法人制度。现代企业制度包括现代企业的组织形式、经营方式、管理体系、分配制度等，它体现企业所有者与经营管理者、政府与企业之间的责权利相互关系。现代企业组织形式一般是指有限责任公司和股份有限公司两种公司制企业组织形式。

现代企业制度的基本特征包括产权明晰、权责明确、政企分开、管理科学。

一、产权清晰

产权是财产权的简称，是指法定主体对财产所拥有的各项权能的总和，是以财产所有权为核心和基础的若干权能的集合。产权可分解为所有权、占有权、使用权、收益权和处置权。

产权清晰，是指企业在经济运行过程中，产权的最终所有者对企业法人产权具有的约束力和企业自身的责、权、利的统一。出资者享有出资额的所有权，表现为出资者拥有的股权，以股东身份依法享有资产受益、重大决策和选择管理者等权利。而依法成立的公司，具有独立的企业法人地位，拥有法人财产（法人财产＝所有者权益＋负债）。公司享有独立的法人财产权，表现为企业依法享有法人财产的占有权、使用权、收益权和处分权，并以其独立的财产权对自己的经营负责，实现了出资者的财产所有权与企业的法人财产经营权相分离。公司真正成为自主经营、自负盈亏、自我约束、自我发展的法人实体，产权关系清晰。

综上所述，产权清晰即企业产权关系清楚，出资者享有企业的最终所有权；企业是独立的法人实体，具有完全的民事行为能力；企业拥有法人财产权，享有法定的民事权利，并承担相应的民事责任。

二、权责明确

权责明确，是指明确企业、企业所有者、经营管理者和劳动者（员工）之间的责任和权利。即重点明确企业内部治理结构（董事长、监事会主席和总经理）的三权制衡监督关系，即明确决策权、监督权和执行权三者之间的权责关系。企业具有法人财产权，责、权、利明确，企业以其法人财产依法经营、自负盈亏，为企业的经营行为对外承担责任。同时，企业对出资者承担资产保值、增值的责任，企业在其存续期间，对企业法人财产拥有占有、使用、处置和收益的权利，并以企业全部法人财产对其债务承担责任。

企业建立的规范的治理结构包括股东大会、董事会、监事会和总经理。其中，股东大会与董事会之间是“信任托管”关系，构成了出资者对企业的一级控制权的配置和行使。董事会接受股东大会的信任与委托，成为法定代表人，经营企业法人财产，具有明确的职权；同时，股东将企业法人财产交由董事会托管后，不直接干预企业经营管理事务，只能因玩忽职守、未尽受托责任而起诉董事，或者不再选举连任。董事会与总经理之间是“委托代理”关系，形成了对企业生产经营活动的二级控制权的配置和行使。董事会以经营管理知识、经验和营利能力为标准，挑选和任命适合于本企业的总经理，授予其内部事务的管理权和诉讼方面以及诉讼以外的商业代理权。总经理作为代理人，有责任和义务依法管理好企业事务，总经理的权力受董事会委托范围限制。

综上所述，权责明确即企业投资者按照其出资额，享有资产受益、重大决策和选择经营管理者的权利，企业破产时对企业债务以其投入企业资本为限承担相应的有限责任；企业经营者受企业所有者的委托，享有在一定时期和范围内经营企业资产和其他生产要素并获取相应收益的权利；劳动者（即企业员工）按照与企业的劳动合同依法拥有就业和获取相应收益的权利。企业、企业所有者、企业经营者和劳动者（员工）之间的权利和责任明确。

三、政企分开

政企分开，是指政府的行政管理职能、宏观和行业管理职能、宏观调控职能与企业经营职能分开，实现三分开。

一是政企职责分开，即政府与企业的社会职责的分开。

政府的社会职责是对国家和社会公共事务进行有效的管理，取消企业在计划经济时代所承担的社会职能（如住房、养老、社区服务等），取消企业与政府的行政隶属关系，使企业成为真正独立的市场主体。而企业的社会职责是依照国家法律和市场规则，以最少的投入向社会提供最多最好的产出。

二是企业所有权与经营权的分开。

按照公司法人企业内部治理结构，企业的资产所有权和生产经营权的行使主体应当是分离的，股东大会、董事会、监事会和经理层要各负其责、协调运转、有效制衡。政府将国有资本的经营权以授权方式交给企业，政府不直接参与企业的营运管理，同时明确企业是经济组织。

三是政府国有资产所有者职能与行政职能的分开。

在政府内部，国有资产所有者职能与行政职能必须分开，同一政府机构不能既承担国有资产所有者职能，又承担行政职能。

四、管理科学

管理科学即企业实现了科学的、规范化管理，主要体现在以下两个方面。

（一）组织机构设置科学

组织机构设置科学包括：企业组织机构设置合理，其责、权、利明确；企业治理结构健全，建立了规范的组织制度；企业的权力机构（股东大会）、决策机构（董事会）、监督机构（监事会）和执行机构（总经理）之间职责明确、相互制约。

（二）管理制度与管理流程科学

企业管理制度健全，管理流程科学，包括人事资源管理、财务管理、技术管理、研发管理、质量管理、生产管理、供应管理和销售管理等方面管理的科学化。

# 1.2　文化与企业文化内涵

## 1.2.1　文化现象

所谓文化现象，是指在文化发展过程中客观存在的、被人们所感知的状态和联系，如风俗、习惯、生活方式等。文化现象一般包括风俗、习惯、舆论、思维方式、行为准则和生活方式等。

一、风俗

风俗是特定社会文化区域内历代人们共同遵守的行为模式或规范，是历代沿袭形成的风尚。一般来说，人们往往将由自然条件的不同而造成的行为规范差异称为“风”；而将由社会文化的差异所造成的行为规则的不同称为“俗”。由于风俗是历史形成的，具有强烈的行为制约作用，成为社会道德与法律的基础和相辅部分。因而当我们与不同区域的人交往时，必须尊重当地的风俗，否则就无法进行人际交流，更谈不上贸易往来。如你在法国出席晚宴时，别忘了给主人送上一束鲜花，但不能是菊花或黄色的花，因为在法国菊花是用于葬礼的，而黄色的花则代表不忠诚。

二、习惯

孔子说：“少成若天性，习惯成自然。”习惯是最典型的文化现象，是指由于重复或练习而巩固下来的变成人们一贯的行动方式。培根说过：“习惯有种顽强的巨大的力量可以主宰人生，人们的行动，多半取决于习惯。”如英国人在工作期间有喝咖啡的习惯等。习惯形成性格，性格决定命运。20 世纪 60 年代，苏联宇航员加加林乘坐“东方”号宇宙飞船遨游太空，成为世界上第一位进入太空的宇航员。加加林能在众多的候选者中脱颖而出，起决定作用的是他有一个充满爱心并注重卫生的良好习惯。实际上，在确定人选前，主设计师罗廖夫发现，在进入飞船参观前，只有加加林一个人把鞋脱下来穿着袜子进入座舱。这一习惯赢得了罗廖夫的认同。罗廖夫说：“我只有把飞船交给一个如此爱惜它的人，我才放心。”因此，加加林的成功得益于他养成的良好习惯。

### 三、舆论

舆论的定义，众说纷纭，有人定义为言论，有人说成是意见。我国古代称之为“舆诵”、“舆颂”、“清义”，指众人的意见。现代舆论的概念，多数专家、学者也将其定义为意见，认为舆论是多数人对于某一事件的公共意见。

本书结合前人的研究成果认为：舆论即公众针对某一问题形成的共同意见。如 2011 年 7 月 13 日，《京华时报》报道，社科院报告称近 7 成事件网络舆论推动政府解决。中国社科院新闻与传播研究所、中国社科院社会科学文献出版社在北京联合发布了《中国新媒体发展报告(2011)》，该报告指出中国已成为世界新媒体用户第一大国。据对中国 210 起重大舆论事件的研究，网络舆论在近七成(67%)的事件中起到了推动政府解决问题的正面积极作用，这在 2010 年尤为明显。网络舆论已经成为中国社会中的一股重要的“主流”积极力量。该报告对最近 13 年中国 210 起重大网络舆论事件进行分析后发现，网络舆论事件最关注的问题是政府官员的执政问题与民生问题。

### 四、思维方式

思维方式对人们的言行(及至影响外部世界)起决定作用。思维方式主要由社会环境(社会文化及教育环境等)影响所产生的。思维方式是人们看待事物的方式，是人们通过思维活动为了实现特定思维目的所凭借的途径、手段或办法，也就是思维过程中所运用的工具和手段。从广义上说，思维方式是指社会精神生产的生产方式。从狭义上说，思维方式是一个民族或一个区域的人们在长期的历史发展过程中所形成的一种思维定势或思维惯性，是一种相对定型化的思维活动样式、结构和过程。思维方式就其本质来说，是人脑的运动。其结果是精神或意识。东西方思维方式的差异主要体现在辩证思维与逻辑思维上：中国人是辩证思维，西方人直线思维，喜欢开门见山；中国人曲线/螺旋思维，习惯迂回，西方人重视抽象思维，喜欢下定义；中国人重视形象思维，习惯比喻，西方人喜欢分析思维，万事一分为二；中国人侧重综合思维，讲究天人合一。中西方思维方式的主要差异参见表 1-2。

**表 1-2　西方思维方式的主要差异**

| 中国思维方式 | 西方思维方式 |
|---|---|
| 整体统一 | 个体独立 |
| 直觉感性 | 逻辑论证 |
| 中庸调和 | 矛盾斗争 |
| 内在超越 | 外在超越 |

五、行为准则

行为准则是约束主体行为的一系列原则和规范的集合。对企业而言,包括企业行为准则和员工个人行为准则。企业行为准则是企业期望员工在商务活动中代表企业履责行权时所应当遵循的基本原则。员工个人行为准则是企业期望员工在日常工作中所应当遵循的基本原则。如中国电信集团公司(以下简称中国电信)的企业行为准则是:恪守承诺,为客户提供卓越服务、诚信合作,在共创中寻求共赢、稳健经营,持续提升企业价值、精确管理,科学配置资源、关爱员工,让每块金子发光、回报社会,做有责任心的企业公民。中国电信的员工行为准则包括持续学习,高效工作、爱岗敬业,遵章守纪、尊重他人,坦诚沟通、服从大局,忠于企业。[①]

六、生活方式

生活方式,是指人们长期受一定社会文化、经济、风俗和家庭影响而形成的一系列的生活习惯、生活制度和生活意识。生活方式的构成要素是由生活的行为习惯、生活时间、生活节奏、生活空间和生活消费组成。生活方式也就是每个人自己对生活的态度和生活习惯、兴趣爱好相结合产生的结果。如果我们认为人生短暂,不应该虚度光阴,那么我们就应当不断地努力学习,锻炼身体,广交朋友,节约用钱。

### 1.2.2 文化研究及文化内涵

文化是一个具有非常丰富内涵的概念。古今中外人们对文化进行了广泛研究,提出了很多的解释,形成了许多的研究成果,为文化发展与文化繁荣,为企业文化建设与实施文化管理奠定了宝贵的理论基础。

一、国外专家、学者对文化的研究

关于“什么是文化”的研究由来已久。“文化”一词在欧洲第一次独立使用是在18世纪的法国。法国启蒙思想家把“文化”解释为一种教养,指通过教育能获得的良好的风度以及在文学、艺术和科学方面的修养。

20世纪三四十年代,“文化研究”指的是成年工人教育。1964年,英国成立的伯明翰当代文化研究中心被认为是最早的文化研究机构。1970年,安东尼奥·葛兰西的“文化领导权”概念被引入英国文化研究之中,开始了对大众文化的重新思考,并对整个文化研究方向的调整起到了极大的推动作用。1977年,英国的柯林·斯巴克斯发表在《屏幕》杂志的《文化研究的评价》一文中,指出界定文化研究的困难及文化研究的知识构成的混杂。英国的斯图亚特·霍尔对文化研究的历史和方法影响深远,他在《文化研究:两种范例》等著作中提出:文化研究应该避免任何关于“文化到底是什么”的定义等丰富研究成果。《牛津现代辞典》对“文化”的解释是:人类能力的高度发展,借训练与经验而促成的身心的发展、锻炼、修养,或曰人类社会智力发展的证据、文明,如艺术、科学等。

① 王君超. 党报舆论引导的动因及舆论引导价值[J]. 新闻与写作,2009,(2).

美国等其他国家也对“文化”进行了较为系统的研究。1871年，美国文化人类学家爱德华·泰勒第一次把“文化”定义为“文化是一个复杂的总体，包括知识、信仰、艺术、道德、法律、风俗以及人类在社会里所获得的一切能力与习惯”。

美国当代人类学家将“现代文化”定义为：“文化是一系列规范或准则，当社会成员按照它们行动时，所产生的行为应限于社会成员认为合适和可接受的变动范围。”[①]美国的一些社会学家和文化人类学家（如奥格本、维莱等人）认为“文化是复杂体，包括实物、知识、信仰、艺术、道德、法律、风俗以及其余从社会上学到的能力与习惯”。[②]《美国传统词典》对“文化”的阐释为：“人类群体或民族世代相传的行为模式、艺术、宗教信仰、群体组织和其他一切人类生产活动、思维活动的本质特征的总和。”[③]

二、国内专家学者对文化的研究

我国古代南朝时期，著名文学家王融在《曲水诗序》中写道：“设神理以景俗，敷文化以柔之。”“文化”在这里指的是封建王朝所实施的文治和教化的总称。我国早期正式对文化进行研究的是梁启超先生，他在《什么是文化》一文中认为“文化者，人类心能所开释出来之有价值的共业也”；后来，胡适在《我们对于西洋近代文明的态度》一文中指出“文化是一种文明所形成的生活方式”；再后来，梁漱溟在《中国文化要义》中提出“以文字、文学、思想、学术、教育、出版等为文化”；钱穆认为“文化即是人生，文化是我们大群集体人生之总合体，亦可说文化是人类中大群集体人生之一种精神的共业。如宗教、教育、道德等，始称作文化”。

《辞海》对“文化”的解释是：“从广义来说，指人类社会历史实践过程中所创造的物质财富和精神财富的总和。从狭义来说，是指社会的意识形态以及与之相适应的制度和组织机构。”《辞海》对“文化”的解释，主要包含两方面含义：一是广义文化，是指人类社会实践过程中所创造的物质财富和精神财富的总和；二是狭义文化，是指社会的意识形态，以及与之相适应的制度和组织机构。《中国大百科全书·哲学卷》（2004年版）对“文化”的描述为：文化是人类在社会实践中所获得的能力和创造的成果。文化有狭义和广义之分。广义的文化是人类创造的物质生产和精神生产能力及产品，包括物质文化和精神文化；狭义的文化是指人类的精神生产能力与精神产品，包括一切意识形态，尤指教育、科学、文学、艺术、卫生、体育等方面的知识和设施，以及世界观、政治思想、道德与意识形态等。[④] 关于文化特别是企业文化的研究，近几年呈现出了迅猛发展的势头。

三、文化的概念

目前，关于“文化”的定义有250多种，说法各异，但基本共识是：文化是人类的一种生活方式，是人类在长期社会实践中积累下来并世代相传的行为模式。文化通过人类的道德、价值、知识、信仰、风格、习惯和才能等多方面表现出来。文化是人类区别于其他动物的根本标志。本书结合中外专家、学者的研究认为：文化是人类在社会实践中创造的物质财富和

① 威廉·A.哈维兰．当代人类学[M]．上海：上海人民出版社，1981：242.

② 孙本文．社会的文化基础[M]．北京：世界书局出版社，1932：24.

③ 威廉·R.金，戴维·I.克里兰．战略规划与政策[M]．上海：上海翻译出版社，1984：291.

④ 申望．企业文化实物与成功案例[M]．北京：民主与建设出版社，2001：66—70.

精神财富的总和。文化具有广义和狭义之分，广义的文化包括物质文化、制度文化、行为文化和精神文化，狭义的文化特指精神文化。

### 1.2.3　企业文化研究及企业文化内涵

一、国外专家、学者对企业文化的研究

企业文化在美国被称为“公司文化”，在日本被称为“社风”。“企业文化”这一概念最早出现于美国，企业文化的理论也源于美国，是美国一些管理学家在总结日本的企业管理经验之后提出来的。最早提出“企业文化”概念的人是美国的管理学家威廉·大内。1981 年他出版了自己对日本企业的研究成果，撰写了《Z 理论——美国企业怎样迎接日本的挑战》一书，结论是：日本企业成功的关键因素是其独特的企业文化。而企业文化作为一种主流的管理思想，最早产生并在日本实践。企业文化既是管理实践的结晶，又是管理科学的发展，其核心是以人为本。企业文化强调管理以人为中心，20 世纪七八十年代末，日本的经济实力增强，超过美国乃至西欧，对美国的经济构成了挑战和威胁，于是，美国管理学者和企业家开始注重对日美企业管理模式的研究。研究发现，美国的经济增长落后于日本的原因，不是美国的科学技术不够发达，也不是美国的财力和物力不如日本，而是因为美国的管理水平与管理效果比日本的差。比较研究发现，美国的企业管理侧重战略计划、组织机构和规章制度等硬件管理，却忽视了对人的社会性的重视，对人的关注不够，管理显得僵化，阻碍了企业活力的发挥。日美经济差异化的根本原因是二者文化的差异。日本经济的崛起是因为日本企业形成的人本文化，有利于调动员工的生产积极性、主动性和创造性，有利于员工形成与企业共存的信念，从而建设一种有利于创新并将价值与心理因素整合的企业文化，这正是日本经济腾飞，企业经营业绩增长、活力增强、发展后劲充足的主要原因。

20 世纪 80 年代初，威廉·大内撰写的《Z 理论——美国企业怎样迎接日本的挑战》、特雷斯·迪尔和艾兰·肯尼迪撰写的《企业文化——企业生存的习俗和礼仪》、托马斯·彼得斯和小罗伯特·H. 沃特曼撰写的《寻求优势——美国最成功公司的经验》三部企业文化专著的出版，掀起了企业文化研究的热潮，基本形成了关于企业文化的一致观点：

（1）企业文化是一种重视人、以人为中心的管理方式，强调企业是一个人人具有社会使命感和责任感的命运共同体；

（2）企业文化的核心要素是企业价值观，价值观是企业兴旺发达的原动力；

（3）企业文化的内涵不包括厂房、设备和产品之类的物质性因素，也不包括科学技术知识，更不包括行政性的、强制执行的规章制度。

其后，关于企业文化的研究越来越宽广。美国学者约翰·P. 科特和詹姆斯·L. 赫斯克特认为“企业文化是指一个企业中各个部门，至少是企业高层管理者们所共同拥有的企业价值观念和经营实践，是企业中一个分部的各个职能部门或地处不同地理环境的部门所拥有的那种共通的文化现象”。特雷斯·迪尔和艾兰·肯尼迪认为，企业文化是“价值观、英雄人物、习俗仪式、文化网络、企业环境”，并认为企业文化由五个要素组成：（1）企业环境，是对企业文化的形成和发展具有关键影响的因素；（2）价值观，是企业文化构成的核心因素；（3）英雄人物，他们将企业价值观人格化，为员工提供具体的楷模；（4）礼节和仪式，即企业的日常惯例和常规，向员工们表明了所期望他们的行为模式；（5）文化网络，即企业内部主要的“非正式”的联系手段，是企业价值观和英雄人物传奇的“运载媒介”。

总的来说，随着研究的深入，研究范围进一步拓展，西方学者逐步形成了一些新观点，主要包括以下六个方面。

（1）把市场环境作为企业文化的重要研究内容，研究创立和保持对市场环境相对适应的企业文化。

（2）把企业高级管理人员的领导才能、领导艺术和领导风格作为研究对象，研究企业管理者在维持企业文化建设中的作用。

（3）企业文化是一种科学，即创造企业绩效和满意度，创造管理者和员工最佳行为、品格和素质，从而确保产出成功业绩和能力的科学。

（4）企业文化是指企业在生产经营和管理过程中所创造的具有企业特色物质财富和精神财富的总称。

（5）企业文化是企业在长期生产经营过程中形成的价值观念、经营思想、群体意识和行为规范的综合体。其中，群体意识包括企业价值观、企业精神、心理态势等。行为规范则是指企业规章制度、道德规范、行为准则、习惯风俗等。

（6）企业文化是企业全体员工的认同并努力实践的整体价值观念、信仰追求、道德规范、行为准则、经营特色、管理风格以及传统和习惯的总和。

## 二、国内专家、学者对企业文化的研究

20 世纪 80 年代以后，“企业文化”作为一种管理理论传入中国，并逐渐成为经济管理学界的热门话题，近几年进入了研究的高潮期。[①]

关于“企业文化”的定义，国内专家、学者也是见仁见智。原中国企业文化研究会常务副理事长张大中认为：“企业文化是一种新的现代企业管理理论，企业要真正步入市场，走出一条发展较快、效益较好、整体素质不断提高、使经济协调发展的路子，就必须普及和深化企业文化建设。”原上海第二工业大学企业文化与企业形象研究所所长罗长海认为：“所谓企业文化，是企业对环境挑战所作的应战，包括企业的应战过程和结果，是企业在应战过程及其结果中所努力培育并实际体现出来的以文明取胜的群体竞争意识，以及人的其他全部本质力量。”中国社会科学院研究员刘光明认为“企业文化是一种从事经济活动的组织之中形成组织文化。它所包含的价值观、行为准则等意识形态和物质形态均可为该组织成员所认可。”

企业文化有广义和狭义之分。广义的企业文化，是指企业物质文化、行为文化、制度文化和精神文化的总合；狭义的企业文化，是指以企业价值观为核心的企业意识形态。中国社会科学院工业经济研究所研究员韩岫岚认为：“企业文化有广义和狭义两种理解。广义的企业文化是指企业所创造的具有自身特点的物质文化和精神文化，狭义的企业文化是企业所形成的具有自身个性的经营宗旨、价值观念和道德行为准则的综合。”李裕庆、任和平在 2001 年第 6 期《经济问题》上发表的《企业文化刍议》[②]认为，“企业文化是指在一定的经济社

① 王周火．基于核心竞争力的企业文化建设研究[D]．广州：广东工业大学，2005.

② 李裕庆，任和平．企业文化刍议[J]．经济问题，2001，(6)：37.

会文化背景下，在生产经营过程中逐步形成并为绝大多数成员认同并坚持奉行的相对稳定的价值观念、企业精神、共同理想、行为规范、道德准则、生活信念、习惯传统、日常作风以及在此基础上生成的企业经营哲学、经营理念、经营意识、经营指导思想、经营战略等”①。其中，九种典型的表述如下。

第一种，企业文化是一个复合体。企业文化是由企业的“外显文化”与“内隐文化”两个部分构成的。外显文化，是指企业文化的文化设施、文化教育、技术培训和文娱、联谊活动等。内隐文化，是指在企业内部为达到总体目标而一贯倡导、逐步形成、不断充实，并为全体成员所自觉遵循的价值标准、道德规范、工作态度、行为取向和生活观念，以及由这些因素融汇、凝聚而成的整体风貌。

第二种，企业文化是价值观。企业文化是一个企业长期以来形成的一种稳定的文化观念、历史传统、特有的经营精神和风格，包括指导思想、发展战略、经营哲学、价值观、道德规范、规章制度、传统习惯和作风等。

第三种，企业文化是对经济社会的态度反映。企业文化，是指企业形成的价值观念和行为准则等发生的文化影响。企业文化不是指知识修养，而是人们对知识的态度；不是利润，而是人们对利润的心理；不是人际关系，而是人际关系所体现的人生处世哲学；不是社交活动，而是社交方式；不是运动会的奖牌，而是奖出来的荣誉观；不是新闻，而是对新闻的评论；不是舒适优美的工作环境，而是对工作环境的感情；不是企业管理活动，而是造成这种管理方式的原因等。

第四种，企业文化是经济文化。它是和民族文化、社区文化、政治文化、社会文化等并列而独立存在的。企业文化反映的是企业这个经济组织的价值观和目的要求，以及实现目的的行为准则和习惯。

第五种，企业文化是群体心理状态与行为习惯的总和。企业文化，是指受民族文化和社区文化等文化系统以及政治、经济、法律、哲学、教育、自然地理等诸种因素的影响，在企业经营过程中呈现出的企业员工群体的心理水平状态与管理行为习惯的总合。

第六种，企业文化有广义和狭义之分。广义的企业文化，是指一个企业所创造的独具特色的物质财富和精神财富的总合。狭义的企业文化，是指企业创造的具有本企业特色的精神财富，包括企业经营思想、企业道德、价值观念、人际关系、传统风俗和精神风貌等。

第七种，麦肯锡管理顾问公司提出的“7-S”管理模式认为，企业的组织要素由战略(Strategy)、结构(Structure)、系统(Systems)、风格(Style)、人员(Staff)、共同价值观(Shared Values)以及技能(Skills)组成。

第八种，企业文化是由企业的行为文化、企业的心理文化和企业的物质文化三个部分构成的。企业文化的中心内容是企业的心理文化，就是在企业的经营管理中形成的，浸入整个企业和全体员工灵魂的价值观念和行为准则。企业文化还包括企业的生产经营特色、组织特色、技术特色和管理特色，以及企业部分经济行为与非经济行为的外在表现和对社会的影响。

① 胡宝伟. 中国电信企业文化建设方法分析[J]. 通信世界，2007,(27)：21.

第九种，企业文化是社会学概念，由多因素构成。它表现为一切经验、感知、知识、科学、技术、厂房、机器、工具、产品、组织、制度、纪律、时空观、人生观、价值观、市场竞争观、生活方式、生产方式、管理方式、行为方式、思维方式、语言方式、等级观念、角度地位、伦理道德规范、审美价值标准等。①

经过二十几年的研究和发展，结合国内现在普遍认同的观点，本书认为广义的企业文化是指企业在长期生产经营过程中形成的，具有本企业特色的物质财富和精神财富的总和。企业文化由企业表层物质层面（物质文化）、次外层行为层面（行为文化）、中间层制度层面（制度文化）和核心层精神层面（精神文化、理念文化）构成；狭义的企业文化是指企业培育的被绝大多数员工认同的价值理念、道德规范、行为准则、共同理想与企业精神，即企业精神文化。

## 1.3 企业文化结构及特点

### 1.3.1 企业文化结构

从企业文化的概念来看，企业文化包括物质文化、行为文化、制度文化和精神文化（或称为理念文化）。其中，物质文化是指企业以物质形态为主要表现形式的表层文化，包括产品和细化各种物质设施等。行为文化和制度文化构成企业中间层文化。其中，行为文化主要是指制度成为员工自觉的行为规范，成为员工的习惯。制度文化主要包括企业领导体制、组织结构和管理制度等方面。精神文化是企业核心层文化，是指企业在生产经营活动中长期形成的精神成果和文化观念，根植于员工心中的共同思想和行为理念，是企业意识形态的总和。精神文化包括企业理想信念、经营理念、道德规范和企业精神等，其中，企业精神包括企业经营哲学、价值理念、质量观念、竞争观念和市场意识等。企业文化结构如图 1-2 所示。

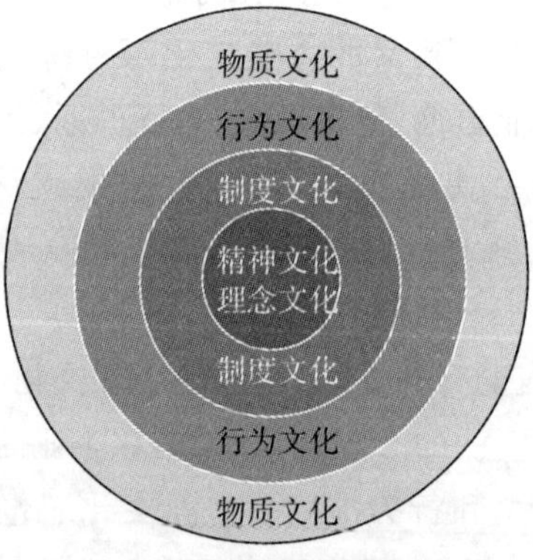


图 1-2 企业文化结构

① 赵有生. 现代企业管理[M]. 第二版. 北京：清华大学出版社，2006.

企业文化表层是物质文化，物质文化为制度文化和精神文化提供物质基础，是企业文化的外在表现和载体。行为文化是企业文化的外在表现，是制度文化的具体体现。企业文化中间层是制度文化，是精神文化的制度反映，制度文化约束和规范精神文化和物质文化建设。企业文化中心核心层是企业精神文化（或称理念文化），企业精神文化为物质文化和制度文化提供思想基础，是企业文化的核心，是企业文化的灵魂。

## 一、物质文化

企业物质文化是由企业员工创造的产品和各种物质设施等构成的器物文化。它是一种以物质为形态的表层文化，是企业行为文化和精神文化的显现和载体。

企业物质文化主要包括以下六个方面。

### （一）企业标识

企业标识包括企业名称、企业标志、企业商标、旗帜、企业之歌、工作服装和徽章等象征物。企业标识起识别作用，以便企业将自己和其他的企业区别开来，培育和提升企业品牌。

### （二）产品或服务

即企业生产符合质量要求的产品或提供优质的服务。产品文化包含三层内容：一是产品的整体形象；二是产品的质量文化；三是产品的设计因素。服务文化，是指将企业精神渗透到具体的服务之中，为顾客提供优质的服务。服务文化包括产前或售前技术咨询与指导服务、产中或售中提供周到服务以及产后或售后服务等。

### （三）企业环境

企业环境是企业文化的表征，是体现企业个性化的标志之一。企业环境，是指与企业生产相关的各种物质设施、厂房建筑以及员工的生活娱乐设施，包括企业办公环境和经营环境。企业环境要求企业为员工提供舒适安全的工作环境，包括企业象征物和空间结构、布局等，要求体现企业形象和企业文化。如冠捷电子（福建）有限公司是由台湾潘氏集团和印尼林氏集团于 1990 年 12 月在福建省福清市融侨经济技术开发区共同投资创立的一家大型高科技外商独资企业，主要从事各种电脑显示器的研究开发、制造和销售。该企业长期坚持采用环保材料，以保持工作环境洁净、安全。该企业还非常重视自然环境和人文环境的优化、美化工作，厂房布局科学、清洁明亮、美观大方，厂区鲜花四季常开，绿树成荫。

### （四）技术装备

技术装备包括生产设备和办公设备等，要求企业提供现代先进的技术、设备以及办公设备等。企业只有提供先进的技术和设备，才能为社会创造更多的优质的物质文化（产品与服务等）。

### （五）人力资源

企业必须重视人力资源开发与培育，因为企业之间的竞争主要是人才竞争。因此，人事管理制度是否科学直接关系企业竞争力，是企业成功的重要影响因素。企业通过外部引进与内部培养相结合，不断教育、提升员工的素质与专业技能水平，做到合理开发人力资源，用人得当，人尽其才。

（六）薪酬待遇

企业员工通过劳动依法获得适当的劳动报酬，并略高于同行业平均水平，如工资、奖金、福利待遇等。企业不存在克扣、拖欠员工工资等现象。

二、行为文化

企业行为文化，是指企业员工在生产经营、学习娱乐中产生的文化现象。它是企业经营作风、精神面貌和人际关系的动态体现，也是企业精神和企业价值观的折射。企业行为文化包括在企业经营、教育宣传、人际关系和文娱体育活动中产生的行为文化，折射出企业精神。从人员结构上划分，企业行为可分为企业家行为、企业模范人物行为和企业员工行为等。

（一）企业家行为

企业家创业实践和个人价值观是企业文化的基础。企业的经营决策方式和决策行为主要来自于企业家。企业家是企业的统帅，既要决策，又要指挥。企业家的决策行为、执行行为决定了企业制度是否能够变成企业制度文化。如果企业家嘴上说一套，行动上另行一套，那么企业制度永远不可能变成制度文化。

（二）企业模范人物行为

企业模范是企业的骨干力量，是企业的先进代表，他们的行为在企业行为中占有重要地位。企业模范人物行为可分为企业模范个体的行为和企业模范群体的行为。一个企业中所有的模范人物的集合体构成企业的模范群体。企业模范群体的行为是企业模范个体典型行为的提升，在各方面它都应当成为企业所有员工的行为楷模。当然，对于模范我们也不能求全责备，应当注重主要成绩与示范作用。

（三）企业员工行为

企业员工行为是企业行为文化建设的重要组成部分。企业员工行为决定了企业的精神风貌和文明程度。企业员工行为要求每个员工按照制度自觉执行规范，并在工作中敬业奉献，在生活上遵守行为规范。

三、制度文化

所谓制度，是指以权利与义务规范主体行为和调整主体间关系的规则体系。企业制度文化主要包括企业组织结构、企业领导体制和企业管理制度等三个方面。

企业组织结构是企业文化的载体。企业领导体制是根据企业性质确定的，是制度文化的重要内容。企业管理制度是企业在进行生产经营管理时所制定的，规范企业及员工行为的各项规定或条例。企业领导体制由企业领导方式、领导结构和领导制度组成，重点是领导制度。企业领导体制影响企业组织结构的设置，制约企业管理的各个方面。所以，企业领导体制是企业制度文化的核心。企业组织机构，是指企业建立的内部机构及其相互关系。企业组织机构必须适应企业管理机制。企业管理制度，是指企业制定的带有强制性义务并能保障一定权利的各项规定或条例，包括企业的人事制度、生产管理制度和民主管理制度等一切规章制度。科学的企业管理制度是企业文化重要的组成部分。企业管理制度作为员工行为规范，既规范员工的行为，调动员工的积极性，同时又维护员工的利益，具有强制性，还是企业行为识别系统的重要内容。建立优秀的企业制度文化，强调员工自我管理、自我约束，将制度管理与人文管理有机结合起来，营造良好的企业制度文化氛围，当企业制度被员工心理接受并自觉遵守时，企业制度才变成一种企业制度文化，进而转化为企业行为文化。

四、精神文化

企业精神文化是企业在生产经营中形成的一种企业意识和文化观念。企业精神文化主要包括企业经营哲学、企业价值观、企业宗旨、企业精神和企业道德（如图 1-3 所示）。

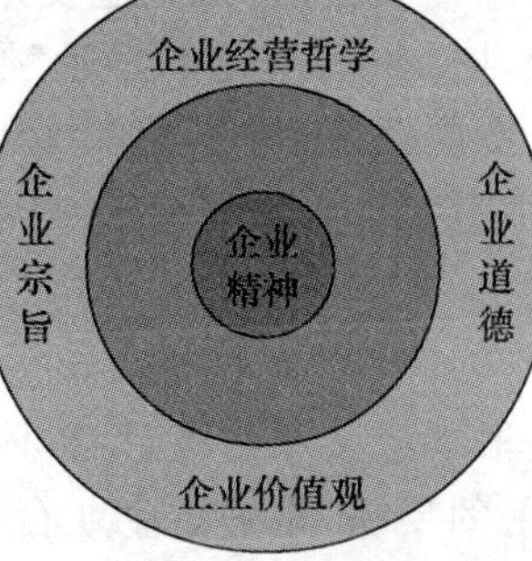


**图 1-3　企业精神文化**

（一）企业经营哲学

企业经营哲学又称企业哲学，是企业特有的从事生产经营和管理活动的理论化和系统化的世界观和方法论。企业经营哲学是指导企业生产、经营、管理等活动以及处理人际关系的原则；是指导企业行为活动的基础，是企业行为的逻辑起点，是企业的最高指导思想。因此，企业必须确立正确的经营哲学。在对企业的经营状况和特点进行全面调查的基础上，企业运用哲学观念分析研究企业的发展目标和实现途径，在此基础上形成自己的经营理念，并将其渗透到员工的思想深处，变成员工的共同思维方式。企业经营哲学通常在代表企业精神的文字中有所体现。如日本松下电器公司坚持"讲求经济效益，重视生存的意志，事事谋求生存和发展"的经营哲学，赢得了顾客和市场，促进了企业快速、持续、健康发展。

（二）企业价值观

企业价值观是企业文化的核心。美国管理学家彼得·德鲁克说："管理的任务就在于使个人的价值观和志向转化为组织的力量和成就。"IBM 总裁托马斯·沃森认为："任何企业如想生存下去并取得成功，就必须有一套正确的信念。"价值观是每个人在社会生活经历中不断积累形成的一套对周围事物是非和重要性的判断标准，它是决定人的态度和行为的心理基础。企业价值观是价值主体——企业在长期的工作和生活中形成的对于价值客体的总的根本性的看法，是一个长期形成的价值观念体系。价值观的作用最集中的体现是企业或者个人在经营管理过程中面临矛盾处于两难选择时，应该提倡什么、反对什么、弘扬什么、抑制什么，如何选择时，核心价值观起到决定作用。

企业价值观是企业中占主导地位的管理意识，能够规范企业领导者和员工的行为，使员工容易达成共识。企业的价值观可以有很多，但核心价值观只能有一条。如果一个企业把追逐利润作为核心价值观，当企业利润和顾客利益、社会利益发生矛盾和冲突时，企业会很自然地选择前者，往往以牺牲顾客利益和社会利益来获取企业利润最大化。相反，企业会满足顾客利益和社会利益，促进形成企业品牌，扩大社会影响，又促进了企业的发展。如创建于1802年的美国杜邦公司，目前业务遍布全球70多个国家和地区，而成功融合世界不同文化背景的平台就是杜邦公司“安全、健康和环保、商业道德、尊重他人和平等待人”的企业核心价值。又如我国的红蜻蜓集团是浙江省一家以鞋业为主、跨行业发展的民营企业集团。自1995年成立以来，红蜻蜓集团大力实施“文化兴企、品牌开路”的发展战略，以“为客户、为员工、为社会、为股东创造新生活，回归大自然”为企业使命，以“尊重关心每一位员工，创建团结友善的团队精神”为核心理念，把“责任、爱心和奉献”作为企业文化的重要内容，有效地促进了企业成功。目前，该集团年产皮鞋1 000多万双，集团员工近3万名，发展成为国家中型企业、全国行业十强企业，成为中国鞋行业的领军品牌和企业。

### （三）企业宗旨

企业宗旨是企业存在、发展的根本意义和终极目的，体现了企业的根本追求，是企业价值观在企业总体目标和发展方向上的反映，是关于企业存在的目的或对社会发展的某一方面应做出的贡献的陈述，有时也称为企业使命。

企业宗旨不仅陈述了企业未来的任务，而且还要阐明为什么要完成这个任务以及完成任务的行为规范是什么。企业要回答以下两个基本问题：

（1）我们这个企业是干什么的和按什么原则干的；

（2）我们这个企业应该树立什么样的社会形象以区别于同类企业。

因此，企业宗旨陈述应包括以下内容：

（1）企业形成和存在的基本目的，提出企业价值观念/基本社会责任和期望在某方面对社会的贡献。

（2）为实现根本目的应当从事的经营活动的范围，规定企业在战略期的生产范围和市场范围。

（3）企业在经营活动中的基本行为规则和原则，阐明企业的经营思想。经营思想在企业的经营方针中阐述，如微软公司的企业宗旨是“这样一个战略展望左右我们的一言一行；每个家庭，每台桌子上都有一台电脑，使用着伟大的软件作为一种强大的工具”；中国吉林长白山医药有限责任公司的企业宗旨是“现代医药，健康人类，励精图治，造福社会”。

### （四）企业精神

企业文化与企业精神在价值形态上是统一的。它们对延长企业生命的作用是同向的，都能对员工的责任心、荣誉感、诚信以及个人行为产生感召力和导向作用；都能对企业的人、财、物的管理和组织运作产生重要影响；都有共同的载体，企业的生产条件、生产成果、厂容厂貌、规章制度、技术活动、宣传报栏、标语口号、员工教育、卫生文化设施以及活动开展情况等都可以成为企业文化诸要素和企业精神的表现形式或工具。

企业文化与企业精神的区别包括两个方面。一是量的区别。企业文化包括企业精神，企业精神可以用凝练的语句表述，要求简明、易懂、形象。而企业文化是一个复杂整体，难以用一两句话来概括。二是质的区别。企业文化是广义的文化，而企业精神是狭义的文化，是企业延长生命周期、生存发展的“遗传密码”。

企业文化与企业精神的关系是：企业文化包含企业精神，比企业精神具有更广泛的内容，是企业精神产生的土壤和基础；企业精神是企业文化的核心和升华，是企业的指导思想和发展动力，企业精神的培育离不开企业文化建设，但企业精神一旦形成，又会对企业文化的发展起积极的促进作用和导向作用。

美国著名的管理学者托马斯·彼得曾说：“一个伟大的组织能够长期生存下来，最主要的条件并非结构、形式和管理技能，而是我们称之为信念的那种精神力量以及信念对组织全体成员所具有的感召力。”1993 年 11 月 14 日，《中共中央关于建立社会主义市场经济体制若干问题的决定》指出：加强企业文化建设，培育优良的职业道德，树立敬业爱厂、遵法守信、开拓创新的企业精神。企业精神是企业之魂。所谓企业精神，是企业长期形成的，被全体员工认同信守的理想目标、价值追求、意志品质和行动准则，是企业经营方针、经营思想、经营作风、精神风貌的概括反映，核心是价值观。企业精神一旦形成，对企业成员的思想和行为起到潜移默化的作用。企业精神是指企业经营管理的指导思想，可以激发企业员工的积极性，增强企业的活力。它构成企业文化的基石。企业精神与企业价值观是既有区别，又密切相关的两个概念，价值观是企业精神的前提，企业精神是价值观的集中体现。如美国希尔顿饭店的“为我们的顾客提供最好的住宿和服务”，美国 IBM 公司“IBM 就是服务”，中国航空集团公司“集美聚善，引领群伦”，海尔集团“敬业报国，追求卓越”，中国移动通信集团公司(以下简称中国移动)“沟通从心开始”等企业精神为企业的发展奠定了坚实的思想基础，提供了厚实的理论保障。

（五）企业道德

企业道德，是指企业在长期的生产经营实践中逐渐积淀升华形成的并自觉履行的伦理准则和道德规范。企业道德是调整企业之间、员工之间关系的行为规范，依靠社会舆论、传统习惯和内心信念来维持，以善恶评价为标准的道德原则、道德规范和道德活动的综合。根据道德活动主体的不同，企业道德可分为企业的组织道德和员工个人的职业道德。企业道德通过道德规范、道德教育、道德评价和道德行为等来调节企业内外关系。从企业内部来讲，企业道德主要包括善待员工，关注员工的生命安全和身体健康，改善工作环境，保障合法权益，促进员工成长；从企业外部来讲，企业道德还包括遵守商业道德、平等交易、诚实守信、保护环境、节约资源等。

### 1.3.2　企业文化特征

企业文化是社会文化的一个亚文化，或者说是一种子文化，受到社会文化的影响。企业文化具有以下特征。

一、存在的普遍性

存在的普遍性，是指企业文化无处不在，企业无论大小，均有企业文化，只要企业没有退出市场，企业文化就会对企业发挥作用。可以说人类社会的发展史就是文化产生、发展的历史。文化不分肤色和种族，只要存在集体生活人群，就一定会形成特定的文化，不管文化是否优劣，它不依赖于人的意志而存在，具有社会普遍性。优秀的企业文化促进企业发展壮大，而劣质的企业文化促使企业退出市场。

二、影响的无形性

文化的影响是自然的和自发的，文化对组织和个人的影响是不自觉的，因而人们通常认为文化对行为的影响是无形的。文化打上了人类思维的烙印，是根深蒂固的，也是潜移默化的，它神不知鬼不觉，随风潜入夜，润物细无声。如人们讲究卫生的习惯一旦养成，它就会成为自然传统，反之也是一种习惯，在不知不觉中对人们的行为产生影响。

三、民族传承性

不论是东方文化还是西方文化，它的形成与创新发展都无不例外地继承了其民族长期积累形成的文化内核和优秀传统，吸收并发展才形成新的文化。由于风俗习惯、宗教信仰、价值观念、生活方式和伦理道德不同，因而各民族形成了具有各自不同个性的民族文化。作为意识形态的企业文化，受着民族文化的熏陶，民族文化是其产生和发展的土壤，因此优秀的企业文化必然具有民族性。如创建于清康熙八年(1669)的北京同仁堂，吸收民族文化的精华，在300多年的历史长河中坚持悟守“炮制虽繁必不敢省人工，品味虽贵必不敢减物力”的传统古训，确保了同仁堂长盛不衰。

四、后天的习得性

文化不同于人们的生理特征（如性别、肤色等）靠先天遗传，文化是后天习得的，也就是说人的成长过程实际上是进行文化学习与养成的过程。企业文化也不例外，它是在企业长期生产经营过程中形成和发展起来的，具有后天习得性，需要培育建设与创新发展。

五、文化的创新性

创新是人类历史进步的本质。当今时代是一个不断创新的时代，只有创新才会推动自身和社会的发展。企业的创新精神和创新意识是文化创新的内核。企业要营造创新氛围，就必须鼓励并支持创新。企业文化随着时间、空间、人群的变化以及不同文化的交流渗透而发生变化，必须与时俱进、不断创新，包括文化的内容和形式等创新。如海尔集团创业近30年来，兼顾企业发展实际和市场环境的变化要求，企业文化不断创新，如海尔精神由第一个十年的“无私奉献，追求卓越”发展到第二个十年的“敬业报国，追求卓越”，第三个十年调整为“创造资源，美誉全球”。

六、相对的稳定性

文化是一定时期、一定区域内的特定人群经过长期积累并沿袭下来的历史沉淀，因而，在一定时期内，文化之魂——主体文化具有相对稳定性，不可能在短时期内发生根本性的转变。一种文化可以吸收与兼容外来文化，在保持自身主体文化特征的同时吸纳并改造外来优秀文化为我所用。

七、约束的规范性

企业文化包含形成的共同行为准则或模式即规范。企业文化一旦形成，就形成一种范式，成为人们的共识，它对员工的言行具有规范与约束作用。如果有人违背这种文化就会遭到排斥和打击，由此体现了文化的约束性。当企业的实际行为与规范发生背离时，就要受到惩罚，文化规范迫使他的行为朝着规范状态转化。

八、内容的综合性

文化是由多种价值观、信仰和习俗等要素组成的统一体。文化所包含的要素很多，包括物质文化、行为文化、制度文化和精神文化等层次。文化可以分解成不同的元素或成分，但任何一种文化都是一个统一体，各文化要素之间都存在着互补关系，互相联系结合成为一个整体，因而具有综合性。

九、个性的差异性

不同的企业，其产生与发展的自然环境条件和社会环境条件的差异性决定了不同企业文化的差异性。企业文化贵在有个性，与别的企业保持着有差异的企业文化才具有文化竞争力。因为企业文化是特定企业历史发展的产物，是企业管理实践的客观反映，不同阶段不同管理者的领导风格各不相同。因此，没有两个企业的文化会是一样的，每个企业的文化均具有独特个性。如日本索尼公司提出“索尼是开拓者，索尼的窗口永远朝未知的世界而开，充满活泼的气息，做别人不做的事”，日立集团提出“诚——将优良产品贡献给社会；开拓精神——积极进取，独立自主；和——尊重个人意见，广与谈话，以和为本”等企业精神，具有鲜明的个性。

十、文化的融合性

人类社会在由农业社会经历工业社会向知识社会的转变过程中，经济全球化、世界一体化成为历史必然，文化融合自然成为一种必然要求。2001 年 11 月 11 日我国加入世界贸易组织(WTO)，在入世后全球经济一体化的今天，我国作为 150 余个国家组成的 WTO 一员，面临激烈的世界市场的竞争，文化融合成为我国经济发展和社会进步的客观要求，中西方文化相互借鉴、相互吸收、相互融合，有利于丰富和发展各自的文化系统，形成多元文化体系，推动整个人类社会的进步。企业管理人员与拥有不同文化特征的人士打交道，就要学习研究不同的文化特征，尊重异国文化，吸收其精华为“我”所用，这就是文化融合。

# 第二章　企业文化与企业生存发展

思想产生信仰，信仰产生力量。

——孙中山

企业文化是推动企业前进的原动力，企业文化是核心竞争力。

——美国著名管理学家艾德佳·沙因

企业文化对企业长期经营业绩有着重大的作用，很可能成为决定企业兴衰的关键因素。

——哈佛商学院著名教授约翰·科特

国家富强靠经济，经济繁荣靠企业，企业兴旺靠管理，管理关键在文化。

——著名经济学家于光远

一个人不能没有理想，一个企业不能没有文化，文化是形成一个企业核心竞争力的核心要素，是企业延长生命周期的“遗传密码”。

——段维龙

一个企业发展的动力源于企业文化，企业文化是企业保持持续竞争优势的核心密码。经济文化一体化的21世纪是文化对生产起着巨大作用的时代，文化管理将是企业发展的主要驱动力。

每个企业都有自己的企业文化，企业文化有优劣之分。优秀的企业文化能够维持企业的生存，促进企业的发展。劣质的企业文化降低企业的竞争力，缩短企业的生命周期，阻碍企业的发展。从文化机构划分，广义层面的企业文化包括物质文化、制度文化、行为文化和精神文化；中义层面的企业文化是指企业的制度文化与精神文化的总和；狭义的企业文化是指企业的精神文化，即企业价值观、理想信念、经营理念、道德规范和企业精神等意识形态。本章所述企业文化侧重点于中义层面的企业文化，核心是企业精神。

## 2.1 企业文化的功能

人依靠物质文化成果维持生物学生命，吸吮精神文化成果延续其精神生命。①

早在1988年，美国哈佛商学院就对世界各国企业文化与企业成长之间的关系问题进行了长期研究，得出的结论是：“企业文化是影响企业本身业绩的深层的重要原因，重视企业文化的公司，其经营业绩远胜于那些不重视企业文化建设的公司。”

表2-1为企业文化与企业业绩成长的关系对比表（11年考察数据）。②

**表2-1 企业文化与企业业绩成长的关系**

| 对企业文化的态度 / 经济增长指标 | 重视企业文化的企业 | 不重视企业文化的企业 |
|---|---|---|
| 总收入平均增长率 | 682% | 166% |
| 员工增长百分率 | 282% | 36% |
| 公司股票价格增长率 | 901% | 74% |
| 公司净收入增长率 | 756% | 1% |

从表2-1所示的数据来看，企业文化对企业的生存与发展具有重要作用，而且优秀的企业文化是企业长期健康发展的核心动力，因为企业发展必须依靠人才，而引进人才和留住人才仅靠高薪聘用、提高待遇、委以重任、提拔职务是引不进、留不住的，企业要想留住人才（特别是优秀人才），必须大力培育优秀的企业文化。因为优秀的企业文化是企业员工学习、工作和生活的沃土，特别是企业优秀人才有了用武之地；相反，缺乏企业文化认同，则是导致企业人才流失的根本原因。优秀的企业文化可以起着教育人、引导人、鼓舞人、塑造人的作用，通过优秀的企业理念与观念、良好的文化环境、真心的情感关怀与关爱、合理的物质待遇与精神激励、搭建人才成长的平台等方式吸引人才、引进人才、使用人才、留住人才并发展人才。③

企业文化的功能，是指企业文化发生作用的能力。优秀的企业文化，对内能够增强企业的凝聚力和向心力，激发员工的精神，塑造员工的灵魂，增强员工的责任感，调动员工的积极性、主动性和创造性，增强企业的活力，提高企业的市场竞争力；对外可以塑造企业的形象，增强品牌知名度，从而延长企业的生命。企业文化在企业生存与发展中的主要作用体现在导向功能、凝聚功能、约束功能、协调功能、激励功能、辐射功能和教育功能。

### 一、导向功能

企业文化是企业的精神支柱，是企业的旗帜，可以指明企业价值取向和企业方向，引导

---

① 精神生命是本书作者提出的一个新概念。本书作者认为精神生命主要是相对于生物学生命而言，主要是指精神成果的寿命时间，也可以认为是社会学生命。此观点有待进一步研究和探讨。

② 王敏燕，马启山. 浅谈我国的企业文化建设[J]. 社科纵横，2005：60.

③ 苏朋. 和谐企业文化管理研究[D]. 大连：东北财经大学，2007.

员工同心协力为企业的目标而奋斗。企业文化的导向功能，是指优秀的企业文化可以使企业形成一种“文化定势”，能把全体员工引导到企业目标上来并努力为之奋斗。企业提倡什么，反对什么，员工达成共识，对企业成员的价值和行为取向起到引导作用，如果出现偏差，企业文化就会纠正并引导其走向正确的轨道。导向功能是企业文化最主要和最基础的功能。

## 二、凝聚功能

企业文化的凝聚功能，是指企业文化具有强大的凝聚力量，可以将员工团结起来，形成向心力，凝聚企业的合力。企业文化的凝聚功能体现在企业价值观被员工所认同，产生一种聚合力和感召力，把员工团结在一起，使他们目标一致，使企业协调有序、和谐发展。如创立于 1999 年的内蒙古蒙牛乳业（集团）股份有限公司（以下简称蒙牛）是在当时“一无市场，二无工厂，三无奶源”的困境下创办的，公司提出并坚持了“百年蒙牛，强乳兴农”的经营理念，“学习沟通，自我超越”的企业精神，使蒙牛创造了年平均增长 158％的蒙牛速度，一举成为全球乳业发展速度最快的企业，荣获中国成长企业“百强之冠”，蒙牛的成功在很大程度上归功于其独具特色的、优秀的企业文化。

## 三、约束功能

优秀的企业文化对员工背离企业目标的思想和行为产生约束作用或制止作用，促进企业和员工自我约束、自我控制。约束功能体现在企业规章制度、行为规范与行为准则等约束和规范员工的思想和行为，并通过形成的企业制度文化和道德规范发挥约束作用。

一方面，企业制度文化对员工具有硬约束作用，企业必须坚持在制度面前人人平等；另一方面，企业精神文化对员工具有软约束作用，是一种无形的、理性的软约束。二者结合对员工的行为具有规范、约束作用。

## 四、协调功能

企业文化的协调功能体现在对外协调和对内协调两个方面。

一方面，企业文化对外协调包括企业与国家、社会、顾客、投资者等方面的关系协调，协调企业发展目标和行为与国家、社会、顾客、投资者等外部关系和谐有序，尽可能地获取企业发展的外部资源和支持，塑造企业形象，形成良好的社会形象。另一方面，企业内部矛盾无处不在、无时不有，企业内部上下级之间、同事之间因为各种原因会产生矛盾，因此，企业必须做好矛盾转化工作，而做好矛盾转化工作靠的就是企业的优秀文化，充分发挥企业文化的协调作用，促进员工自觉调节和自我调节，从而建立和谐的人际关系，以提高企业的生产效率和生产效益。

## 五、激励功能

激励功能，是指企业建立合理的激励机制，使员工产生一种奋发进取的力量。优秀的企业文化可以促进员工形成激励竞争意识、积极向上的理念、奋发进取的精神，从而调动员工的积极性、主动性和创造性，使他们的知识、智慧、才能和潜能得到充分发挥，形成强烈的使命感和持久的驱动力，为企业努力工作。

六、辐射功能

优秀的企业文化可以帮助企业塑造良好的社会形象，赢得信誉，获得社会的认同和信任，约束员工的行为。辐射功能主要体现在企业文化向外辐射，对企业周围的社区乃至整个社会产生积极的影响。企业文化通过自己的产品和文化辐射社区、影响社会。

七、教育功能

教育功能，是指企业通过各种文化手段培养员工的思想道德素质，提高员工的职业技能。通过对员工的教育培训和文化熏陶，体现为企业和社会培养优秀人才的功能。优秀的企业文化是员工的精神食粮而使其保持健康的精神状态，为员工提供思想指导、价值观念、行为准则、促进学习的机制等，促使员工正确地支配和控制自己的行为，明辨是非，并在实践中及时地调整自己的行为。

## 2.2 企业核心竞争力

企业文化是企业的灵魂，是造就企业核心竞争力的动力之源，它不仅能够增强企业内部的向心力和凝聚力，而且是企业取得市场竞争优势的内在动力，有利于提升企业的核心竞争力。

### 2.2.1 核心竞争力的概念

企业竞争，是指企业在生产、经营同类或同种商品之间为了自身利益或市场有利地位而展开的博弈或斗争。当今企业的竞争实际是核心能力的竞争，是企业竞争力中能使企业保持长期稳定竞争优势、获得超额利润的竞争力。1990 年西方战略学家普拉哈拉德与哈默尔在《企业核心竞争能力》一文中将“核心竞争力”定义为“能使公司为客户带来特别利益的一类独有的技能和技术”。普拉哈拉德教授根据“核心竞争力”的观念还提出了“树型”理论：公司就像一棵大树，树干和主枝是核心产品，分枝是业务单元，树叶、花朵和果实是最终产品，提供养分、维系生命、稳固树身的根就是核心竞争力。企业核心竞争力，是指把企业所能够利用的内部资源、知识和技术进行整合和协调，形成在其行业里具有竞争优势的合力。从与产品或服务的关系角度来看，核心竞争力实际上是隐含在企业核心产品或服务里面的知识和技能，或者知识和技能的集合体。

美国哈佛商学院教授迈克尔·波特认为，“从根本上来讲，当企业为客户所创造的价值超过其为此付出的成本时，竞争优势就产生了”。所谓企业竞争优势，是指一个企业超越其竞争对手的能力。乔治斯·托克在《计划评论》一文中将“核心竞争力”定义为“能为扩大生产线提供测度标准的个人技术和生产技能的结合”。维娜·艾丽在《知识进化》一书中指出“核心竞争力是使公司能持续开发新产品和开拓市场的特性”。著名的麦肯锡管理咨询公司在总结了长期实践经验后，认为核心竞争力是某一组织内部一系列的技能和知识的结合，它具有使组织的一项或多项业务达到世界一流水平的能力。而学者罗蒙西·巴顿则认为核心竞争力不只是技术和人力技能，更是一种制度化的企业知识体系，包括知识与技能、管理体制、实物系统和价值观，其重点是构建企业竞争优势的知识体系。

本书结合中外专家、学者的研究成果，认为：企业核心竞争力是企业在企业文化的作用下，整合企业资源、知识和能力形成的核心能力，是促进企业生存和发展的、竞争者难以模仿的独特比较优势。

### 2.2.2 核心竞争力的特征

一、价值性

核心竞争力是企业独特的竞争能力，它具有相对于竞争者而言的核心价值。企业运用核心竞争力开发研制符合社会需要的全新的产品和服务，以满足市场的需求。如海尔集团的核心竞争力是其完善的销售体系和服务体系，而长虹集团的核心竞争力则是物美价廉。

二、延展性

核心竞争力的延展性体现在企业不仅要满足客户的当前现实需求，而且包括满足客户未来潜在的需求，体现在企业能够从核心竞争力衍生出一系列的新产品和新服务，更好地满足客户的需求。这种需求的满足是通过核心竞争力发挥其延展性的。核心竞争力有从核心竞争能力、核心技术、核心产品到最终产品的延展能力，即企业的核心竞争力包含着一项或几项核心技术或服务，而这些核心技术或服务相互配合形成一个或多个核心产品，再由核心产品衍生出最终产品。在这个延展过程中，企业的核心竞争力是主导力量。

三、独特性

独特性又称差异性，即企业核心竞争力为企业所独有。企业文化核心竞争力在于其独特的企业文化的基础上形成的竞争能力。核心竞争力是企业所独有的，它很难被其他的企业所模仿，是企业在演进发展过程中长期培育和积淀而成的，是具有本企业特色的企业文化与企业竞争力的有机融合，其他的企业难以模仿。

四、动态性

企业的核心竞争力是在长期的经营实践中逐步形成和积累起来的，随着宏观环境和微观环境的变化，随着时间的推移，企业的核心竞争力也必然发生变化，需要在巩固的基础上进行再创新、再培育、再提升，以更好地适应环境，从而使自己不断进步，以保持强大的竞争力。

综上所述，尽管不同的专家、学者对“核心竞争力”的定义不一，但他们普遍认为核心竞争力是企业所独有的，难以模仿和难以取代的，能给企业带来持续发展的、整合多种资源的综合能力，具有北大张维迎教授提出的“核心竞争力必须具备‘偷不去、买不来、拆不开、带不走和流不掉’的五个特点”。由此可以看出，企业的核心竞争力是根植于企业文化之中，培育企业文化是企业增强核心竞争力的根本途径。

# 2.3　企业文化与企业核心竞争力

## 2.3.1　企业核心竞争力的外在表现

与企业文化相融的企业核心竞争力是企业综合能力的集中体现，而不仅只是产品和技术竞争力的体现。在企业核心竞争力上有不同的外在表现。

一、专有技术优势

企业具有自主知识产权的专有技术和专利产品，专业优势明显，进而体现为规模优势和成本优势，使竞争对手望而却步。

如格兰仕集团（以下简称格兰仕）可以称得上是具有中国特色的企业之一，这种特色充分体现在两个方面。第一，它成功地战胜了洋品牌，成为中国少数几个拥有行业控制能力的企业之一。第二，它通过将国外的生产线搬进来，做"世界制造中心"的 OEM（Original Equipment Manufacturer）模式，即贴牌生产合作模式，俗称"贴牌生产"。就是拥有产品名牌的生产者利用自己掌握的品牌优势、核心技术和销售渠道，将产品委托给具备生产能力的制造商生产后向市场销售。格兰仕在实施 OEM 模式的同时也做自己的产品，因此格兰仕获得了生产规模优势，连续几次大降价使格兰仕争得了微波炉的霸主地位，同时也加速了微波炉这一产业的价格下降趋势。通过降价，格兰仕成功地为这个行业竖起了一道价格门槛：如果想介入，就必须投巨资去获得规模，但如果投巨资做不过格兰仕的盈利水平，就要承担巨额亏损，即使做过格兰仕的盈利水平，产业的微利和饱和也使对手无利可图。凭此，格兰仕成功地使微波炉变成了鸡肋产业，并成功地使不少竞争对手退出了竞争，使很多想进入的企业望而却步并不断拓展创新，形成了企业核心竞争力。①

二、人力资源优势

人力资源是企业的第一资源，它对企业的发展具有决定作用。人力资源是企业的核心竞争战略。企业之间的竞争，归根结底是人才及其综合素质的竞争。人力资源管理实现了市场化、专业化、国际化和规范化优势。如微软公司的核心优势就是人才优势。

三、创新能力优势

企业的技术创新、产品创新、制度创新和管理创新构成企业创新体系，是企业适应日趋激烈的市场竞争、实现自我超越的必由之路。企业竞争的直接体现就是其创新优势，企业竞争力的核心是具有创新能力。

① 涂辉文，谢枫. 格兰仕竞争优势之源[J]. 经贸世界，2002.

四、管理模式优势

建立符合企业自身实际的、有效的科学管理模式是企业核心竞争力的基础。如沃尔玛公司的企业核心竞争力就是建立了一套一流的物流管理模式，其出色的物流配送（存货补充）能力帮助企业实现了零库存，这种管理模式构成企业核心竞争力的重要支撑，形成了沃尔玛公司的核心竞争力。

五、企业文化优势

企业建立起以共同价值观和企业精神为主要内容的企业文化，是构成企业核心竞争力的个性化、深层次的重要因素。优秀的企业文化深刻地影响员工的行为，并通过经营决策和行为习惯等体现在企业管理实践中。企业的经营理念和价值观一旦被员工认同，将会产生一种强大的规范力和推动力。优秀的企业文化有利于形成企业品牌，企业品牌是企业的无形资产，也是企业核心竞争力的表现形式。

六、顾客服务优势

优质的顾客服务是企业扩张消费市场的最重要途径，企业在保证顾客物质利益的同时，满足顾客心理上的满足感、信任感和安全感。如海尔集团提出并坚持“真诚到永远”的承诺，为顾客提供真诚的服务，通过服务来支撑品牌，使企业能够获得超额利润。

七、市场网络优势

企业竞争的关键是市场的竞争，拥有可靠的市场网络，增加产品销量，扩大生产规模，降低产品成本，形成企业核心竞争力。如美国柯达公司依赖自己的核心技术在全球拓展其市场范围，形成了市场竞争优势。

### 2.3.2 企业文化与提升企业核心竞争力的作用

美国哈佛大学的专家、学者对世界前 500 强企业进行跟踪调查，发现 30 年后 500 强企业中在风云榜上依然存在的仅有 30 家，跻身于财富 100 强的企业有 1/3 已被淘汰。[①] 而我国的民营企业平均寿命却只有 3～5 年，能够生存 3 年以上的不足 10%，呈现短命态势。[②] 为什么有的企业能够成为常青树，有的企业却昙花一现，究其原因是缺乏优秀的企业文化。由于企业文化具有凝聚力、激励力、约束力、导向力、纽带力和辐射力，是孕育企业核心竞争力的土壤和温床，因而企业文化是企业生命的“遗传因子”，它不仅能够增强企业内部的向心力和凝聚力，而且是企业应对市场竞争的内化动力，对企业整体竞争力的提升和对外扩张都发挥着重要作用。实践证明，优秀的企业文化是提升企业核心竞争力的动力源泉。

一、企业文化是企业核心竞争力的关键要素

企业核心竞争力包括硬件和软件两个部分。硬件包括产品、技术、知识、人力资源、外部

① 田丽君. 全方位经营企业品牌战略[J]. 企业活力，2005，(10)：14.

② 姚瑶. 民营企业与企业文化[J]. 理论界，2006，(6)：155.

资源等要素，软件包括价值观、企业使命、发展愿景、管理机制、企业精神等“软”要素。由此看来，“软件”要素的主体实质上是文化要素，因此，企业文化不仅是核心竞争力的组成部分，而且是关键要素和原动力。

二、企业文化可以塑造企业形象，增强核心竞争力

企业文化的外部功能还表现在可以推动企业形象优化，传播企业优秀的文化，塑造企业形象，提高企业的知名度和社会美誉度，并促进形成文明、和谐的良好社会环境，推进企业与社会又好又快的发展。

三、企业文化是企业核心竞争力的支撑平台

关于企业核心竞争力，有人认为或是核心技术，或是核心管理，或是核心人才，但是均离不开企业文化，通过优秀的企业文化增强企业内部的凝聚力可以提升企业的核心竞争力，增强竞争优势。从国内外成功企业的发展来看，优秀的企业文化是提升企业核心竞争力的关键。否则，企业只能形成一般竞争力，不可能形成核心竞争力。核心竞争力取决于企业文化的渗透作用，因此，企业文化是核心竞争力的支撑平台。

四、企业文化决定核心竞争力的方向

企业价值观是企业文化的核心，体现现代企业的宗旨和追求，决定企业的发展方向，是企业生存发展的精神动力，决定核心竞争力的方向。

### 2.3.3　培育优秀的企业文化，提升企业核心竞争力

一、培育人本文化，增强核心人才竞争力

（一）以员工为本

员工是企业的第一资源，是办好企业的基础和根本保证。企业管理者必须牢固树立“企业即人”和依靠员工办企业的理念，相信和依靠员工，坚持民主管理，充分发挥广大员工特别是核心人才的聪明才智。“以人为本”的管理，是指在管理过程中以人为出发点和中心，围绕着激发和调动人的主动性、积极性和创造性展开的，以实现人与企业共同发展的一系列管理活动。

坚持“以人为本”，首先体现以员工为本。以员工为本包含满足员工的合理利益需求，也包含尊重员工、理解员工、关心员工，尤其要保障和维护好员工的合法权益。如果说企业竞争是人才竞争，那么，人才竞争说到底是学习力的竞争，而学习力对于企业创新与可持续发展至关重要。由于种种原因，民营企业员工的整体素质相对较低，就更应该建立学习型组织，提升员工的整体素质。由于员工的素质是企业人力资源的基础，因此，企业必须加大教育培训力度，增加教育培训投人，制定有利于鼓励员工学习进步的制度，支持员工学习科技与业务知识、经济与管理知识、法律知识以及参加技术与技能等教育培训，此外，还要满足员工的身心发展的要求，全面提升其整体素质，增强核心竞争力。

（二）以顾客为本，增强核心顾客与市场开发竞争力

顾客是企业发展的源泉，没有了顾客，企业也就失去了存在的意义，企业要树立顾客是上帝的观念，时时处处为顾客考虑，为顾客提供价廉物美、服务好的产品，不断开拓新的顾客群，拓展市场，增强市场开发竞争力。

同时，以社会为本，还要做到守法经营、维护环境、参加社会福利事业。如海尔集团提出"真诚到永远"的服务理念，为消费者提供了全面的生活享受，使其成为世界白色家电第一品牌、中国最具价值品牌。2012 年，海尔集团全球营业额 1 631 亿元，用户遍布世界 100 多个国家和地区。海尔大型家用电器 2012 年品牌零售量占全球市场的 8.6%，第四次蝉联全球第一。海尔集团拥有"全球大型家用电器第一品牌、全球冰箱第一品牌与第一制造商、全球洗衣机第一品牌与第一制造商、全球酒柜第一品牌与第一制造商、全球冷柜第一品牌与第一制造商"共 9 项殊荣，连续蝉联世界第一反映了海尔集团在复杂的市场环境中始终满足用户需求的创新能力。

二、培育创新文化，增强核心技术与产品竞争力

创新是企业永恒的主题，是企业的生命。企业创新的内容很多，如科技创新、管理创新和机制创新等。技术创新是企业核心产品竞争力的关键，技术创新可以提高企业的产品在市场上的竞争地位。因此，企业必须营造有利于创新的企业文化，为技术创新提供动力支持和智力支持，激发企业的活力，调动员工的创造性，引导员工敢于竞争、不断创新。在构建优秀的企业文化过程中促进技术创新开展，在技术创新活动中培育企业文化，二者相辅相成。如海尔集团"创新、敬业报国、追求卓越"的价值理念，激发了员工的积极性和创造精神。2012 年中国企业 500 强排名第 97 位的中国航天科工集团公司荣誉国家级创新型企业，先后获得国家"两弹一星"功勋奖章；多次获得国家科技进步特等奖和一等奖。航天科工集团以"科技强军、航天报国"为使命，实施军民融合、创新驱动、人才强企、质量制胜"四大战略"。2012 年，航天科工集团实现营业收入 1 340 亿元。

三、培育制度文化，增强核心机制与组织管理竞争力

企业要提高管理水平，必须实现经验管理向科学管理的转变，并努力实现由科学管理向文化管理的飞跃。完善管理制度，加强制度文化建设。要提高企业的资源利用率，就必须提高管理水平，建立科学的决策机制、严格的财务制度、规范的安全规程、人性化的考勤管理规章等制度，并且同时加强制度执行文化建设，逐步形成人人遵守规章、个个严守纪律的良好氛围。优化企业组织结构，完善决策机制、激励机制和效率机制，坚持以人为本，将目标激励、物质激励、荣誉激励、竞争激励、股权激励和处罚激励结合起来，全面调动员工的积极性、主动性和创造性。如戴尔公司的核心竞争力就是高效的供应链管理。

四、培育精神文化，增强核心价值与企业精神竞争力

企业精神是企业经营宗旨、价值准则、管理信条的集中体现，是企业文化的基石和核心，是企业创业发展的灵魂。企业精神给人以理想、以信念，给人以鼓励、荣誉，也给人以约束。企业精神既是企业内部的内聚力，又是在企业外部表现出来的企业拼搏能力、竞争能力、辐

射能力和爆发力。因此,企业必须注意提炼企业精神,凝练企业核心价值理念,培育企业精神,增强企业精神竞争力。韩国三星集团的"人才第一"精神使三星成为全球第35大经济体,超过阿根廷。2011年,三星集团资产总额达3 437亿美元,净销售额达2 201亿美元,净收入212亿美元。这个数值已经达韩国GDP总量11 162.47亿美元的19.72%。如果以净销售额计算,该数值甚至高于爱尔兰2011年2 176.69亿美元的GDP,排到世界第45位。

综上所述,企业创业发展,做大、做强、做久,延年益寿,必须加强企业文化建设,增强核心人才、核心技术、核心产品、核心市场、核心机制与组织管理、核心价值与企业精神竞争力,不断提高企业核心竞争力。关于培育企业优秀文化提升企业核心竞争力,借用中国企业管理科学基金会副会长潘承烈教授发表在《经济参考报》关于企业文化研究结论,那就是"企业要历久不衰,必须扎根在文化的沃土中,靠企业文化'传宗接代'"。

## 2.4 企业文化延长企业生命周期

根据研究数据表明,全球500强企业的平均寿命为40～50年,日本企业和欧洲企业的平均寿命为12.5年。美国62%的企业的平均寿命为5年,10%的企业的平均寿命为20年,2%的企业的平均寿命为50年。2012年9月7日《生活日报》报道,据《中国中小企业人力资源管理白皮书》调查显示,我国中小企业平均寿命仅2.5年,集团企业的平均寿命仅7～8年,与欧美企业平均寿命40年相比相距甚远。中国企业数量众多,但企业生命周期短,呈现"一年开业,二年成长,三年死亡"之路,能做大做强做久的企业寥寥无几。目前,我国注册登记的中小企业超过1 000万家,占全部注册企业数的9成;中小企业工业总产值和实现利税分别占全国企业总数的60%和40%左右。中小企业提供了75%的城镇就业机会。但是企业使命太短,成为中小企业发展的严重瓶颈。那么,企业生命周期与企业文化之间有没有联系,是什么样的关系,企业如何延长生命周期,企业家与专家学者举行了长期研究,根据约翰·P.科特《企业文化与经营业绩》的研究成果,企业文化与企业经营业绩之间有一定的正相关性。

### 2.4.1 企业生命周期研究概述

1972年,美国哈佛大学的葛瑞纳教授在《组织成长的演变和变革》一文中第一次提出了"企业生命周期"的概念。其后,美国管理学家伊查克·爱迪思从企业文化角度对企业生命周期进行了系统研究。1989年他的著作《企业生命周期》正式出版,成为此后研究企业生命周期的经典之作①。他在《企业生命周期》中明确了"生命周期"的概念,描述了企业生命周期各阶段的行为特征,并提出了预测、分析及诊断企业文化的工具(PAEI和CAPI)。其中,PAEI管理角色模型,是指在一个成功管理团队中的四个关键角色,即业绩创造者

① 李永峰,张明慧.论企业生命周期[J].太原理工大学学报:社会科学版,2004.

(Producer)、行政管理者(Administrator)、企业家(Entrepreneur)和整合者(Integrator)。PAEI管理角色模型评估与强调在一个成功团队中上述四个角色的作用与贡献。PAEI管理角色模型的潜在思想是没有哪一个管理人员能够单独应对企业的所有挑战。面对日益复杂的世界环境和生存环境,任何一个企业都必须组织管理团队来应付。伊查克·爱迪思还提出了改变企业文化的爱迪思诊疗法。他认为企业的成长与老化同生物体一样都是通过灵活性和可控性这两大因素之间的关系来表现的。灵活性与可控性决定了企业在生命周期中所处的位置。企业生命周期阶段的定性划分对企业生命周期研究的角度不同,划分企业生命周期阶段的标准也不一样。具有代表性的是伊查克·爱迪思将企业生命周期分为"成长和老化"的"二阶段十时期"理论。"成长和老化"两个阶段细分为孕育期(Courtship)、婴儿期(Infancy)、学步期(Go-Go)、青春期(Adolescence)、盛年期(Prime)、稳定期(Stable)、贵族期(Aristocracy)、官僚化早期(Recrimination)、官僚期(Bureaucracy)和死亡期(Death)(如图2-1所示)。

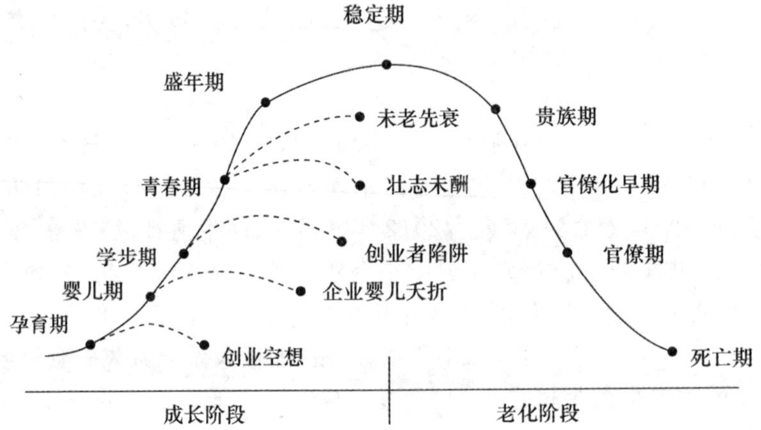


**图2-1　爱迪思的企业生命周期模型**

在遭遇始于2008年由于美国次贷危机引发的全球经济危机的今天或未来可能遭遇的经济危机,企业如何安然度过并战胜危机,延长生命周期长期生存并发展下去,这成为当前企业界和理论界必须认真思考的重大问题。

优秀的企业文化促进企业延长生命周期。企业同生物有机体一样具有生命特征,经历创建、成长、成熟到衰退、消亡的过程。所谓生命周期,是指生物体从出生到死亡的过程。有关企业生命周期理论的研究始于20世纪50年代,繁荣于七八十年代,90年代末出现了新的高潮,并产生了20余种有关企业生命周期阶段的模型理论。20世纪60年代以来,企业生命周期理论逐步发展成一种管理理论。

美国哈佛大学的葛瑞纳教授关于企业生命周期提出五阶段理论之后,许多学者对企业生命周期理论进行了广泛研究,影响最大的是美国管理学家伊查克·爱迪思从企业文化角度将企业生命周期分为创业期、成长期、成熟期和衰退/再生期四个阶段。坎培里、理查德等专家提出了"组织生命周期"概念,将企业的生命周期划分为创业阶段、聚合阶段、规范化阶段和成熟阶段,分析了不同阶段的企业管理要求和特点。我国不少的学者对企业文化开展了深入研究，谢科范①、胡继灵②和肖海林③等都从不同的角度对企业生命周期进行了研究。任佩瑜教授④更是从复杂性科学的角度分析了企业生命周期的复杂过程，揭示了企业发展变化的内在机理。其中有一定代表性的是中国社会科学院的陈佳贵教授，他提出企业生命周期分为孕育期、求生存期、高速发展期、成熟期、衰退期和蜕变期的理论。企业生命周期理论认为企业从创业到退出市场，依据生物体所经历的生命历程一样，也要经历产生、成长、成熟和衰退的阶段。

结合中外研究结果，本书认为：企业从创建到衰亡所经历的过程称之为企业生命周期；企业生命周期分为创建期、成长期、成熟期和衰亡期四个阶段（如图 2-2 所示）。

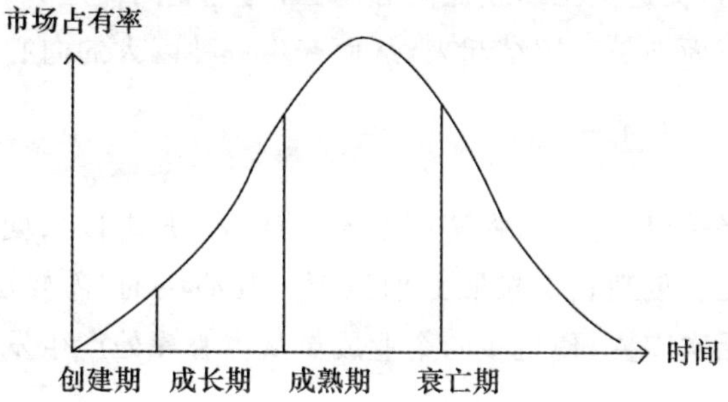


**图 2-2 企业生命周期趋势**

## 2.4.2 企业文化在延长企业生命周期中的作用

决定企业生命周期的根本要素与“遗传密码”是企业精神。企业生命周期的长短与生物的遗传因子（企业精神）、生物环境（企业内外环境）和农事管理（企业管理）等因素有关，其中企业精神是企业成长的灵魂。一个生物体的生物学寿命的长短除了外部因素（如干旱、水灾等自然灾害）外，与其生物学遗传基因直接相关。企业生命周期的长短与生物体的生命周期一样，也有遗传因子起着决定作用。在企业生命周期中，企业精神如同生物有机体的遗传因子一样，在环境、管理等其他因素不变的情况下，企业文化对企业生命周期的长短起着决定作用。因此，优秀的企业精神可以提升企业的核心竞争力，没有优秀的企业文化，缺乏企业精神的企业就不可能形成核心竞争力，企业生命就难以维系。建设企业文化，培育企业精神，塑造良好的企业形象，提高企业的市场知名度，提升社会美誉度，增强核心竞争力，以缩短创建期和成长期，延长成熟期，延缓衰亡期，从而延长企业生命周期，提高企业的生命价值。企业精神是企业文化的内核，是企业成功的基石，企业精神在延长企业生命周期中的作用主要体现在以下六个方面。

① 谢科范，罗险峰. 企业寿命周期分析[J]. 武汉汽车工业大学学报，1999，(12).
② 胡继灵. 企业生命周期与生物生命周期的比较研究[J]. 华东经济管理，2001，(6).
③ 肖海林. 企业生命周期理论辨析[J]. 学术论坛，2003，(1)：65—67.
④ 任佩瑜，林兴国. 基于复杂性科学的企业生命周期研究[J]. 四川大学学报：哲学社会科学版，2003，(6).

一、导向作用

优秀的企业文化可以发挥导向和规范员工行为的作用，引导员工热爱企业并自觉地为企业奉献，可以对每个员工的价值和行为起引导和规范的作用，使之符合企业的目标。

二、凝聚作用

优秀的企业文化是企业的一面旗帜，它可以凝聚人心，使员工产生归属感和荣誉感，满足人们对实现自身价值的心理需求，使每个员工自觉地为企业奉献，通过企业精神把员工团结起来从而产生凝聚力，促进员工与企业同心同德，与企业同命运共呼吸。企业成员对企业文化的认同感从各个方面把员工团结起来，从而产生一种巨大的向心力和凝聚力。

三、激励作用

优秀的企业文化坚持以人为本，强调尊重人、信任人，凡事以共同价值观为尺度，最大限度地激发员工的积极性和创造性。按照亚伯拉罕·马斯洛的"需要层次理论"，企业文化满足了员工的情感等高层次需要，使更多的企业成员从内心深处产生发奋进取的精神。

四、协调作用

优秀的企业文化使员工拥有共同的价值观，有利于形成和谐的人际关系，增进信任和沟通，使企业与社会、企业与企业、企业与员工、企业与自然等关系协调和谐，有利于形成企业和谐温馨的文化氛围。

五、规范作用

优秀的企业文化对员工的思想和行为具有无形的约束力，依据企业精神形成的企业规范和行为准则对员工的思想、心理和行为具有约束规范作用，实现了自律与他律的有机结合。

六、辐射作用

优秀的企业文化向社会展示企业产品和精神风貌，是企业形成核心竞争力的灵魂，对企业自身和社会产生辐射作用，优秀的企业文化会对本地区乃至国内外的社会公众产生巨大的影响。

根据约翰·科特《企业文化与经营业绩》的研究[①]，企业文化与企业经营业绩之间存在一定的正相关性(参见表 2-2)。

① 约翰·科特. 企业文化与经营业绩[M]. 北京：华夏出版社，1997.

表 2-2　企业文化与企业长期经营业绩之间的正相关性统计表

| 业绩情况<br>企业名称 | 企业文化分值 | 1978—1988 年纯收益增长指数 | 1978—1988 年企业投资资本平均收益指数 | 1978—1988 年企业股票市场价格年平均增长指数 |
|---|---|---|---|---|
| 美洲航空公司 | 3.58 | 23.5 | 4.68 | 23.69 |
| 花旗银行 | 3.48 | 18.2 | 4.98 | 10.3 |
| 东方航空公司 | 0.7 | −86.1 | −0.44 | 14.69 |
| 惠普公司 | 3.25 | 22.2 | 12.95 | 14.1 |
| 百事可乐公司 | 3.07 | 40.2 | 16.35 | 17.5 |
| 联合航空公司 | 2.18 | 32.5 | 3.36 | 14.88 |
| 波音飞机公司 | 3.62 | 31.4 | 16.75 | 20.45 |
| 杜邦公司 | 3.68 | 25.6 | 9.83 | 12.25 |
| 美洲银行 | 1.27 | 5.8 | 4.97 | −0.18 |
| 曼哈顿公司 | 0.43 | −1.6 | 2.17 | 6.56 |
| IBM 公司 | 3.66 | 19.1 | 18.81 | 5.39 |
| 壳牌石油公司 | 3.7 | 20.7 | 10.13 | 14.96 |
| 华盛顿邮报 | 2.86 | 28.8 | 21.97 | 22.46 |
| 王安公司 | 1.87 | 80.2 | 9.78 | 33.08 |
| 沃尔玛公司 | 3.88 | 139 | 18.7 | 46.67 |
| 黄金西部银行 | 3.05 | 39.2 | 5.37 | 24.97 |
| 美孚石油公司 | 2.48 | 19.8 | 9.25 | 9.72 |

注：企业文化分值 5 代表企业文化力量雄厚，渐次弱下去，1 代表企业文化力量薄弱或没有企业文化存在。

表 2-2 的分析结论是：企业文化与企业长期经营业绩之间存在着正相关性，且企业精神是企业形成核心竞争力、促进企业持续发展的动力源泉。如 1802 年创办、至今已 211 岁的美国杜邦公司是由一个生产黑色火药的小型家族公司发展成为以生物技术为主的跨国企业集团，杜邦公司长寿的主要原因是始终坚持“以人为本，重视安全、健康、环保，以负责的态度建立一个成功的企业”的企业精神。又如，我国创建于 1669 年、至今已 344 岁的北京同仁堂始终坚持“炮制虽繁必不敢省人工，品味虽贵必不敢减物力”的传统古训。相反，缺乏优秀的企业精神的企业则成为市场的过客，昙花一现，如曾经辉煌一时的三株、巨人、爱多等“知名”企业在短暂的辉煌后均退出了市场。

综上所述，企业必须重视文化建设，培育企业的优秀文化，重点培育创新文化、人本文化、制度与行为文化和精神文化，并通过企业文化提升核心竞争力，促进企业做大、做强、做久。

## 2.5　企业文化与知识经济

21 世纪是知识经济时代，文化知识逐渐占据社会的中心地位，并渗透到政治、经济等社会生活的各个领域。文化知识制约并决定着经济、产业的发展方向以及结构和水平。知识经济时代要求企业实行知识管理，而知识管理要求企业必须加强企业文化建设，为最终实行文化管理奠定基础。

### 2.5.1 知识经济的含义与特征

知识经济在美国等经济发达国家已经有了初步发展，在我国部分高科技产业企业也已初见端倪。在改革和发展进程中，我国的企业在经营形态上经历了从产品生产到商品生产、从生产型向生产经营型、从生产经营型到资本经营型的三次飞跃，部分高新技术企业已经进入由资本经营型向知识经营型过渡的“第四次飞跃”。企业文化是一种“知识资本”，在知识经济时代，“具有知识资本”性质的企业文化将成为企业创造实际收益的巨大动力。

作为一场经济的新革命，知识经济正深刻地改变着人类的生存方式、思维方式、管理方式、领导与决策方式等。

一、知识经济的含义

什么是知识经济，国内外专家学者提出了各种看法。1912 年，美国经济学家约瑟夫·熊彼特在《经济发展理论》一书中明确提出社会发展的根本原因是创新，而不是资本和劳动力。1957 年，美国的经济学家索洛揭示了技术进步对经济增长的贡献是第一位的。1962 年，美国的马克·卢普在《美国的知识生产与分配》一书中首次提出“知识产业”的观念。1980 年，美国的著名学者阿尔文·托夫勒在《第三次浪潮》一书中提出后工业经济，以区别于传统的工业经济。1982 年，美国的著名学者奈斯·比特在《大趋势》一书中提出信息经济，以区别于工业化时期的物质经济。1990 年，阿尔文·托夫勒在《力量转移——临近 21 世纪的知识财富和暴力》中描述了新的知识经济。1993 年，欧盟委员会在其正式文件中阐述了知识经济的概念。1994 年，C. 漫斯洛和 W. 布拉马共同出版了《未来工作：在知识经济中把知识投入生产》一书，明确提出知识经济的概念，并对概念的内涵和外延作了较完整的阐述。1996 年，国际经济合作与发展组织（以下简称经合组织）在一份题为《1996 年科学、技术与发展展望》报告中对知识经济的内涵进行了概括：知识经济是建立在知识和信息的产生、分配和使用上的经济，并且认为知识经济是一个继农业经济、工业经济之后的一种新经济形态。[①]

知识经济是随着社会经济的不断发展而出现的一个新的经济形态。人们对它的研究尚处在起步阶段，对其内涵和外延的认识，理论界和实际工作部门存在较大的差异，对于知识经济的概念，经合组织提出“知识经济是以知识为基础的经济”。知识经济直接依赖于知识信息的生产、扩散和应用。有的学者提出，知识经济是指以现代科学技术为核心的，建立在知识和信息的生产、存储、使用和消费之上的经济。中国社会科学院副院长刘吉认为，知识经济就是知识成为经济的主导因素，处于中心地位，信息替代物质成为战略资源。著名学者吴季松博士在他的专著《知识经济》一书中，给“知识经济”下的定义是“所谓知识经济，是指区别于以前的，以传统工业为产业支柱，以稀缺自然资源为主要依托的新型经济，它以高技术产业为第一产业支柱，以智力资源为首要依托，因此是可持续发展的经济。”北京工商大学世界经济研究中心主任季铸教授将“知识经济”定义为“知识经济是以人力资本为基本要素，

---

① 杨梅英. 知识经济与管理创新[M]. 北京：经济管理出版社，1999：1—4.

以人的智慧为主要增长来源的经济结构、增长方式和社会形态”。国内外其他的专家、学者对“知识经济”也提出了许多看法，尽管提法不一，不过对知识经济的认识在本质上是相同的，即知识经济在本质上是以智力资源的占有、配置、以科学技术为主的知识的生产、分配和消费使用为最重要因素的经济。知识经济是在资源配置上以智力资源、无形资产为第一要素，对自然资源通过知识和智力进行科学、合理、综合和集约配置的经济。

综上所述，知识经济有狭义和广义之分。广义的知识经济，是指以知识产业为基础性和主导性产业的经济形态。它是以人为本，以知识和信息的生产、分配和使用为基础，以高科技产业为支柱，以可持续发展为目标的一种经济状态。狭义的知识经济，是指与农业、工业和服务业相对应的知识产业，又被称为第四产业，它生产的是知识产品。知识和高素质的人力资源是最重要的企业资源，创新是知识经济发展的动力。知识经济时代的主要支柱产业是对知识产品的生产和经营，知识产品在本质上不是物质，不是能量，而是信息。

## 二、知识经济的特征

### （一）发展可持续性

传统经济的指导思想是尽可能多地利用自然资源，以获取最大利润，不考虑或极少考虑环境效益、生态效益和社会效益。传统经济是建立在以自然资源为主要资源的基础上的经济。而知识经济是科学、合理、综合、高效地利用现有资源，坚持科学发展观，以知识资源为主导资源，科学合理地开发自然资源，促进人与自然、自然资源与社会资源、企业与社会协调、可持续发展的经济。

### （二）资产主体无形性

传统的工业经济需要大量的资金、设备等有形资产，有形资产在企业的发展中起决定作用，而知识经济则是以知识、智力等无形资产的投入为主体，无形资产在知识经济发展阶段起决定作用。尽管知识经济时代企业的发展仍然需要投入资金、设备，但在整体资产中所占的比例在逐步降低。国内外不少的高新技术企业中的无形资产已接近或超过了总资产的50％以上。在企业分配方面，员工中拥有更多知识的人获得的报酬也越来越多，知识在企业发展和个人发展中发挥了越来越重要的作用。这体现了资产投入的无形性，无形资产成为发展经济的主要资本，知识产权成为无形资产的核心。

### （三）竞争本质创新性

创新是知识经济的本质，是知识经济发展的动力，是知识经济的灵魂，是企业的生命线。美国经济学家约瑟夫·熊彼特在《经济发展理论》一书中提出了“经济创新”的概念，他认为“创新”是指“企业家实行对生产要素的新的结合”，知识经济的创新包括以下五种情况：引入一种新的产品或提供一种产品的新质量；采用一种新的生产方法；开辟一个新的市场；获得一种原料或半成品的新的供给来源；实行一种新的企业组织形式。知识经济时代企业间的竞争是企业创新能力的竞争，而创新能力的竞争归根到底是企业在知识的生产、占有和有效利用方面的竞争。要提高竞争力，企业必须将学习、研究和开发活动当作企业的核心活动，通过坚持不懈的创新，企业把已有的和可以利用的知识资源转化为现实生产力，转化为实实在在的竞争优势。因此，在企业文化建设过程中，企业要着力培育创新文化，营造有利于创新的机制，激发创新潜能，保持创新活力的良好环境。

（四）文化管理知识性

知识经济具有电子化、数字化和网络化的特点，已对企业管理产生了深远的影响，使企业的管理方式从工业社会的生产管理向知识管理转变。知识管理是运用集体智慧的管理，它是高度重视精神激励的管理，是实现知识共享与创新的管理，是以人为本的管理，其实质是文化管理。追求知识资源与环境相协调，经济长期稳定发展，知识资本成为企业管理的重点，创造、培育知识资本成为企业管理的主要职能。

（五）团队学习终身性

在知识经济时代，科学技术的发展不断综合化和加速化，要想跟上知识更新的步伐，企业和个人就需要不断地学习新知识，获取新信息，掌握新技术。企业团队建立起学习型组织，促进企业团队学习终身性，使学习延伸到员工的整个人生，延续到企业生命周期的始终。

### 2.5.2 企业文化对促进知识经济发展的作用

知识经济时代，企业文化对企业创造实际收益具有决定作用。美国著名的管理学家约翰·P.科特在《企业文化与经营业绩》一书中系统地列举了企业文化在创造企业效益方面的实际功能。企业文化对企业无形资产的形成具有重要意义。企业能否创造出信誉、名牌、知名度等无形资产将决定企业的前途和命运。

一、有利于增强企业竞争实力

2001年11月11日，我国加入WTO，至此，我国经济与世界上150多个世界贸易组织成员接轨，成为世界经济重要一员，我们必须严格遵守WTO规则，否则必将受到惩罚。加入WTO对于我国引进境外资金、先进的技术设备和管理经验十分有利，但同时也给企业带来了严峻的挑战，意味着企业面临着更加严酷的国际市场竞争，包括产品竞争、技术竞争和管理竞争，更重要的是文化竞争，而且，企业文化竞争成为竞争制胜的重要条件。西方国家特别是发达国家希望通过经济全球化输出西方的价值观念和文化理念，这就要求我国的企业必须提高整体素质，在文化建设方面能够洋为中用、为“我”所用，塑造既具有民族文化内核又有选择地吸收西方文化优势的企业文化，形成企业核心竞争力。

二、有利于促进企业建立规范的现代企业制度

我国加入WTO是市场经济制度下的经济运行模式，因此要求企业成为独立的市场经济主体。在知识经济时代，世界经济一体化程度更加紧密，那么，我国的企业必须适应知识经济时代的要求，深化企业经济体制和领导体制改革，建立起规范的现代企业制度，成为自

主经营、自负盈亏、自我约束、自我发展的独立的市场经济主体，真正实现“产权清晰、责权明确、政企分开、管理科学”的目标。

### 三、有利于促进社会主义精神文明建设

企业文化是社会文化的重要组成部分，对我国社会主义精神文明建设具有重大的影响作用。优秀的企业文化可以熏陶员工，使他们形成强烈的责任感、使命感和自豪感。企业是社会的一个重要细胞，聚集数以亿计的有觉悟的员工，有着较为先进的设备和技术，是我国进步力量的主阵地。企业的优秀文化通过其自身特有的辐射功能向员工的家庭、社区、社会进行辐射。因此，加强企业文化建设将有效地促进社会主义精神文明建设，促进和谐社会建设的进程和程度。

### 四、有利于企业实施以人为本的文化管理

优秀的企业文化有利于提高员工的素质，有利于推进企业实施知识管理，其核心是实施以人为本的文化管理。因此，建设优秀的企业文化，形成优秀的企业精神和企业价值观，更加重视人的作用，有利于企业实施文化管理，从而提高企业管理效能和效益，全面提升企业的管理水平。

# 第三章　企业文化建设的内容与原则

凡是重视企业文化建设的公司，其经营业绩远远胜于那些不重视企业文化建设的公司，企业文化很可能成为决定企业兴衰的关键因素。

——美国约翰·P.科特

企业文化建设很重要，应认真抓好，提高企业整体竞争力。[①]

——胡锦涛

一流的企业必然建有优秀的企业文化，优秀的企业文化必然建成一流的企业。

——段维龙

企业文化建设的目标是努力培育和建设具有本企业特色的优秀企业文化，不断提高企业整体素质，增强企业凝聚力、向心力和市场竞争力，促进企业做大、做强、做久。

## 3.1　企业文化建设存在的主要问题

### 一、我国企业文化研究与实践现状

目前，我国的企业特别是大中型企业充分认识到企业文化建设对企业生存发展的重要性，这些企业重视企业文化建设并取得了一定的成绩，特别是在企业精神、企业理念和经营哲学等企业精神文化建设方面验证了企业文化对企业发展的支撑和动力源的作用。例如，中国石油天然气管道第三工程公司提出"不拿第一就是败"的企业精神；中国平安保险公司

① 2003年12月13日，中共中央总书记、国家主席胡锦涛在中央办公厅主任及山东省委书记张高丽、省长韩禹群的陪同下视察了时风集团。当刘成强总经理向总书记汇报企业利用时风大学对员工进行时风文化培训时，总书记说："企业文化建设很重要，应认真抓好，提高企业整体竞争力。"

提出"效益中心"的经营理念,"信誉第一,效率第一,客户至上,服务至上"的服务宗旨;贵州习酒有限责任公司"无情不商"的经营理念和"诚信为本"的经营原则;海尔集团"真诚到永远"的价值观念,"敬业报国,追求卓越"的企业精神等优秀企业文化为企业的发展奠定了良好的精神基石。

(一)企业文化建设理论研究逐步深化

20世纪70年代末80年代初,企业文化作为一种管理理论与管理模式,是由美国的专家、学者通过日、美企业管理模式与企业文化的比较研究提出来。80年代初,美国的管理学家威廉·大内是Z理论的创始人,也是最早提出企业文化概念的人。威廉·大内的《Z理论——美国企业怎样迎接日本的挑战》、特雷斯·迪尔和艾兰·肯尼迪的《企业文化》、托马斯·彼得斯和小罗伯特·H.沃特曼的《寻求优势——美国最成功公司的经验》三部专著的问世,奠定了企业文化研究的基础,开启了企业文化研究的大门。80年代,企业文化的研究以探讨基本理论为主,90年代以来企业文化的研究出现了四个走向:一是企业文化基本理论的深入研究;二是企业文化与企业效益和企业发展的应用研究;三是关于企业文化测量的研究;四是关于企业文化的诊断和评估的研究。由此形成了理论研究与应用研究、定性研究与定量研究体系,在全球范围内掀起了企业文化研究的热潮。我国的企业界和学术界对其也怀有浓厚兴趣,我国的专家、学者们也开始重视企业文化研究,1988年中国企业文化研究会成立,这是一家全国性具有法人资格的企业文化学术团体,推进了企业文化建设实践与研究,我国企业文化研究的专家、学者们从我国企业的实际出发,借鉴西方企业的文化理论,对企业文化进行理论探讨和应用研究,并取得了丰硕的研究成果,且中国的企业文化实践与研究也开始受到世界的关注。

(二)企业文化建设实践逐步深入

近几年,我国企业界对企业文化开始关注,特别是一些大中型企业已经充分认识到企业文化是企业生存发展的基石,没有文化的企业就同没有理想的人 样不可能明确方向,就像没有导航仪的船舶行使在海洋上找不到目标,因此,像海尔集团、华为集团、康佳集团、中国移动等优秀的企业均建有优秀的企业文化。但是,仍然有不少中小企业,特别是中小民营企业不重视企业文化建设,近几年企业经营管理者绝大多数已经认识到企业文化与企业生存发展和生命周期之间的重要关系,开始关注企业文化建设,并积极探索企业文化管理实践。目前,我国企业文化建设正稳步推进、逐步深入,企业文化建设表现出以下四个特征。

1. 跨文化融合性

加入WTO后,我国的企业面对的是世界市场,企业跨国、跨境经营成为必然。由于企业管理者及员工的跨国、跨境、跨区域、跨民族等原因,出现了企业文化的跨文化融合性。即外部文化和内部文化通过相互接触、相互交流进而相互吸收、相互渗透,最终融为一体的过程。

2. 企业文化和谐性

基于我国传统"中庸文化"的核心形成了企业文化的和谐性。由于企业文化的核心是坚持以人为中心、以员工为本,故构建企业与员工间的和谐关系,建立企业与社会的和谐性,企业与自然的和谐性成为企业经营管理者的素质要求。和谐文化是以和谐的内涵为理论基础的文化体系，在和谐文化的引导下，用和谐文化培养和谐个体，建设和谐群体、和谐企业，构建和谐社会与和谐世界。

3. 价值观缺乏个性

企业价值观是企业文化的核心。不少企业的价值观套用“忠诚”、“敬业”、“创新”、“诚信”等，没有从企业的个性出发，没有做到与时俱进，缺乏针对性和创新性，缺乏个性。

4. 竞争意识不强

中国人的思想意识中竞争意识不强。长期以来，安分守己、与世无争、知足常乐是大多数老百姓的普遍心理。这种得过且过的惰性心理阻碍了竞争性企业文化建设，有碍企业的发展。

## 二、企业文化建设中存在的主要问题

在企业文化建设的过程中，不少的企业（特别是多数中小民营企业）没有自己明确的企业价值理念和企业精神；绝大多数的民营企业重视物质激励，忽视员工的精神追求，忽视改善员工的工作条件与生活条件，甚至不尊重员工的尊严。特别是多数民营企业没有构建起符合自身特点的优秀企业文化，导致企业管理还停留在传统的经验管理阶段，企业内部缺乏凝聚力、创造力和认同感；在企业外部，社会公众的认知度和忠诚度不高，市场前景黯淡。如福建省某制鞋企业拥有 6 700 多名员工，比较而言，该企业算得上是一个中型民营企业。该企业在餐厅的门庭两侧漆上“浪费饭菜，断子绝孙”，车间门口的横批写上“上班吃饭，一律开除”等侮辱性语言，虽然其本意是为了防止浪费、维护纪律，目的是加强管理、提高效率，但是将员工当作工具对待让人感觉很不舒服，这样的企业长此以往将难以为继，终将面临破产的危机。

凡此种种，由于企业经营者对企业文化建设的作用认识不到位，加之受到传统文化中部分劣质糟粕的影响，造成了企业文化建设中仍然存在一些亟待解决的问题。

### （一）重效益，轻文化，认识不足

长期以来，不少企业对什么是企业文化、企业文化对企业的生存发展有什么作用、企业文化包括哪些内容内涵，特别是企业文化的作用与地位的认识不足，没有充分认识到企业文化建设对企业经营、管理与发展的重要意义，简单地认为企业文化建设只是形象工程，不能产生直接的经济效益，由此，在实际工作中，只重视产品生产技术、市场目标顾客等企业经营管理的业务工作，忽视企业文化建设工作。调查显示，70％的企业没有企业文化发展规划，未将企业文化建设列为企业经营管理者的主要工作，在企业文化建设中真正抓落实方面还有较大差距，他们更加关心的问题是企业生存和发展的瓶颈，追求的是企业短期的利益和业绩增长，而企业文化对企业的发展作用表现为隐性的、长期的推动作用，因此部分企业没有耐心去建立自己的企业文化。

### （二）重物质，轻精神，缺乏灵魂

企业重视物质文化建设，忽视精神文化建设，缺少企业发展的灵魂。近几年，虽然不少的企业已意识到企业做大需要企业文化建设，企业做强不能缺少企业文化建设，企业做久离不开企业文化建设。但是，仍然有不少的企业经营者特别是中小民营企业由于企业经营者的素质不高、认识不到位等原因，对企业文化建设不重视，或者是看起来重要，说起来必要，做起来不要，出现重视物质文化建设，重生产、重产品、重制度建设，轻视企业精神文化建设，导致企业缺乏灵魂或思想意识滞后，把企业文化建设等同于企业文化活动或企业形象设计，没有人情味，没有体现人本管理，做不到以人为本。企业招不到优秀人才，留不住核心人才，甚至一般员工也留不住；员工缺乏积极性、主动性和创造性，最终导致企业短命夭折，平均不到 3～4 年，甚至两年不到就退出市场。

虽然企业文化建设包括企业物质文化建设，但是，企业精神文化建设是物质文化建设的指导思想。如没有质量意识，企业就生产不出一流的产品；没有以人为本的理念，企业不可能做到尊重人才、爱护人才、发展人才，最终就留不住人才，企业物质文化建设也就是空话。所以，企业文化建设不能只是靠物质刺激来实现，需要建设企业精神，需要开展思想政治工作，塑造企业精神，塑造企业灵魂。

在企业的物质文化建设中，企业在环境建设、厂容厂貌、企业建筑、企业广告和产品包装设计等企业表层物质文化建设上虽然取得了一些成效，但是在品牌物质文化建设中，品牌质量意识不强，品牌文化内涵贫乏，大部分企业仍停留在“广告符号”的品牌快速塑造层次上，产品缺乏文化内涵支撑。

### （三）重形式、轻内涵，缺乏个性

世界上没有最好的企业文化，只有最适合企业实际、有利于企业生存和发展的企业文化。但是不少的企业在企业文化建设中重文化建设的形式，轻文化建设的内涵。特别是部分民营企业的经营者对企业文化的概念不明确，企业也没有专门的企业文化建设部门，企业经营者不支持、不介入，或把企业文化定位于标语口号和文体活动，导致企业文化建设做表面文章，而不是为员工真正创造一个发挥自我的空间等。这些做法是为了文化而文化。

目前，在企业文化建设中，不少的企业追求文化形式，却忽视了企业文化内涵建设。有些企业在公共场所（如走廊、办公室等场所）的墙上书写“团结”、“拼搏”等标语口号，谱写厂歌，设计标识或统一服饰等现象，这些都是企业文化建设的表层形式。有的企业经营者认为企业文化建设就是开展一些文艺活动、读书活动、体育竞赛和娱乐活动，或者突击做一下卫生，这样却忽视了企业价值观等企业核心文化建设。

企业文化建设的深层是将企业在创业和发展过程中的基本价值观渗透到全体员工的行为中去。如果只有形式上的文化而缺乏企业内在价值与理念，这种企业文化没有实践价值。

企业忽视企业文化个性建设，企业精神文化建设缺乏个性。不少企业的价值观都是“团结、求实、开拓、创新”，价值观雷同。不同企业的企业文化是在不同文化背景下经过长期培育而形成的独具本企业个性特色的文化，由于每一个企业的发展环境和历程不同，企业的资源不同，其所形成的企业文化就不可能完全一样，由此构成了企业文化的个性，形成本企业的独特文化，这样的文化才具有渗透力和生命力，才是企业发展的动力。如日本索尼公司的企业精神是“开拓创新”，尼桑公司的企业精神是“顾客至上”，这些企业的企业精神就各具特色。

企业文化建设的内涵就是“以人为本”，实行人本管理。但是部分企业（特别是不少民营企业）在人力资源开发、管理制度建设与执行中没有做到“以人为本”，忽视了人文关怀，缺乏人性化。如前述福建省某制鞋企业的员工每天工作时间在12个小时以上,一周仅休息一天,没有加班费。企业对员工缺乏人文关怀,员工敢怒而不敢言,导致企业缺乏凝聚力和向心力,员工流失率高达400%(此现象非个别现象,沿海地区的民营企业普遍存在)。

因此,在企业文化建设上,不仅要注重形式,更重要的是加强企业精神和企业价值观等文化内涵建设,注重切合企业实际的个性文化培育。

(四) 重干部、轻员工,缺乏系统性

优秀的企业文化是被上至企业领导者,下至普通员工广泛认同的文化。然而,在企业文化建设的过程中,有的企业依靠个别部门个别人开展工作,只重视企业管理者,却忽视一般员工,缺乏全体员工的参与,或员工只是被动地接受和服从,企业文化建设存在重干部、轻员工现象。此外,不少的企业文化体系不全或者错位,只有几个美其名曰的企业精神口号,缺乏配套的文化体系;或是企业设计了完整的企业文化体系,但缺乏对员工进行深层次的培训,使企业的精神文化没有得到广大员工的认同,没有转化为员工的行为,没有把企业文化真正转化为企业的"文化力",甚至出现了领导文化、员工文化以及其他小团体亚文化,企业也就没有生产力。

(五) 重使用、轻培养,缺乏机制

企业在人力资源开发管理中缺乏人本意识,没有做到以人为本。在人力资源开发管理上,重使用、轻培养,缺乏人力资源开发机制,不愿意对员工进行培养和教育,员工的素质不能提高,离心力强,流动频繁,人力成本提高。如福建某制鞋企业的员工中每年跳槽率高达400%以上,企业不断招聘,大大增加了生产与管理成本(此案例非个别现象)。

企业从业人员的整体素质不高,不利于企业文化建设与企业文化管理的推行。近年来,由于国家大力推行职业教育,中职毕业生和高职毕业生充实到企业一线,加上部分企业开始重视员工的教育培训,企业员工的整体素质从整体上有了一个较大的提升。但是由于企业重使用、轻培养,缺乏教育培育机制,员工的整体素质仍然有待提高,特别是民营企业。如在上述福建某制鞋企业的员工中,大专以上学历者不到4%,9%的员工拥有高中或中专(技校)学历,87%以上的员工为初中及以下学历。尽管在当地的诸多企业中该企业的待遇绝对数据相对较高(月薪800~1 300元),但是员工站着工作的时间每天在10.5个小时以上,没有加班费,两班倒的12个小时中除了吃三餐饭的一个多小时外全部都在工作。员工缺乏教育培育,法律意识淡薄,一个月只能休息3~4天且不敢有怨言。这样,员工只能是在拿到工资之后愤然离开,每位员工在企业的工作时间平均不足3个月,员工跳槽率高达400%以上。缺乏忠诚的员工,员工不断地离开,企业不断地招聘、培训,其实反而增加了企业的成本。

(六) 重制度、轻执行,缺乏一贯性

有的企业将企业文化建设理解为制度建设,高度重视企业制度建设,但是执行不力,缺乏一贯性。在制度建设中只是纸上谈兵,将制度、规范、标准等写在纸上、挂在墙上、说在嘴上,却流于形式、执行不力。如在企业管理过程中,企业管理(特别是民营企业)表现为家长制,等级分明,形成了亲人重于外人、经验重于知识、权威重于制度、情感重于理性的惯性思维。这种情况导致制度靠边站,人治重于法治。很多民营企业的内部以人治方式进行管理,即主要依靠个人的经验与智慧、情感的好恶、亲情关系来管理企业。企业的经营者自身也不能遵守相关制度，在制度执行上缺乏一致性和一贯性，因人而异，上行下效，最终企业制度变成了一纸空文。

## 3.2 企业文化建设的内容

企业以人为本的文化管理始于企业文化建设。企业文化是推动企业前进的原动力，也是核心竞争力的关键要素，培育优秀的企业文化有利于增强企业的核心竞争力。近年来，虽然我国的企业文化建设取得了不少成效，但是仍有不少的企业（特别是民营企业）在培育与建设优秀的企业文化、增强企业核心竞争力方面除了存在前述亟待解决的六个问题外，还存在以下三个问题：一是不清楚企业文化建设有哪些内容；二是不知道企业文化建设从何处着手；三是企业文化建设与企业管理如何衔接。本节将重点阐述企业文化建设的内容。

### 3.2.1 物质文化建设

物质文化是由产品和各种物质设施等构成的器物文化，是一种以物质形态加以表现的表层文化。物质文化建设是企业文化建设的物质条件。建设良好的企业文化环境是企业文化建设的物质基础，建设企业生产经营的物质文化环境可以有效地调节员工的情绪与心理，从而提高企业的生产力。

一、独特的企业标示

（一）企业名称

企业名称由行政区划、字号、行业或者经营特点、组织形式构成。如“武汉易用软件股份有限公司”为企业名称，其中“武汉”为行政区划，“易用”为字号，“软件”为行业，“股份有限公司”为组织形式。

（二）企业标志

企业标志是通过造型简单、意义明确的统一标准的视觉符号，将企业的经营理念、企业文化、经营内容、企业规模和产品特性等要素传递给社会公众，使其识别和认同企业的图案和文字。如图 3-1 所示为东风汽车股份有限公司的企业标志。

**图 3-1　东风汽车股份有限公司的企业标志**

## 二、合格的产品质量

合格的产品是生产与流通型企业物质文化的核心。《中华人民共和国产品质量法》第26条规定了判定产品质量合格与否的标准，主要包括三个方面：一是产品不存在危及人身、财产安全的不合格的危险，有保障人身、财产安全的国家标准、行业标准的，应当符合该标准；二是产品须具备应当具备的使用性能；三是产品质量应当符合在产品或其包装上注明采用的产品标准，符合以产品说明、实物样品等方式表明的质量状况。

## 三、优质的服务

服务质量是产品质量的延伸，优质的服务是服务型企业物质文化的核心。优质的服务是从消费者、客户、办事群众的利益诉求出发，完善服务理念、提高服务质量、规范服务操作、科学简化服务流程，力求实现合规、高效、人性化。优质服务的具体要求是：优质的服务不但体现在业务经办的操作上，也体现在对消费者、客户、办事群众的沟通态度上，即能够尊重影响服务对象主观感受的因素，如性别、性格、社会地位、教育背景、身份职业、文化习俗等。

## 四、良好的生产生活环境

在抓生产与服务的同时，企业要建设良好的厂容厂貌，注重改善劳动条件，加强劳动保护，增加文化娱乐与休息环境和文化设施建设，以活跃员工的业余文化生活，促进员工的身心健康，增强企业的凝聚力和向心力，推动企业健康发展。脏、乱、差的企业环境，员工的质量意识肯定难以提高，难以形成积极向上的企业风气。企业建筑规划是否规范美观，企业的工作环境、生产环境、生活环境、文化设施布局以及员工的服装等均应体现企业的文化风貌。构建整洁、融洽、和谐、向上、充满活力的环境，重视图书室、篮球场、乒乓球和台球娱乐室等文化设施建设，举行联欢会等多形式的活动，丰富员工的业余生活，满足员工的精神需要和物质需要，否则企业招不到、留不住人才，也就失去了发展的基础。

## 五、产品设计与包装

企业产品设计与包装等也是构成企业物质文化的重要内容。产品设计与包装，是指选用合适的包装材料，针对产品的特性以及受众的喜好等相关因素，采用一定的工艺，为产品进行的容器结构造型和包装的美化装饰设计。产品设计与包装直接影响顾客的购买心理，好的产品包装是最直接的现象广告，是企业创造利润的重要渠道之一。

## 六、企业广告

企业广告也是企业物质文化的重要内容。企业广告，是指以企业支付一定费用，通过大众传播媒体的公众传递商品（劳务）和购买者所能得到的利益的信息，以期达到促进企业商品（劳务）销售目的的信息传播活动。简言之，广告即有偿的、有目的的信息传播活动。企业广告可以塑造产品、商标或企业形象。

七、技术装备

技术装备,是指生产上用的各种机械、仪表、仪器、工具等设备。从企业文化建设的角度来看,企业必须配置先进、适用的机器设备,这样才可能生产出合格的产品。

八、后援服务

后援服务如为服务对象提供无微不至、主动、便利的服务。

九、人力资源

如通过全程、终身培训使员工提升素养和综合能力,并做到人尽其才。人力资源包括数量和质量两个方面。从现实应用的状态来看,人力资源包括体质、智力、知识和技能四个方面。良好的人力资源,是企业核心竞争力形成的基础。

十、福利待遇

如公司员工劳动获得的工资、奖金、公积金、社保福利待遇等。良好的福利待遇,可以有效地调动员工的积极性。

### 3.2.2 制度文化建设

没有规矩,不成方圆。制度是企业管理的基础,制度文化建设就是要遵循企业文化理念建立规章制度以提高企业的管理水平。企业制度是通过权利与义务来规范员工的行为和调整员工间关系的规则体系。所谓制度文化,是指围绕企业核心价值观,在企业的长期生产、经营和管理实践中发展起来的,以提高经济效益为目的,以规章制度为载体,约束企业和员工行为的规范性文化。其中,企业文化观念是制度建立的依据,建立的企业制度反映了企业文化理念。企业制度文化是企业精神文化的基础和载体,并对企业精神文化起反作用。因此,企业文化建设的重要任务之一是根据企业精神文化建设企业制度文化。

企业制度文化由企业领导体制、企业组织结构和企业管理制度组成,其中企业领导体制是核心,企业组织结构是载体,企业管理制度是主要内容。①

一、企业领导体制建设

从管理学的角度来说,体制是指机构设置和管理权限划分及其相应关系的制度;领导体制是指社会组织以领导权限划分为基础所设置的机构和各种组织规范、领导制度体系的总称,是领导权限、组织运作、领导关系的制度化、体系化。领导体制包括三个方面的内容。

(1) 领导体制是领导系统的职责和权限划分的制度体系,包括严格的从上而下的岗位责任制,对领导机构和领导干部的职责和权限的严格而明确的规定等。这是领导体制的核心问题和中心内容。

① 周元成. 现代企业制度文化建设研究[J]. 现代企业文化,2008,(11):19.

（2）领导体制是领导系统内部的组织制度和运作机制体系，包括依据领导职责权限设置机构、选用和管理领导干部以及行使职权的途径和方法等一系列制度规定。

（3）领导体制是领导者个人或组织之间及其与被领导者个人或组织之间相对稳定的政治关系，包括领导者个人或组织之间及其与被领导者个人或组织之间相互联系、发生作用的一系列制度规定。

企业领导体制是企业的领导方式、领导结构和领导制度。

### （一）企业的领导方式

企业的领导方式，是指企业的领导者从事领导工作所采用的各种方式方法的总称。企业的领导方式通常有以下两种不同的模式。

1. 民主型领导模式

民主型领导模式强调员工的参与，注重过程，注重与员工建立良好的工作关系，干群关系融洽，重视员工的长期利益，强调人际沟通，注重人文关怀，注重员工的素质教育和技能培训。

2. 集权型领导模式

与民主型领导模式不同，集权型领导模式以权力为载体，以任务为导向，注重结果，强调成绩、质量、创新和服务等。集权型领导模式容易使员工产生工作倦怠、职业疲倦情绪，这会使很多的员工想要逃离这种环境。

企业应根据自身和领导者个人的价值取向、员工状况、工作任务情况和环境变化等因素选择合乎企业实际的领导方式。一般企业在初创期、衰退期应当选择集权型领导模式，同时注意借鉴民主型领导模式；进入成长期、步入成熟期，企业应当更多地采用民主型领导模式。企业采用什么样的领导方式还要考虑企业整体队伍素质状态，如果整体素质高，则更多地选择民主型领导模式。正如美国著名的管理学家托马斯·彼得斯所言："你怎么能一边歧视和贬低员工，一边又期待他们去关心质量和不断提高产品品质！"

### （二）企业的领导结构

现代企业的领导机构应当按照现代企业制度的基本要求，建立规范的现代企业组织机构。股东大会是公司的最高权力机构，按照现代企业制度的安排，股东大会选举产生董事会、监事会、董事长、监事会主席。董事会是股东大会的常设权力机构，在股东大会闭会期间，负责公司的重大决策。董事长是公司董事会的领导者，负责公司和其业务经营活动的指挥与管理，对公司股东大会负责并报告工作。

### （三）企业的领导制度

我国的企业应当根据时代发展的需要逐步建立起较为完善的现代企业制度，并逐步完善企业家市场，建立企业家供求机制，为企业选择优秀的企业家提供良好的环境条件，建立科学有效的监督约束机制。企业遵循高效原则、集体决策原则、责权利平衡原则、有效激励和约束原则，确立决策、执行、监督三权分立制衡的权力体系，建立统一、协调、顺畅、富有文化内涵、以人为本、激励约束有效的企业领导体制。

二、企业组织结构建设

企业的类型不同，领导体制不同，现代公司制企业按照产权清晰、责权明确、政企分开、管理科学的要求构建，其企业组织结构必须遵循《公司法》的规定，由全体股东或股东代表组成股东大会，由股东大会选举产生董事会、监事会，由董事会聘请总经理对公司日常的经营活动进行管理，各组织机构的权力相互制衡。

现代企业组织结构建设，实行董事会领导下的总经理负责制，董事长聘请总经理，董事长履行领导决策权，是最高权力机构，总经理履行行政执行权，是最高执行机构，监事会履行监督权，是最高监督机构，决策、执行、监督"三权"制衡。

企业领导结构主要是指企业领导班子内部成员之间在专业、年龄、知识、智能、性格、性别的比例结构状态。因企业具体的内外环境不同，员工的素质不同，领导者个人和群体的素质与能力不同，企业的领导结构也不一定非要一致。而且，企业的领导结构也必须随环境条件、企业战略、企业文化、员工素质的变化而变化。因此，领导机构建设中企业应遵循整体效益原则、功能互补原则、动态变更原则、分工协作原则进行构建，包括专业、年龄、知识、智能、性格和性别结构的搭配等，形成结构合理、配合默契的高效领导团队。

现代企业制度以公司制为主体，以有限责任公司和股份有限公司为主要表现形式，公司设立股东大会、董事会（决策机构）、监事会（监督机构）和公司执行机构（公司领导班子），实现决策权、执行权和监督权三权分离，成为相互制衡的法人治理结构。从权力配置上看，监事会是和董事会相互平行、相互制衡、相互协作的组织机构。

现代企业一般组织结构如图 3-2 所示。

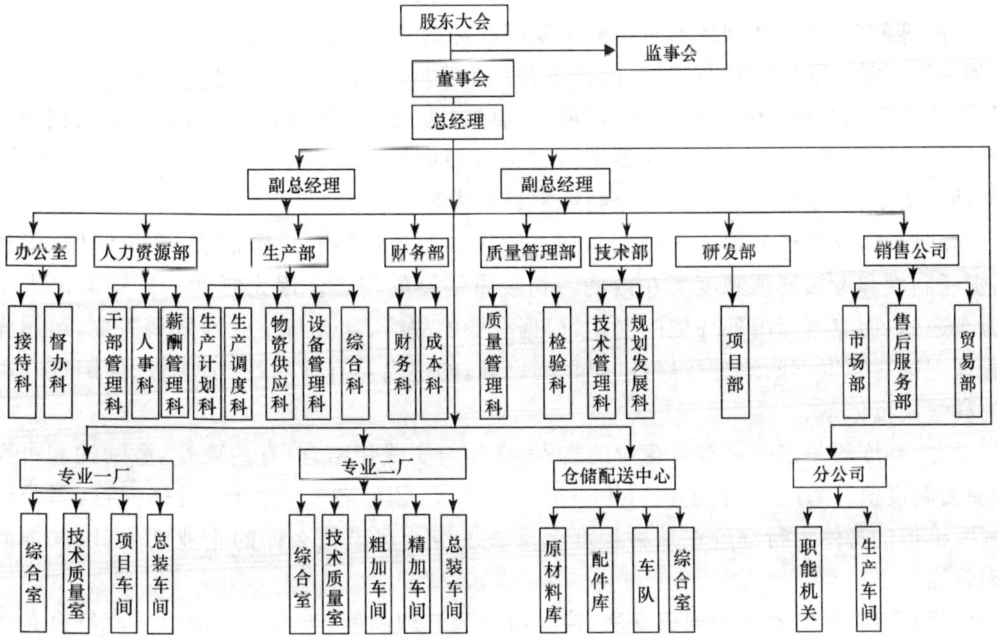


**图 3-2　现代企业一般组织结构**

现代企业"三权制衡"组织结构如图3-3所示。

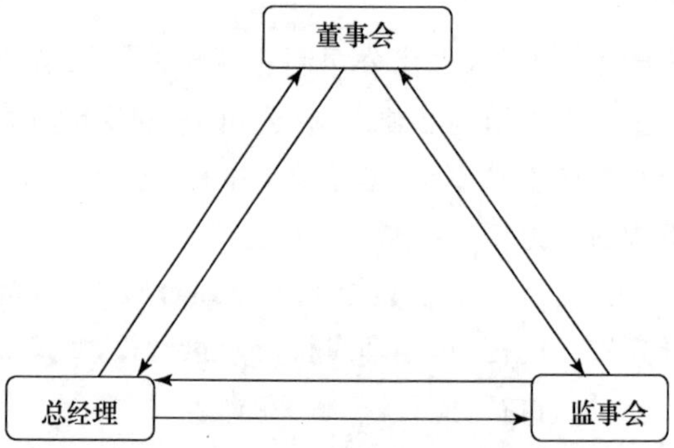


图3-3　现代企业"三权制衡"组织结构

三、企业管理制度建设

科学的管理制度是企业进行科学管理的前提和保证，是确保企业正常运转、实现企业目标的有效手段和强有力措施。企业管理制度是企业制定的在生产经营管理实践活动中的带有强制性义务，并能保障一定权利的各项规定或条例。

企业管理制度一般包括规章制度和责任制度。规章制度侧重于工作内容、工作范围、工作程序和工作方式，如管理细则、行政管理制度、生产经营管理制度。责任制度侧重于规范责任、职权和利益的界限及其关系。企业必须建立较为完善的管理制度，包括企业规程、管理工作制度、民主管理制度、责任制度和考核奖惩制度等一系列规章制度。

目前，制度的制定与执行方面呈现出制度不规范、不健全、教条化、滞后性、执行不力和设计缺陷等问题，而这些问题严重影响了制度目标的实现。此外，即使建立了良好的管理制度，如果没有健全的制度运行机制，同样不会产生良好的运行效果。建立并完善企业管理制度是企业管理的基础，不仅要有"法"可依，还要执"法"必严，因此，企业还必须建立健全制度执行机制。在制度执行方面，企业要坚持普适性原则的前提，任何人都要受到制度的约束。从某种意义上说，制度的严格执行比制度本身更为重要。

与此同时，企业还必须重视制度创新。制度创新是包括对决策制度、产权制度、管理制度、责任制度和考核奖惩制度等在内的一切规章制度的创新。因为制度一旦制定出来不是一劳永逸的，而应当随内外环境的变化，根据企业的战略、社会与企业的发展需要，运用先进的管理理论对制度不断地进行修订、更新与创新，构建出具有针对性、适应性、前瞻性和动态性的科学制度体系。

总之，制度的制定必须符合企业的特点，必须与实践相结合，有约束性、激励性和可操作性；加大制度执行力度，在制度执行中坚持人人平等，领导者带头执行，身体力行，因为他们对制度执行的身体力行程度在某种程度上反映了企业建设什么样的企业文化，以发挥制度管理效能。

企业管理制度好比企业内部立法，建立科学的管理制度，逐步完善形成一套符合企业实情的具有自身特色的科学管理制度并严格运转，以确保实现企业管理的最终目标。企业管理制度是企业为求得最大效益，在生产管理实践活动中指定的各种带有强制性的义务，并能保障一定权利的各项规定或制度，包括企业的人事制度、生产管理制度和民主管理制度等一切规章制度。

### 3.2.3 行为文化建设

行为文化是企业在生产经营活动中自觉或不自觉地形成的一系列基本行为模式，是企业价值观的操作化和实践化，属于企业文化的外显层。行为文化表现为员工的着装打扮和言谈举止、习俗和礼仪、传闻轶事和工作风格等。培育制度文化与行为文化是增强企业核心管理竞争力的保障。实践证明，企业发展如同农民种庄稼一样要“三分种七分管”，科学的管理有利于提升企业的管理水平，增强企业的核心竞争力。因此，企业要发展就必须在建立规范的现代企业制度的基础上完善内部管理制度，加强行为文化建设，将体现企业精神文化的制度文化转化为员工的行为文化，成为员工的自觉行为。

企业要提升管理水平、提高管理效能，必须在建立科学的民主决策机制、严格的管理制度、规范的安全规程、人性化的管理规章等制度体系的基础上加强执行文化建设。因为员工良好的行为习惯不可能自然形成，企业领导者若不能率先垂范，只是纸上谈兵，起不到规范与引导作用，制度也就是挂在墙上、写在纸上的虚拟制度文化，不能促进形成遵章守纪的良好氛围。如美国戴尔公司的高效供应链管理模式即是核心管理竞争力的典范。

一、企业管理者行为文化建设

企业管理者（特别是企业高层管理者）是企业文化的设计者，理所当然应该是企业文化的身体力行者、宣传者和实践者。企业管理者在企业文化建设中居于主导地位，不断地通过正式的或非正式的沟通、宣传、传达并实践企业的价值观与理念。企业管理者必须以身作则、率先示范，努力使自己的行为成为企业价值观的载体，并引导员工践行企业文化。

一般来说，企业高层管理者是企业文化建设的总设计者，主要发挥精神领导和引导作用。如微软公司的比尔·盖茨无论多忙，每周都要为员工讲几次课，其目的就是向员工灌输企业文化，使员工认同企业文化，从而形成企业合力，增强企业的市场竞争力。中层管理者和基层管理者是企业文化建设的重要力量，发挥以身作则、指导本部门贯彻实践企业文化的作用。中层管理者需要善于集中员工的经验和智慧，用员工自己成功的经验去指导员工，提高员工的素质，解决员工中存在的问题。基层管理者更多地担任培育的角色，使员工在企业文化建设中做到学以致用。

企业管理者在企业文化建设中起到除了发挥领导、指导、引导作用外，还应该发挥学习、督促和推广的作用。正如海尔集团的总裁张瑞敏所说，在海尔集团，他的角色：第一应是设计师，在企业发展中使组织结构适应于企业的发展；第二应是牧师，引导员工接受企业文化，把员工自身价值的体现和企业目标的实现结合起来。

二、企业员工行为文化建设

企业员工以企业价值观作为自己行动的指南，为全体员工所接受和认同，成为员工衡量自己的行为和工作的标准。因此，企业文化建设需要全体员工全程参与企业文化的设计实施、检验修正、实践培育。如海尔集团“真诚到永远”的企业文化理念渗透到每一位员工的工作之中。有一次，海尔集团的营销员为客户送货，因送货车故障，营销员自己背着洗衣机步行了3小时才送到客户的家中，这正是海尔集团“真诚到永远”的企业文化理念融入员工的心中，使海尔集团“真诚到永远”的企业文化理念没有停留在纸上，而是落实在员工的行为之中。

## 三、营造和谐的人文环境

和谐的人文环境是企业文化建设的社会条件。和谐的人文环境是一种能让人的身心处于愉悦的平衡状态，能最大限度地调动员工工作的积极性、主观性和创造性，有助于员工个人能力和智慧的发挥，也有利于实现企业目标。和谐文化是中华民族优秀的传统文化的灵魂，是中华民族之所以能够绵延五千年的根本所在。胡锦涛总书记在党的十六届四中全会上提出建立“和谐社会”的主张。“和谐社会”的基础是社会人际关系的和谐。企业的发展离不开和谐文化建设与渗透，企业和谐的人文环境主要包括和谐的干群关系、和谐的同事关系、和谐的社会关系以及和谐的企业与自然关系。

### （一）和谐的干群关系

和谐的干群关系要求企业管理者要有一个良好的服务心态，不能凌驾于员工之上；不能以权威者自居，将员工真正地当作人看待，当作自己的同事、伙伴、朋友看待，做到温和、宽容、合作，让员工感觉到企业是员工的“家”。企业管理者平易近人可以缩短干群之间的心理距离，让员工从工作中获得情感、尊重和信赖的满足。企业“以人为本”就是要把企业和员工的利益作为一切工作的出发点和落脚点，坚持一切为了员工、相信员工、依靠员工，实现好、维护好、发展好员工的根本利益，充分尊重人的价值和愿望，不断满足员工的物质文化需要，搭建干群沟通平台，畅通沟通渠道。企业管理者要经常深入基层进行调查研究，与广大的员工面对面地进行沟通交流，对基层员工反映的问题及时予以解决，以此赢得员工的信赖。企业还可以开通企业老总信箱（含电子信箱），建立厂务公开制度，开展多种形式的座谈会，建立互信机制和渠道。

### （二）和谐的同事关系

企业人文环境的建设要求企业重视营造团结、互助、和谐、融洽的同事关系。和谐、融洽的同事关系不仅有利于员工的身心健康，有利于提高员工的工作效率，而且能够增强团体的凝聚力，激发团队的战斗力，提高团队整体的办事效率，从而既有利于企业达到共同目标，又利于员工实现自己的人生价值。但是，由于企业内部存在利益差异，加之员工的人生观、价值观和个性不同等原因，同事之间难免出现一些矛盾，解决这些矛盾既利于企业的发展，也利于员工自身的生存和发展。因此，企业内部同事之间应当相互尊敬、包容、礼让，通力合作，同事之间要讲诚信，做到诚信待人、诚实做人。

### （三）和谐的社会关系

和谐的社会关系包括和谐的客户关系、和谐的其他社会组织关系、和谐的竞争者关系和和谐的政企关系等。

(1) 和谐的客户关系要求企业为客户提供优质的产品和服务。

(2) 和谐的其他社会组织关系要求企业与其他的社会组织保持协同性。

(3) 和谐的竞争者关系要求企业与竞争者建立一种竞争合作关系。

(4) 和谐的政企关系要求企业守法经营、依法纳税，履行社会责任，积极参与社会公益活动。

(四) 和谐的企业与自然关系

和谐的企业与自然关系要求企业坚持科学发展观，保护环境，合理利用资源，实现可持续发展。

### 3.2.4　精神文化建设

企业精神是企业经营宗旨、价值准则的集中体现，是企业文化的灵魂。企业精神对内表现为内聚力，给人以理想与信念，给人以鼓舞与勇气，给人以荣誉与力量，也给人以约束与规范。企业精神对外表现为辐射力，优化企业形象，提升企业的社会美誉度和知名度。因此，企业必须培育企业文化，提炼企业精神，凝练企业核心价值，以增强企业文化竞争力。企业精神的作用正如美国硅谷著名的坦德公司的总经理吉姆·特雷比格所言："我们的成功之秘诀就是创建一套独特的企业文化。"也难怪美国钢铁大王卡内基会坦言："你可以把我的资金、设备、技术统统都拿走，只要保留我的原班人马，三年后我又是一个钢铁大王。"在他看来，技术、资金和设备虽然是一个企业的基本物质条件，但相对于人和由人组成的企业组织及其内化在人中的企业精神来说，企业的物质财富微不足道。这表明企业精神实质上是企业持久发展的决定因素。如韩国三星集团的"人才第一"的企业精神使三星集团现拥有3 437 亿美元的资产，成为全球第 35 大经济体；美国麦当劳"服务、优质、清洁"的企业精神使其发展成为横跨 121 个国家和地区的在全世界拥有超过 3.1 万多家餐厅的跨国集团。企业精神文化建设主要从以下三个方面着手。

一、设立共同愿景

美国著名的管理学家彼得·圣吉在《第五项修炼》一书中提出企业"共同的愿景"，意思是说一个企业及其员工必须有一个共同为之奋斗的目标，这个目标可以作为核心凝聚力使员工团结起来共同努力追求。企业共同目标是企业管理者与员工一起设计企业共同愿景，围绕愿景目标构建并培育企业价值体系。

二、确立企业价值观

企业价值观是企业文化的基石。企业价值观是企业在追求成功经营过程中所推崇的基本信念和奉行的行为准则，也是企业对企业行为所做出的价值取向。企业价值观，是指在企业中占主导地位的，为企业绝大多数成员所共有的关于客观对象的总观点和总看法。企业价值是企业的共同信念和价值追求，包括经济价值（效益、市场、竞争、质量、创新、信息观念等）、社会伦理价值（以人为本、整体、奉献、义务、责任、服务、忠诚、法纪观念等）和环境价值（尊重、友爱、和谐、平等、民主观念等）①。

① 张仁德，霍洪喜．企业文化概论[M]．天津：南开大学出版社，2003：74—75．

正确的企业价值观能够把员工的注意力引向合理的方向，从而为企业的经营成功创造前提条件。企业价值观是企业文化的核心，也是企业生存的基础，对企业的生存和发展具有重要作用。正确的价值观有利于充分调动员工的积极性，把员工的潜力发挥至极，使追求企业发展与个人发展相一致。世界知名企业都有自己的价值观，如通用电气公司的价值观是"无界限，快速，远大"，美国电话电报公司的价值观是"为人人服务"。

## 三、培育企业精神

企业精神决定了企业的方针和行为，要提高企业竞争力，特别是核心竞争力，缩短创建期和成长期，延长成熟期和衰亡期，从而延长企业的生命周期。实现可持续发展目标，必须加强企业文化建设，核心是强化企业精神的培育，实施文化管理。优秀的企业精神引导企业走向健康发展之路，促进企业可持续发展。在企业文化建设与管理过程中，根据自身实际培育独特的企业精神是企业应对经济危机、延长生命周期的"遗传密码"。

培育优秀的企业精神是企业应对当前或未来发生的经济危机，延长企业生命周期的"核武器"。因此，企业必须转变观念，加强企业文化建设，着力培育企业精神，提升企业核心竞争力，促进企业可持续发展。企业精神是企业全体员工共同认可的企业理念和长期形成的风范，是企业文化的精髓，包括企业经营哲学、企业价值、道德观念和市场观念等。建设优秀的企业文化，培育企业精神，重点是培育以下八种精神。

### （一）人本精神

培育企业精神，首先是培育人本精神。人本精神是人本管理的理论基础。人本管理是人力资源管理之本，是现代人力资源管理的精髓，企业精神则是企业文化的灵魂，企业文化建设与人力资源开发管理必须培育以人为本的企业精神。所谓人本管理，即以人为本的管理，是指以人的全面自由的发展为核心，创造相应的环境，以个人自我管理为基础，以组织共同愿景为引导的一整套管理模式，也就是信任人、尊重人、依靠人并开发人的潜能。以人为本的管理不是把人当成劳动工具，而是在深刻认识人在社会经济活动中的作用的基础上突出人在管理中的地位，实现以人为中心的管理。以人为本就是要求企业做到以员工为本、以顾客为本、以投资者为本、以债权人为本和以社会为本。

#### 1. 以员工为本

人本文化实质上就是以人为本，满足人的合理需求，促进人的全面发展。以人为本就是要求企业首先以员工为本，建立学习型组织，提高员工的素质，促进员工全面发展。

以员工为本就是要培育员工的企业主人翁精神、奉献精神、民主精神、协作精神、大局意识和服务意识，就是把以人为本的思想贯彻落实到企业人力资源开发管理之中；建立沟通渠道，理解尊重员工、关心爱护员工，将员工的发展同企业的发展结合起来，并促进员工的全面发展。

以人为本是企业文化管理的核心理念。企业之间的竞争，从表面上看表现为产品和市场的竞争，但其背后反映的是人力资源的竞争。人，尤其是人才是企业的第一资源，能否最大限度地发挥广大员工在企业中的主体作用直接关系企业的成败。因此，企业文化管理必须树立以人为本的管理思想，把人作为管理的主要对象，充分地尊重人、理解人、关心人，发挥每个员工的积极因素，求得企业和个人的共同发展。马斯洛将人类需要分为生理、安全、社交、尊重和自我实现五种，指出需要具有由低级向高级发展的规律。依据马斯洛的“需要层次理论”，健全以人为本的管理制度，并持之以恒地贯彻执行人本精神。

企业在工作中，必须保护员工生产安全，依照《劳动法》发放劳动报酬；在生活上，及时为员工排忧解难；在学习上，保障员工参与培训学习的权利，提供学习时间和经费保障，把员工作为企业第一资源开发管理，同时做好生活服务工作。

2. 以顾客为本

“以顾客为本”的观念，就是企业要提供合格的产品与服务，以满足顾客现实的需求和设法满足其潜在的需求，把顾客的利益与企业的利益有机地结合起来，主动做好售前服务、售中服务和售后服务。

3. 以投资者为本

“以投资者为本”的观念，就是企业要实现对投资者资本的保值增值责任。

4. 以债权人为本

“以债权人为本”的观念，就是要求企业对债权人负责，保证按期还本付息，保证债权安全。

5. 以社会为本

“以社会为本”的观念，就是要求企业履行依法经营、守法经营、依法纳税等义务。依法保护环境、节约资源，积极参与社会公益事业等。如 IBM 公司的“尊重每一个人，为顾客提供尽可能好的服务”的人本精神。

### （二）诚信精神

诚信精神是延长企业生命的基石，是企业延年益寿的法宝。诚信是人立身之本，也是企业立足之源。企业诚信包括质量诚信、信誉诚信、对员工诚信、对顾客诚信、对投资者诚信和对社会诚信等。诚信有利于扩大客户群，拓展市场空间。反之，失信却会加大成本，造成企业的巨大损失，最终导致企业被市场淘汰。如美国安然公司的假账导致企业破产；我国的秦池酒业集团出现的假酒事件使企业失去了质量信誉最终导致企业毁灭。所以，企业要培育和坚持诚信精神，必须做到对社会诚信、对顾客诚信、对员工诚信、对投资者诚信，依法经营、守法经营，依法建账，足额缴税，同时教育员工做到诚实为人，并将诚信精神渗透到企业的各个环节之中。如正泰集团的“宁可少做一亿元的产值，也不能让一件不合格产品出厂，做事如做人，信誉高过天”的诚信精神。

诚信是企业经营活动的准则。企业必须加强信用制度建设和信用管理。企业要守法经营，自觉地接受有关部门的监督管理；要依法建账，确保会计资料真实完整；要加强全面质量管理，及时足额缴纳应缴税款，建设一支高素质的员工队伍。企业不但要提高广大员工诚实守信的道德素质，还要鼓励员工刻苦学习，精通业务技能，以保证企业以优质的产品和服务取信于民。企业家在企业的经营管理中的地位十分重要，其行为对企业的经营结果具有举足轻重的作用，他要率先垂范，做一个建设企业诚信文化、塑造企业诚信形象的带头人。总之，企业要以良好的信誉为目标，以遵章守法为前提，以消费者为中心，以优质服务的手段开展生产经营活动，使诚实守信渗透到企业经营管理的各个环节。

市场是企业存在的外部环境。对市场来说，没有诚信的市场就没有发展、没有前景。如果没有诚信的环境，人人、事事都令企业提心吊胆，企业对任何人都不敢相信，生怕自己稍不留神就会上当吃亏，这样的市场环境和生存环境会让生存于其中的人们不堪其累，基本的信任结构已经崩溃，人际关系不堪重负，交易成本高得惊人。事实上，我国的企业在诚信经营方面还普遍地存在着弄虚作假、坑蒙欺诈、违约毁约、假冒伪劣、偷税漏税、逃税废债等失信行为，这些已成为当前我国市场经济建设和企业经济活动中的公害。据有关资料表明，企业每年因缺乏诚信而造成的直接损失和间接损失高达近亿元，几乎相当于我国一年国内生产总值的增长部分。缺乏信任就会成为或已经成为企业发展的瓶颈。

（三）创新精神

历史进步的本质在于创新。邓小平同志指出“敢于创新”。江泽民同志提出“创新是一个民族进步的灵魂，是国家兴旺发达的不竭动力，也是一个政党永葆生机的源泉”。胡锦涛同志强调要“增强创新意识，提高创新能力”。中国企业文化促进会名誉会长程思远提出“创新是企业文化的灵魂，企业文化将成为企业生存与发展的精神支柱”。培育创新文化是企业增强核心技术竞争力的基础。创新是企业永恒的主题，是企业的生命，企业要想生存发展就必须创新。企业创新包括观念创新、体制创新、技术创新、产品创新、市场创新和管理与文化创新等。观念创新是先导，技术创新是关键，也是产品创新和市场创新的基础。产品创新是技术创新的外在表现，管理创新是企业创新的保障。因此，企业必须营造有利于创新的文化氛围，为技术创新提供动力支持和智力支持，调动员工的创造性，激发企业的活力，鼓励员工敢于创新，培育企业创新文化。如海尔集团“创新，敬业报国，追求卓越”的价值理念极大地调动了员工的积极性，激发了员工的创新精神，使海尔集团走向世界。

创新文化的关键是营造激励型、开放型的创新环境，通过激励制度、激励机制充分释放人的智慧和才能，以推动企业文化管理，增强企业竞争力。企业生命的延续实质是不断创新，企业延年益寿必须创新，创新是企业生命力的不竭动力，创新是企业长寿的“遗传密码”。

观念创新，从一般管理学的角度看，在管理上最大的障碍是观念创新，营造一个基本的创新环境与氛围，建立创新文化。观念创新就是用新的、更有效的方式来整合组织资源，有效地达成目标的观念或思想。如现代企业管理要求企业管理者要将过去指挥、监督、控制式的“人治管理”转变为以员工为本并有自我发展机会的“人本管理”。

体制创新就是要建立现代企业制度，进行公司制改造，建立公司制企业。技术创新就是要研发市场需要的产品，做到销售第一代，生产第二代，试制第三代，构思第四代，研究第五代。管理创新就是建立先进科学的管理制度，改进管理方法和管理手段。文化创新就是建立优秀的企业文化，培育优秀的企业精神，在相对稳定的前提下做到与时俱进。如创建于 1864 年的全聚德坚持“想事干事干成事，创业创新创一流”的企业精神，企业至今已有 149 岁了。

企业创新与企业的学习力呈正相关性。彼得·圣吉认为 1970 年被列为世界 500 强企业的公司中有 1/3 的公司退出市场的主要原因就是企业学习力的下降，他认为未来最成功的企业将是学习型企业。由此看来，企业要创新必须培育学习精神，只有不断学习才能不断创新，企业只有不断创新才能缩短创建期，快速走向成长期，缩短成长期迈向成熟期，延长成熟期，延缓衰老死亡期。如美国微软公司成功的秘诀之一就是坚持“不断淘汰自己的产品”的创新精神，从而延长了企业的生命周期。

（四）学习精神

21世纪是信息时代，是知识经济时代，现代企业必须建立学习型组织。在知识经济时代，知识老化速度大大加快，企业的组织形式向灵活的扁平式方向发展，实现从线性思维到系统思维和创造性思维的转变，这也对个人及企业的知识水平提出了更高的要求。彼得·圣吉在《第五项修炼》中强调“系统思维和创造性思维根源于知识及知识的灵活运用和潜能及智慧的开发”。可见，学习对组织的持续发展至关重要，知识经济社会也是学习型社会，企业要成为学习型组织。创建学习型组织是知识经济社会的呼唤，是经济全球化的必然要求，是增强企业核心竞争力的必然选择。

为此，企业首先要营造一种宽松的有利于促进员工学习、交流、知识共享的氛围，树立终生学习理念，形成学习创新的思维，提升员工的生活境界，激发自身潜能，实现人生价值的最佳选择。其次，要建立多元开放的学习系统，使组织学习有目的、有层次、有计划才能取得实效。各个学习系统随着项目进展而组织学习，从而实现组织学习目标，即工作学习化、学习工作化，使组织不断创新发展。最后，组织学习制度要与成员的成功欲相匹配，与个人职业生涯相结合，使员工在个人事业发展上最大限度地实现自我价值，通过建立共同的目标以及组织与个人共同成长机制，最终实现组织与个人共同发展，这是学习型组织的管理目标。[①]

（五）拼搏竞争精神

拼搏竞争精神与西方的竞争机制有一定的相关性，市场经济是竞争经济，竞争经济必须要有拼搏精神。具有拼搏精神，可以促使企业和员工战胜困难，促进企业和员工的个人发展。在进入世界经济一体化、面临激烈市场竞争的环境下，企业要生存要发展，需要培育拼搏精神；员工要敢于竞争、勇于拼搏，迎接挑战。在企业的孕育初创期，有了拼搏与竞争精神，有利于企业同市场赛跑，敢于竞争与创新，确立自己的产品战略、市场战略。在企业的成长期，有了拼搏竞争精神，可以提高企业的成长速度，加快企业的成长。在企业的成熟期，企业可以开发更多的适应客户需要的产品，延长企业的成熟期。在衰老消亡期，企业要敢于竞争、勇于拼搏，可以延缓衰老，推迟企业的消亡，延长企业的生命周期。如IBM公司始终坚持“追求卓越”的拼搏竞争精神。

（六）敬业精神

敬业精神是员工做好本职工作的重要前提和可靠保障。敬业就是员工全心全意地对待工作。敬业精神是以明确的目标选择、朴素的价值观念、认真的工作态度从事工作时表现出的个人品质。敬业精神可以引导员工负责地做好每项工作。敬业精神表现在员工的工作积极性高，也就是员工工作有热情、有激情，进取心和责任感强，是自愿去做工作的精神状态，既讲究工作效率，又追求工作质量。

① 黄素芳，卢馨．我国企业文化管理的核心问题与对策思路[J]．华东经济管理，2006，(96)：96.

爱岗敬业就是员工要把工作视为第一要务，把履行职责看做是自己的天职，员工如果人人爱岗敬业，把做好工作放在首位，就会凝聚成为巨大的创造力。同时，敬业精神还反映了员工对企业的忠诚和进取愿望，这是非常值得提倡的。因此，企业应大力开展爱岗敬业的教育，并为员工创造学习和提高生产技能的条件，使之不断适应企业岗位发展的要求，与企业共同发展。如1892年创办的烟台张裕葡萄酒公司坚持“爱国、敬业、优质、争雄”的企业精神，截至2013年企业生命已经达到121岁。

（七）奉献精神

奉献精神是企业精神的重要内容。奉献是员工为了实现企业的共同愿景，将企业作为自己的家一样经营，不计较个人得失，为了企业的利益而抛弃自己的利益，甘于为企业做出牺牲的行为。一方面，奉献精神可以引导员工同企业融为一体而自觉默默地做好本职工作，为企业的发展做出奉献。另一方面，企业也能够为了国家和社会的利益而牺牲自身的利益，如海尔集团的“敬业报国”精神。

（八）团队精神

企业具有团队精神，员工能够从企业的利益出发，服从大局，与同事友善相处，达到工作上的默契，减少那种毫无意义的摩擦和矛盾，全心全意地为企业的目标共同努力。加强团队精神建设与管理，努力培育团队精神，首先要确立明确的目标，然后培育共同的企业价值观。其中，企业的管理者特别是主要领导要起表率作用，要激发员工的参与热情，要积极发现员工共同领域，要唤醒员工的危机意识和忧患意识，要与员工保持经常性的沟通。团队精神的培养需要一个过程，需要上下同心，在良好沟通的基础上进行一系列的活动培育。如每年定期或不定期地开展野外拉练活动、创办内部刊物、举办专题交流会，以此加强企业与员工的沟通和了解，增强团队的凝聚力和员工的归属感，以培育团队精神。

## 3.3 企业文化建设的原则与保障条件

### 3.3.1 企业文化建设的原则

为了确保企业可持续发展，增强企业的核心竞争力，建设优秀的企业文化，在企业文化建设中应遵循以下基本原则。

一、民族性原则

只有民族的才是世界的，只有文化的才是永久的。鲁迅先生在《且介亭杂文集》中说：“只有民族的，才是世界的。”意思是说民族大众的东西才有时效性，才会被老百姓认同，才有生命力。“只有民族的才是世界的”已成为一种理论，被多数人所接受，这种理论更适合文化，也就是只有民族的文化才是世界的文化，也只有具有民族文化特点的企业文化才能推动企业走向世界。

企业文化首先应当体现民族文化。民族文化是本民族群众经济生活和精神生活的集中反映，深深植根于本民族群众之中，为广大群众所喜闻乐见，有广泛的群众基础，具有浓郁的民族特点和极强的生命力，因此，企业文化建设必须坚持立足自己、突出特色，走民族化的企业文化建设之路。实际上，美国、日本、欧洲等许多成功的企业之所以成功的根本原因是其具有以本民族文化为核心的企业优秀文化，具有民族文化特点的企业文化是其成功的原动力。美国企业文化研究专家秋尔和肯尼迪指出，"一个强大的文化几乎是美国企业持续成功的驱动力"。如驰名于世的麦当劳和肯德基均独具特色的企业文化，其本质上展示的就是美国的快餐文化。

中华民族具有悠久而灿烂的民族文化精华，因此，我国的企业文化建设必须弘扬中华民族文化的优势，根据企业的实际构建本企业的特色企业文化。

## 二、"以人为本"原则

人是企业的第一资源，是企业经营成败的决定性因素，企业文化建设必须"以人为本"。企业文化建设要把人放在中心地位，首先以员工为本，充分尊重员工、理解员工、关心员工、爱护员工，满足员工的合理需求，促进员工的全面发展，为员工充分施展才华搭建舞台，创造宽松、和谐、良好的工作环境、生活环境和学习环境。企业最大限度地调动员工的积极性、主动性和创造性。以人为本的企业文化还必须坚持以客户为本，以投资者为本，以社会为本等。

## 三、个性化原则

由于不同企业的创始人的个性差异或领导集体的领导风格不同、所属员工不同、市场环境不同、发展历程不同、组织结构不同、经营业务不同、竞争对手不同和客户对象不同等原因，由此形成的企业文化不可能完全一样。所以，每个企业必须根据自己的实际培育具有自身特点的企业文化。在企业文化建设中，企业可以学习借鉴，但不能照搬他人的模式。如果不同的企业文化都是一个模式，企业理念相同、企业精神一样，彼此没有差异，那么这种企业文化也就失去了其应有的作用。从创新学的角度来看，如果每个企业都有相同的企业文化，实际上等于没有了企业文化。

## 四、"一把手亲自抓"原则

从某种意义上说，企业文化就是企业家文化，是企业主要领导人文化。企业主要领导人是企业文化的倡导者、策划者和实施推动者。在企业文化建设中，通过学习和实践不断提高企业家自身的政治素质、业务知识和管理能力等综合素质，以文化战略眼光引导和培育企业文化。

(1) "一把手"是企业文化建设的领导者。企业主要领导者应个人认识到位、态度明确、信念坚定、热诚支持，把建设优秀的企业文化作为企业做大、做强、做久的追求目标。

(2) "一把手"是企业文化的倡导者。企业主要领导者必须亲自参与企业个性化理念的凝练提升，并领导和指导企业文化系统的设计。

(3) "一把手"是企业文化的重要传播者。企业主要领导者要发挥自身优势，利用各种渠道长期做好企业文化的传播和宣传。

(4)“一把手”是企业文化的实践者与推动者。企业主要领导人个人率先垂范,身体力行,用自己的模范言行、工作作风、人格魅力和管理艺术感染员工、影响员工,以发挥员工最大的潜力,推动企业可持续发展。

## 五、群众性原则

企业文化是被广大员工认同并实践的文化。企业文化源于员工,员工既是企业文化建设的客体,又是企业文化建设的主体,企业文化建设如果没有广大员工的参与,最终只能是一段时期企业领导者的口号,只能是几句空话。因此,在企业文化建设中,必须以员工为本,从员工的利益出发,把员工的利益放在第一位,忠诚地为员工谋利益,促进员工的发展;尊重员工的主体地位和发展需求,广泛发动员工,充分听取员工的建议和意见,调动员工参与企业文化建设的积极性、主动性和创造性,使员工自觉地参与企业文化建设。实际上,只有广大员工广泛参与建设的企业文化才能将文化核心渗透到员工的心中,成为员工的行为。此外,企业必须始终坚持一切依靠全体员工,尊重员工的首创精神。群众是历史的创造者,是企业一切工作的力量源泉。优秀的企业文化必须依靠群众,把领导者的主导作用和全体员工的主体作用紧密地结合起来,集思广益,群策群力,全员共建的企业文化才能持久,才能形成企业的核心竞争力。

## 六、系统性原则

在企业文化建设中,企业要坚持系统思考、统筹兼顾的原则,正确地处理精神文化、行为文化、制度文化和物质文化之间的关系,以精神文化为统领,统帅指导行为文化、制度文化和物质文化,行为文化、制度文化和物质文化反过来要体现和反映精神文化,不能相互矛盾、相互冲突,否则就不可能形成具有统一性的企业文化。企业不能只搞精神文化或只搞视觉文化,也不能不分主次和先后,“齐头并进”,一哄而上。在企业文化建设的过程中,企业要全盘规划,分步实施,协调发展,实现企业文化的整体系统最优化。

## 七、循序渐进原则

企业文化建设涉及物质文化、行为文化、制度文化和精神文化建设。其中,行为文化和精神文化,特别是精神文化转化为制度文化、企业精神塑造提升都是一个循序渐进的过程,而且还要将依据企业精神制定的制度文化传播与渗透到员工的内心,变成员工的自觉习惯。企业文化建设遵循循序渐进原则,对内要求从企业高层领导者开始,逐步渗透到中层管理干部,再推广到基层员工;对外要求从客户开始,按照投资者、竞争者、行业组织、社会媒体以及政府等一系列程序逐步推进。

企业文化建设必须遵循企业文化形成、传播与扩散规律,如果违背了规律就会欲速而不达,甚至会破坏企业文化。因此,企业文化建设必须坚持循序渐进的原则。

## 八、兼容并蓄的原则

2001 年 11 月 11 日,我国正式加入世界贸易组织(WTO)。目前,世界贸易组织的成员涉及 150 多个国家和地区,企业面对的是世界经济一体化的市场环境,面临着国内外市场的激烈竞争,企业要生存、要发展、要做大、要做久,就必须增强自己的竞争能力,而企业的核心竞争力最终来源于企业文化。这就要求企业一方面充分吸收我国民族优秀传统文化的精华,以此为本,另一方面学习借鉴西方发达国家企业文化的营养,丰富、发展并形成自己的企业文化,做到"古为今用,洋为中用",兼容并蓄。

九、与时俱进原则

与时俱进原则即动态性原则或创新性原则,就是要求企业文化建设应当根据企业变化的实际要求,创新企业文化。

21世纪是知识经济时代,是信息爆炸的年代,社会在发展,国家在进步,市场在变化,企业文化也必然随之而变。因此,企业文化在保持相对稳定的情况下坚持动态性原则,做到与时俱进、不断更新。如海尔集团的企业精神根据企业的发展实际,与时俱进经历了三个发展阶段。第一阶段(企业第一个十年)海尔精神是"无私奉献,追求卓越",海尔集团实现了第一个十年"创业,创出中国第一名牌"的目标。第二阶段(第二个十年)海尔精神是"敬业报国,追求卓越",海尔集团实现了第二个十年"创新,走出国门,创国际化企业"的目标。第三年阶段(第三个十年)海尔精神是"创造资源,美誉全球",海尔集团实现了第三个十年"创造资源,实施全球化品牌战略"的目标。企业经营的最高目标由早期的将经济效益放在首位转变为将社会效益和消费者利益放在首位。与时俱进原则要求企业根据时代新要求,不断地更新企业文化。

十、持续建设原则

企业文化建设是一项系统的、长期性的战略任务,必须持续建设。企业文化建设应当克服急功近利思想和急躁情绪,并随着时代的变迁和市场的变化做到与时俱进、不断创新、优化升级,不能奢望短期就取得立竿见影的成果。因为人的思想观念的改变、制度与机制的完善、行为方式的调整、企业文化内化为员工的自觉行为都是一个漫长的过程,需要经过坚持不懈的努力,不可能一蹴而就。因此,企业文化建设必须树立长期建设的思想,坚持持续建设的原则,把企业文化融入到企业管理的方方面面,落实到企业职能管理的过程之中,贯穿到企业生命的始终。

### 3.3.2 企业文化建设的保障条件

企业文化是经济和文化的共生物。企业文化建设强调以人为本,以规范管理为纽带,融思想教育、制度约束和激励机制于一体,有利于推动企业文化深入人心,提高企业核心竞争力。建设优秀的企业文化必须具备相应的保障条件。企业文化建设的保障条件包括企业文化建设的所有内部条件和外部条件,即思想保障、组织保障、经费保障和人员保障。

一、思想保障

1. 转变观念,统一思想

观念是实践的先导。在企业文化建设中,转变理念是基础,思想重视是前提,转变观念是企业文化建设的思想保障。

企业文化是企业可持续发展的核心动力，企业必须重视文化建设。企业要发展，文化要先行。面临世界市场的竞争，企业要想做大、做强、做久，就必须转变观念，重视企业文化建设。人是企业的基本因素，也是企业的主体和本身，企业提高经营管理水平需要建设优秀的企业文化，让企业文化深入人心，使员工认同企业文化并积极参与企业文化建设。企业文化建设的关键是企业领导者要实现转变观念，充分认识到企业文化建设对企业发展的重要性，更重要的是领导、引导、指导、支持并亲自参与企业文化建设。只有企业领导者对企业文化建设真正地重视起来，真正地认识到加强企业文化建设的重要意义，认识到企业文化是促进企业不断发展壮大的精神动力和无形财富，并转化为一种自觉意识和自觉行为，围绕企业文化建设组织学习引导，转变观念，重视文化建设，建立企业文化领导机构，明确文化建设责任人，以加强对企业文化建设的领导和组织实施。只有这样，企业文化建设才有可能全面系统地展开。正如著名的企业家张瑞敏在《财富》上谈到个人在海尔集团充当的角色时认为自己首先是设计师，在企业发展中如何使组织结构适应企业发展；其次是牧师，要不断地布道，使员工接受企业文化，最终把员工自身价值的体现和企业目标的实现结合起来。

2. 加强思想政治工作

企业领导者通过思想政治工作，引导企业转变观念，统一员工思想认识，把思想政治工作融入企业文化建设之中。思想政治工作是我们党的优良传统和制胜法宝，是经济工作和其他一切工作的生命线，是团结全党和全国各族人民实现党和国家各项任务的中心环节，是我们党和国家政治优势的体现，是保证我们党始终做到“三个代表”认真实践科学发展观的必然要求。建设优秀的企业文化，通过思想政治工作将企业文化建设与企业的思想政治工作有机地结合起来，有利于教育员工，提高员工的素质，凝聚人心；有利于整合企业人力资源，充分发挥企业文化的功能，不断创新发展企业文化，实现思想政治工作与企业文化双赢。

## 二、组织保障

1. 建立机构，明确责任

著名学者埃德加·沙因在《企业文化与领导》一书中提出“组织创建者的假设是组织文化产生的来源之一，领导者在企业文化的形成方面起领导作用；企业的高级成员会通过日常的谈话，企业的特殊庆典、仪式反复讲述企业自身的重要价值观念；企业高级成员的更迭会削弱企业文化力量，甚至改变企业的文化”，这句话充分说明了企业领导者在企业文化建设中的作用。企业实施文化建设，必须建立企业文化领导与组织机构，明确责任，加强对企业文化建设的组织领导。企业文化建设是一个系统工程，要求全体员工思想统一、行动一致，涉及社会的方方面面，包括物质文化建设、行为文化建设、制度文化建设和精神文化建设。企业文化建设任务繁杂、渠道多、时间长，因此，建立一个强有力的文化建设领导机构，明确职责与文化建设目标。企业领导者在企业文化建设中起着关键作用，企业文化建设从上到下实施“一把手”工程，研究确立企业文化建设规划、宣传推广模式与方式、具体实施策略及其他的重大决策。发挥“一把手”的倡导者、策划者、组织者、推广者和领导者作用。如国务院国资委监管的中央企业中国新兴铸管集团有限公司是集资产管理、资本运营和生产经营于一体的大型国有独资公司。新兴铸管集团有限公司专门成立了企业文化建设领导小组，由集团公司董事会、党委会、经理层有关人员组成。董事长任组长，党委书记任常务副组长，总经理、副董事长任副组长。领导小组下设3个体系领导小组和1个办公室。价值理念体系建设领导小组组长由党委书记担任，集团公司分管领导及4个行业板块的有关领导为小组成员；行为规范体系建设领导小组组长由总经理担任；形象识别体系建设领导小组组长由副董事长担任。集团公司企业文化建设办公室设在集团公司党群工作部。企业文化建设实施的核心理念是“在学习中成长，在创新中发展”，坚持的价值观是“互利共赢，同创共享”，坚持的企业精神是“自强不息，自我超越”，努力实现企业“打造国际一流企业集团”的愿景。通过企业文化建设，新兴铸管集团有限公司已经建成一个从烧结、焦化、炼铁、炼钢到轧钢、铸管及管件、钢格板生产的跨行业、跨地区的大型综合性企业。[①]

2. 加大执行力建设

企业成功三分靠战略，七分靠执行。执行力就是企业执行战略、实现组织经营战略目标的能力。执行力，是指在各项政策、战略制定完成后，为实现目标采取的手段和方法以及所体现出来的能力和精神，是一整套通过提出问题、分析问题、解决问题来实现目标的行为和技术体系。执行力实际上就是选择合适的人用合适的方法去做合适的事情。执行力包括两个方面：一是个人的执行力；另一个是组织的执行力。个人的执行力是个人执行并完成任务的素质和能力。组织的执行力是企业拥有推动组织发展实现目标的能力。被媒体广泛誉为“中国第一职业经理人”的盛大网络总裁、新华都集团总裁兼CEO、微软（中国）公司终身荣誉总裁唐骏在2004中国经济增长论坛“关于中国企业的成长路径”专题互动时指出，中国企业的发展必须着力提升核心竞争力，尤其要在加强企业执行力上寻求突破。执行力包括企业执行纪律、执行速度和执行细节三个方面。企业执行力的关键作用就是体现在企业日常经营运作的细节上，在细节上执行战略，在细节上体现出企业文化。企业根据制定的企业文化建设规划、方案，严格组织实施，增强执行力度。

## 三、经费保障

企业文化建设包罗万象，仅从企业文化活动来看，其不仅仅是企业内部的文化生活、提升员工的素质和技能，还包括企业外部的品牌塑造、市场营销策划宣传等系列活动。为了保障企业文化建设的稳步有效推进，以便有效地开展企业文化建设工程，铸造企业品牌，企业必须规划建立企业文化建设专项经费。如某公司关于狭义企业文化建设经费按产值划定一定的比例列入财务预算，以此作为企业文化建设专项经费。

与此同时，企业必须强化企业文化硬件建设，为企业文化建设提供物力支持。依据企业实际和企业文化建设规划及客观需要，加大企业文化建设硬件设施投入，完善员工教育培训中心、文化体育场所、图书馆等企业文化设施，为企业文化建设提供强有力的物质保障。

## 四、队伍保障

人员队伍保障或者说是企业素质保障，也就是企业要建立起学习型组织，建立一支高素质的管理干部和员工队伍，为企业文化建设提供智力支持。因为，企业文化建设与管理需要一支高素质的管理团队，而且文化建设是全体员工人人有责的持续性建设与培育的一项重

① 刘其先. 基于要素功能的企业文化价值理念体系建构——以新兴铸管集团文化为例[J]. 现代交际，2009，(6)：52.

要工作，如果企业团队人员素质不高，难以理解企业精神文化，不能执行企业制度文化，更不可能将制度文化塑造转化为行为文化，最终，就不可能提供符合客户要求体现以优质产品或服务为主体的物质文化。

在知识经济时代，知识更新加快，技术创新不断，企业的竞争最终归结为人才与科技的竞争。对于一个企业而言，学习力是创造力和竞争力的源泉。管理专家认为，未来最成功的企业将是一种学习型组织，即能够使各层次的所有成员全心投入并持续不断学习的组织。企业未来唯一持久的竞争优势就是具备比竞争对手更快更好的学习能力。因此，建立具有强烈学习能力的学习型组织是时代发展的要求。

因此，企业必须培养员工的学习习惯，以增强企业创新的动力和维护企业创新的源泉，营造学习氛围，创建学习型组织。在知识经济时代，学习型组织成为衡量企业文化是否优秀的一个重要标志。优秀的企业文化要求企业创造良好的学习环境，建立教育培训机制，制定鼓励学习的政策，培养员工养成积极主动的学习习惯，树立终身学习的意识，通过学习开发员工的潜能，使员工在知识、技术、技能、道德、品行和文化素养等方面适应企业的要求，使学习力成为维持企业创新的不竭源泉。

培养积极的学习习惯就要使企业全体员工有学习的愿望和不断学习的能力，激发个人的学习力、团队的学习力和企业组织的学习力，不断改善员工的心智模式，促进实现个人愿景、团队愿景和企业组织的愿景，实现真正意义上的“学习工作化，工作学习化”，提升企业人力资源的竞争力。

# 第四章　企业文化与CIS战略

CIS的要点，就是要创造企业个性。

——日本著名CI设计专家中西元男

企业形象是企业内在素质与外在表现的综合体现。

——中国社会科学院传播研究室教授主任明安香

CIS战略是企业品牌的孵化器，也是企业品牌成长的催化剂。

——段维龙

自20世纪诞生至今，CI理论已过半个世纪，国内外的专家、学者对其有着不同的理解，研究的侧重点也各不相同，因而对CI的定义或解释不尽一致。

早期的CI理论是美国学者创立的，CI是Corporate Identity（企业识别）或Corporate Image（企业形象）的缩写，是以视觉识别为中心，确立企业形象的差异化。此时的CI是指企业对外综合形象，包括企业语言、视觉、行为、传统和符号等要素。

20世纪60年代，CI传入日本，经过日本企业的改造与发展，注入民族理念与企业精神，便形成了由CI向CIS的升华。CIS是Corporate Identity System（企业识别系统）、Corporate Image System（企业形象系统）、Corporate Identity Strategy（企业形象战略）的缩写，直译为企业形象识别系统，意译为企业形象设计。CIS是由理念识别系统（Mind Identify System，MIS）、行为识别系统（Behavior Identify System，BIS）和视觉识别系统（Visual Identify System，VIS）三方面所构成。此时的CIS战略突出了企业形象，摆脱了单纯依赖视觉设计，使企业走向整体化、形象化、系统化、全方位的经营战略。

# 4.1 企业CIS战略基本内涵

## 4.1.1 CIS的产生与企业发展

一、CIS的产生与企业实践应用

（一）CI实践发源于欧洲

早期CI的实践可以追溯到1914年德国电气总公司(AEG)。德国电气总公司聘请当时任杜塞不多夫美术学院的彼得·贝伦斯院长负责产品设计工作，他将德国电气总公司的简称"AEG"设计成标志，统一用在公司的信笺、信封、招贴画以及部分产品的包装上，覆盖了公司的各个方面，统一了公司的视觉形象，所以学界一般认为是彼得·贝伦斯设计了世界上第一个企业总体形象，是CIS的开拓者。之后，在1932—1940年，英国伦敦地下铁路工程开始探索实施CI。

（二）CI成长于美国

早期成功导入CI的是美国的IBM公司。1956年，IBM公司以公司文化和企业形象为出发点，突出表现制造尖端科技产品的精神成功导入CI。IBM公司请当时美国最有权威的设计家保罗·兰德设计了"IBM"三个字母作为商标和标志，使公司有了一个明确完美的设计，体现了"开拓创新"精神，激发了员工的士气，赢得了公众的信任，塑造了"世界计算机行业里的蓝色巨人"的企业形象。由于IBM公司成功地导入CI，美国的许多公司纷纷效仿导入CI，有效地提高了企业经营绩效。如克莱斯勒公司、东方航空公司、可口可乐公司、麦当劳和肯德基等企业均获得了CI导入成功。①

20世纪五六十年代，欧美各大企业纷纷引进CI，以此作为企业新的经营策略并获得了成功。

（三）CI升华于日本

20世纪60年代日本引入CI，将CI深化改造为日本式的CIS。CIS战略为日本的企业树立了良好的企业形象，创造了很多的全球品牌，如日立、丰田、松下电器、索尼等。

日本引入CI，对CI进行了深化改造，使CI得到了升华，实现了CI向CIS的转化升级，即实现了系统化。具体表现为设计内容(企业理念、企业行为和企业视觉)系统化、设计主体系统化(即企业CIS设计主体必须由企业本身自行推行，不应只是由专业公司一手承包)和设计程序系统化(即设计程序明确化、规范化和系统化)。

---

① 沈西林. 导入的原则[J]. 昆明理工大学学报，1999，(7)：2—6.

（四）CI 应用于中国

20 世纪 80 年代后期，我国开始探索实施 CIS。早期成功导入 CIS 的企业是广东太阳神集团有限公司（以下简称太阳神集团）。太阳神集团的前身是珠江三角洲一家规模不大的乡镇企业。80 年代中期，在太阳神集团准备开拓上海市场和华东市场的前夕，企业决定全面系统导入 CIS。

太阳神集团导入 CIS 包括以下三个方面的内容。

在理念识别系统的设计上，将“振兴民族工业，提高中华民族的健康水准”作为企业的最高宗旨；追求积极向上的精神，坚持“赋予大众以仁爱、真诚理解、合作进取”的战略目标，坚持“以市场为导向，以科技为依托”，开展全面的质量管理，成为企业所坚持的经营方针。

在行为识别系统的设计上，太阳神集团对内制定并严格执行科学的管理制度，健全合理的运行机制；对外积极开展社会公益活动和文化活动，塑造企业形象。

在视觉识别系统的设计上，太阳神集团确定以古希腊神话中的“APOLLO”（太阳神，即赋予万物生机、主宰光明的保护神）作为企业、商标、产品的命名，暗含企业积极向上的精神和战略目标，并赋予企业以热情、欢乐、健康、智慧、保护和创造等特征。这种一体化设计为企业带来了巨大的经济效益和社会效益。太阳神集团的年产量由 1988 年的 520 万元增加到 1992 年的 12 亿元，成为全国知名企业。可惜的是 CIS 导入成功后，太阳神集团没有重视维护品牌效应，不久便退出市场。

继太阳神集团成功导入 CIS 后，我国的企业界由南到北广泛推广，海尔集团、格力空调等一批经过 CIS 策划的企业或品牌提升了企业整体形象，增强了市场竞争优势。但是，CIS 在我国热了几年后，由于部分企业或因为方法不当，或因为时机不成熟，或因为忽视了企业精神文化的导入，或因为没有坚持一贯性等原因导致 CIS 导入不成功被放弃，但是一直以来仍然有不少的企业在探索、在实践、在应用。

二、CIS 战略的定义

CIS 在不同的国家、不同的时期有不同的说法，但基本上是围绕着企业设计 CI（Corporate Design）发展而来，其间经历了产业设计（Industrial Design）、企业面貌（Corporate Look）、特殊规划（Specific Design）和企业形象（Corporate Image）等阶段，逐渐演变为现在的 CI（Corporate Identity）或 CIS（Corporate Identity System）。美国的专家、学者认为 CI 是以标准字体和商标作为沟通企业理念与企业文化的工具。日本的专家、学者则认为 CI 是一种明确地认知企业理念与企业文化的活动。如日本学者山田理英认为：“从主体性的观点来看，‘Identity’就是‘我是谁’的疑问和解答；从同一性的立场来看，‘Identity’是企业本身某些事物的共通性。”日本学者加藤邦宏认为：“CI 就是对企业整体进行设计工作；以企业整体的活动作为设计对象，使企业本身、个性的表现合乎时代潮流。”从这种立场出发，加藤邦宏认为，“为了形成企业的形象而以设计开发为中心的活动才是所谓的 CI”。用汉语译成“企业形象识别”等比较接近原意，CI 研究的主要成果，较有代表性的定义如下[①]：

① 梅雨. 中国型 CI 教程[M]. 广州：广东高等教育出版社，2007：2—3.

(1) CI 是一种改善企业形象，有效提升企业形象的经营技法；

(2) CI 是一种明确地认识理念与企业文化的活动；

(3) CI 是重新检讨公司的运动；

(4) CI 是那种整合性的关于企业本身的性质与特色的信息传播；

(5) CI 是将企业经营理念与精神文化，运用整体传达系统（特别是视觉传达设计），传达给企业周围的关系者或团体（包括企业内部与社会公众），并掌握使其对企业产生一致的认同感与价值观。

综合国内外专家、学者的意见，本书认为"CIS"应定义为：CIS 是指在调研分析的基础上，将经营哲学、价值观念、企业精神等企业文化进行系统设计，统一传播，塑造企业形象，谋求企业内部与公众的认同，提高竞争实力的企业经营战略。CIS 战略的本质是一种塑造并传播企业形象，以提升企业竞争力为目标的组织形象传播行为。

### 4.1.2　CIS 战略的结构

CIS 战略包括理念识别系统、行为识别系统和视觉识别系统三个方面。其中，理念识别系统是核心，行为识别系统是保证，视觉识别系统是理念识别系统和行为识别系统的外部表现。

#### 一、理念识别系统

理念识别系统是企业确立的独特经营理念，体现在企业生产经营过程中设计、研究、生产、营销、服务和管理等经营理念的识别系统。理念识别系统是企业对经营目标、经营思想、营销方式和营销形态所作的总体规划和界定。理念识别系统主要包括经营宗旨、企业价值观、企业精神、经营方针、市场定位、组织体制、社会责任和发展规划等。

#### 二、行为识别系统

行为识别系统是对企业运作方式所作的统一规划而形成的识别系统，是员工贯彻企业理念、履行职责的行为规范。企业行为识别系统是企业理念识别系统的外化和表现。行为识别系统通过组织制度、管理培训、行为规则和公关礼仪等行为或活动表现出来，使抽象的理念化为有形的行为。行为识别系统主要包括：企业内部组织制度、管理规范、行为规范、员工教育、工作环境、生产设备、福利制度等；企业外部的市场调查，公共关系，营销活动，流通对策，产品研发，公益性、文化性活动等。

#### 三、视觉识别系统

视觉识别系统是以标志、标准字、标准色为核心而展开的完整的、系统的视觉表达体系。视觉识别系统将企业理念、文化特质和企业规范等企业精神文化转换为具体的符号。视觉识别系统设计从视觉上表现了企业的经营理念和精神文化，对内可增强员工的认同感，提高企业的凝聚力；对外可树立企业的社会形象并不断强化，以获得社会公众的认同。视觉识别系统主要包括：基本要素系统，如企业名称、企业标志、企业造型、标准字、标准色、象征图案、宣传口号等；应用系统，如产品造型、办公用品、企业环境、交通工具、服装服饰、广告媒体、招牌、包装系统、公务礼品、陈列展示以及印刷出版物等。

### 4.1.3 CIS的功能

实施CIS战略有利于塑造企业形象,提高企业的整体效益。根据国际设计协会的估计,企业在形象设计中每投入1美元,可以获得227美元的收益。[①] 实施CIS战略有利于改善和推进企业与社会、自然的关系,并以此推动企业、社会和自然的和谐发展。

实施CIS战略,不但能促进企业产品的销售和提高服务质量,而且还能提升企业形象和管理水平,提高企业的经营效益和社会效益。

#### 一、企业识别功能

CIS战略的开发和导入能够促使企业的产品与其他的同类产品区别开来,通过导入CIS战略,树立起特有的、良好的企业形象,从而提高企业无形资产的竞争力,使企业在市场竞争中脱颖而出、独树一帜,取得独一无二的市场地位。这有利于企业在消费者心目中获得认同,建立起良好的形象,产生心理偏好和信心。

#### 二、凝聚协调功能

企业实施CIS战略可以建立良好的企业文化体系,优秀的企业精神可以增强企业内部组织成员的归属感和向心力。也就是说,CIS战略可以将地域分散、独立经营的分支业务机构组织统合在一起,形成一个实力强大的竞争群体,发挥群体的效应。员工认同企业的价值观,并将其内化为个体行为,从而提高员工的士气,增强企业的凝聚力。

#### 三、媒体传播功能

企业形象,是指社会公众和员工对企业的整体印象和评价,也是企业的表现和特征在公众心目中的反映。CIS战略是传达、塑造企业形象的工具与手段。CIS战略的导入和开发能够保证企业信息传播的同一性和一致性,并使传播更加经济有效。如视觉识别系统的建立使关系企业或企业各部门可以遵循统一的传达形式,应用在企业所有的媒体上,可以收到统一的视觉识别效果;在CIS战略系统操作过程中,统一性与系统性的视觉要素可以加强信息传播的频率和强度,产生倍增的传播效果。

#### 四、提升管理功能

在开发和导入CIS战略的过程中,企业制定CIS战略推进手册作为企业内部制度,让企业全体员工认真学习并共同遵守执行,这样才能保证企业识别的统一性和权威性。另外,也可以节约成本,通过贯彻实施CIS,从而增强企业的实力,提升企业的管理水平。

#### 五、文化教育功能

CIS战略具有较强的文化教育功能。CIS战略的导入有利于企业形成优秀的企业文化。优秀的企业文化对员工的正向影响是持久的,有利于企业建立起学习型组织,促进企业团队

① 夏军. CIS与企业文化[J]. 科技信息(科学教研),2008,(22):395.

学习与个人学习,起到了文化教育功能。员工不仅体会到工作的价值,而且会因自己属于企业的一分子而备感自豪。同时,CIS战略的导入还可以为企业吸收最新的理论、科学、技术、人才等,从而使企业在运转有序、协同统一的基础上加速发展。

## 4.2 理念识别系统与企业精神文化

理念识别系统,是指企业在长期的经营实践活动中形成的区别于其他企业的企业精神、企业使命、企业目标、企业哲学、企业经营战略等组成的系统。理念识别系统统率和领导行为识别系统和视觉识别系统,处于核心地位。如IBM公司的理念识别系统是“尊重、服务、卓越”,麦当劳的理念识别系统为“Q”、“S”、“C”、“V”,即质量(Quality)、服务(Service)、清洁(Cleanness)、价值(Value);日本丰田汽车公司的理念识别系统是“优良的产品,优良的思想,世界的丰田”;海尔集团的理念识别系统是“产业报国,追求卓越”,同仁堂的理念识别系统是“同修仁德,济世养生”等①。如何设计与导入CIS战略,主要从以下四个方面着手。

### 一、价值观念导入

企业价值观念是企业文化的核心,是企业全体成员共同认可的价值标准和价值取向,是企业经营者和全体成员的最高要求和衡量事物的标准。价值观念对于企业的发展具有支配作用。企业价值观念体现在企业的生产经营管理活动中,通过企业的经营思想、企业精神、企业道德和企业目标反映出来。企业必须研究自己的历史与现实,在此基础上引入中华民族的优秀文化内核,借鉴西方文化成功之道,设计企业价值理念。这样既能体现民族性,又能表现世界性,还具有企业的特殊个性。

### 二、经营思想导入

企业的经营思想也称企业的经营哲学,是指企业从事生产经营活动的指导思想和方法论。即企业在生产经营活动中对发生的各种关系的认识和态度的总和。企业的经营思想由一系列的理念或观念组成,主要包括以下六个理念。

#### (一) 以人为本理念

以人为本理念是企业处理与员工及利益相关者关系的经营思想。在管理过程中,企业坚持决策科学化,管理民主化、人本化,做到以员工为本、以顾客为本、以投资者为本、以竞争者为本、以社会为本等。

#### (二) 顾客至上理念

顾客理念是企业处理自身与顾客关系之间关系的经营思想。彼得·德鲁克认为“企业

① 白光. 中外品牌案例[M]. 北京:中国时代经济出版社,2002:12.

只有一个利润中心，那就是顾客钱袋；经营只有一个目标，那就是造就顾客”。因此，企业必须树立顾客理念，充分认识顾客对企业的生存与发展的重要性，正确地看待顾客。企业要建立“顾客是上帝”、“顾客永远正确”的理念，追求顾客满意。将顾客的需求作为企业经营活动的出发点和归宿，以满足顾客的需求作为企业生产经营活动的依据。

（三）拼搏竞争理念

竞争理念是企业处理自身与竞争对手之间关系的经营思想。市场经济是竞争经济，企业为了生存必须在行业内处于竞争领先地位，否则，必将被竞争淘汰而退出市场。因此，企业必须树立竞争理念，要有竞争意识，而且要敢于竞争、勇于拼搏、不断创新，从而建立竞争优势。

（四）持续创新理念

创新理念是企业处理现状和变革之间关系的经营思想。1995 年，江泽民同志在全国科学技术大会上指出“创新是一个民族进步的灵魂，是国家兴旺发达的不竭动力。一个没有创新能力的民族难以屹立于世界先进民族之林”；胡锦涛总书记在党的“十七大”报告中提出“未来中国要走创新型国家的发展道路”；温家宝总理在 2005 年国家科学技术奖励大会上的讲话提出“自主创新是一个国家崛起的筋骨……”；美国管理学家彼得·德鲁克提出“不创新，就死亡”；微软公司总裁比尔·盖茨告诫微软人时刻牢记“微软永远离破产只有 18 个月”的创新危机理念。

由此看来，创新是企业发展的动力，否则企业必然退出市场。因此，企业要树立并长期坚持创新理念。所谓“创新”，就是“破旧立新”。创新主要包括五个方面。一是思想创新，思想创新是技术创新与产品创新的前提。时代在发展，社会在前进，为了适应需要，思想要与时俱进，不断创新。二是技术与产品创新，包括新产品的开发、老产品的改造、新技术和新工艺的采用以及新资源的利用。三是市场创新，即开拓新市场。四是组织与管理创新，包括变革原有的组织形式，建立精简高效的组织机构等。五是企业文化创新等。

（五）效率效益理念

效率效益理念是企业处理自身投入与产出之间、单位时间内质与量的关系的经营思想。企业可视为一个资源转换器，以一定的资源投入，经过内部的转移技术，转换出社会和市场所需要的产品。经济效率效益是产出和投入之比，比率越大，经济效益效率越高。效率效益观念的本质就是以较少的投入（人、财、物、时间、信息和技术等）带来较大的产出（产量、销售收入和利润）。因此，企业必须提高工作效率与效益。

（六）社会责任理念

社会责任理念是企业处理自身发展之间关系的经营思想。现代企业越来越感到社会责任的重要性。企业之所以能存在，就在于其能对社会做出某些贡献。除了生产适销对路的产品外，企业还对国家、生态环境、文化教育事业、社区发展、就业、员工福利和个人发展负有责任。社会观念的本质就是谋求企业与社会的共同发展。企业的发展为社会做出贡献，社会的发展又为企业的发展创造一个良好的外部环境。

三、企业道德导入

企业道德是社会道德的重要组成部分,是社会道德在企业行为中的具体体现。作为企业文化的重要内容,企业道德对企业稳定和社会安定有着重要作用。

企业道德是在一定社会制度、文化形式、道德形态下调整企业之间、企业与成员之间以及成员与成员之间的行为规范的总和。企业道德是依靠社会舆论、传统习惯和内心信念来维持,以善恶评价为标准的道德原则、道德规范和道德活动。作为市场的细胞,企业的直接目的是追求利润最大化;而作为社会的一分子,企业在追求利润的同时又必须使自身的获利过程也成为有益于社会进步和促进人的全面发展的过程,即必须注重企业道德。

四、企业精神导入

美国著名的管理学者托马斯·彼得斯曾说:“一个伟大的组织能够长期生存下来,最主要的条件并非结构、形式和管理技能,而是我们称之为信念的那种精神力量以及信念对组织全体成员所具有的感召力。”企业精神是企业经营管理的指导思想。企业精神是员工所具有的共同内心态度、思想境界和理想追求,它表达企业的精神风貌和风气,反映企业的目标和方法,具有推动企业发展的一种意识和精神力量。

企业精神一般通过一些精练、浓缩、富于哲理又简洁明快的语言表现出来。如日本三菱公司“顾客第一”,日本电信电话公司“着眼于未来的人间企业”,丰田汽车公司“好产品,好主意”,佳能公司“忘了技术开发,就不配称为佳能”,松下电器公司“工业报国,光明正大,团结一致,奋发向上,礼节谦让,适应形势,感谢报恩”,日产公司“品不良在于心不正”①。

## 4.3 行为识别系统与企业行为文化

行为识别系统,是指在企业理念的指导下形成的企业组织及全体员工的言行及相关活动的动态识别系统。行为识别是在理念识别指导下的企业识别行为,是CIS战略的动态识别。行为识别系统是理念识别系统的主要载体,是企业形象塑造的重要保证。行为识别系统包括企业内部行为识别系统和企业外部行为识别系统。

一、企业内部行为识别系统

企业内部行为识别系统是理念文化与制度文化的外在体现,主要体现在企业环境、员工教育、行为规范和员工行为等。

(一)企业环境

企业要营造一个干净、整洁、积极向上、温馨融洽、团结互助的内部环境。企业内部环境

① 名剑.企业开展CI革命[J].珠江经济,1994.

主要包括物理环境和人文环境。物理环境主要包括视听环境、温度和湿度、环境装饰等，人文环境主要包括员工精神风貌、领导作用和企业合作的氛围等。

（二）员工教育

企业实施人力资源开发，重视员工教育，根据员工岗位职务分析、工作需要开展员工教育培训工作，包括业务培训、政策法规教育、服务态度教育，企业精神和员工规范等企业文化教育以及企业管理等教育培训。

（三）行为规范

行为规范是员工共同遵守的行为准则。行为规范表现为员工的行为从不规范向规范转化的过程，最终达到规范化的结果。行为规范包括：员工职业道德、言行举止、仪容仪表、商务礼仪、沟通礼节及体态行为语言等。如中国国际航空股份有限公司（以下简称国航）行为识别系统的行为规范是[①]：飞行员规范——高度的负责精神，强烈的安全意识，精湛的操作技能，严谨的工作作风；机务人员职业道德规范——精益求精、一丝不苟、钻研技术、精心维修、遵章守纪、严谨诚实、勤俭节约、艰苦奋斗；运输服务人员职业道德规范——热情周到、礼貌待客、遵纪守法、不谋私利、团结协作顾全大局、精通业务、优质服务；管理人员职业道德规范——面向生产服务基层、更新知识、调查研究、开拓进取、提高效率、遵纪守法、廉洁奉公。

（四）员工行为

企业理念文化形象塑造必须通过员工的行为体现出来，否则企业理念等精神文化便成为一纸空文。因此，企业必须在生产经营管理活动中将理念文化转化为制度文化，再将制度文化转化为行为文化，形成步调一致、令行禁止的行为习惯。

此外，企业行为识别系统的内部系统还包括企业福利制度、废弃物处理以及企业发展战略等。

二、企业外部行为识别系统

企业外部行为识别系统是对外开展市场调查，进行产品开发，通过开展社会公益活动，维护公共关系，实施营销活动等方式来传达企业理念，以期获得社会公众对企业 CIS 战略认同的行为识别系统。企业外部行为识别系统包括以下五个方面。

（一）市场调查

市场调查是企业形象塑造的第一步。毛泽东同志指出："没有调查就没有发言权。"要树立一个企业良好的社会形象，确立企业理念只是完成了第一步，要将企业理念转化为企业员工的行为，必须通过优质的、具有高价值和使用价值的产品，依赖于企业各项社会公益活动的开展，依赖于良好的社会关系和有效的营销活动来传递企业精神文化，塑造企业品牌，而这一切活动开展的基础是广泛的市场调查。

---

① 人气．亚太品牌策划案例——中国国际航空公司"服务品牌型"CI[J]．企业文化．

企业现状与企业形象调查是导入CIS战略的前提和基础。通过市场调查了解企业的现状与企业当前的现实问题才能针对性地提出CIS战略，提出科学的行为识别系统。引入企业外部人员与企业内部人员协同开展调查，通过人员访谈、实地观察、问卷调查和查阅文献等方法对企业进行详细的调查，撰写调研报告，制定CIS战略，为企业产品开发、市场开拓、社会公益活动的开展、公共关系的维护以及实施营销活动奠定坚实的基础。开展企业现状与企业形象调查的调查内容包括以下两个方面①。

1. 企业内部状态调查

(1) CIS理念部分调查。

CIS理念部分调查包括经营方针、事业领域、企业的现代性和未来性，员工的认同感、责任感和凝聚力。

(2) CIS视觉部分调查。

从企业名称、企业标志、标准字和标准色等基本形象要素的分析开始，了解企业视觉形象识别系统传播的渠道、广度与力度，进而了解企业的知名度、美誉度和信誉度等。

(3) CIS行为部分调查。

CIS行为部分调查主要是针对企业内部状况的了解，如管理水平、活力状态、观念和作风、人员素质、行为规范等。

2. 企业外部环境调查

由于企业形象是由企业知名度、美誉度和企业形象定位所组成。而这三个要素却是抽象的概念，所以必须对它们的可操作性进行度量。通过对企业认知度、广告传播度、企业形象评价度和企业形象综合要素分析表对上述三要素进行调查。

### （二）产品规划

产品形象，是指产品的命名、外形、功能、质量、商标、价格、包装以及营销等给公众留下的整体印象。产品形象的好坏直接关系公众对企业的总体印象，良好的产品形象会给企业的生存和发展带来理想的外部经营环境。消费者对某一种产品具有良好的印象，原因并不仅仅是因为产品的外观和性能，还涉及产品的质量、服务、信誉和附加值等，这些都是产品形象的重要体现。

产品规划是塑造企业产品形象的第一步，是在市场调查的基础上求得企业产品生产与顾客消费需求的一致性，即企业根据消费者的需求进行产品的开发设计，并且利用产品的销售策略加深消费者对产品的印象。产品形象的核心是产品的质量。因此，产品规划活动的关键是保证产品的质量。如海尔集团的产品追求个性化形象设计，注意产品命名的文化味、形象感和可视性，力求为产品注入高附加值，如电冰箱系列中的海尔冰箱小王子、海尔冰箱大王子、海尔冰箱双王子、海尔冰箱美王子、海尔冰箱帅王子先行，所有的王子系列与海尔的吉祥物相融合，传递出产品可爱、可亲、可视的形象，这对于引发消费者的购买欲无疑具有竞争优势。②

---

① 殷昌贵，王兰美，董大勇. 企业形象调查的方法、对象和内容研究[J]. 包装工程，2002.

② 梅雨. 中国型CI教程[M]. 广州：广东高等教育出版社，2007.

（三）客户服务

优质的服务可以增加产品的使用价值和价值，从而赢得消费者的好感，并获得忠诚度。客户服务包括售前服务、售中服务和售后服务。做好服务工作可以塑造良好的企业形象。服务必须以诚信为本，做到言必信、行必果，给消费者带来实实在在的利益。

（四）媒体广告

广告包括产品形象广告和企业形象广告，企业实施CIS战略应当更加重视形象广告，以获得社会各界对本企业及产品的认同。企业形象广告的主要目的是树立商业信誉，扩大企业知名度，增强企业的凝聚力，树立企业的信誉。产品形象广告是创造一种符合目标顾客的追求与向往的形象。通过商标标志本身的表现及产品的形象宣传，让品牌给消费者留下深刻的记忆，以唤起社会大众对企业的注意、好感、依赖与合作，使潜在顾客转化为现实客户，促进企业的生存与发展。

（五）公共关系

公共关系是企业行为识别系统的重要内容。企业公共关系，是指企业在运营管理过程中有意识、有计划地与社会公众进行信息交流及行为互动的过程。通过公共关系活动，增进社会公众对企业的了解、理解、信任和支持，增强企业的知名度和美誉度，促进企业发展壮大。

公共关系可以通过公共关系活动来实现。企业开展的主要公共关系活动包括公益性、文化性活动，展示活动，新闻发布会等。① 企业公共关系包括企业内部公共关系和企业外部公共关系。

1. 企业内部公共关系

企业内部公共关系，是指企业与员工、经营管理者、企业各部门以及股东之间的关系。企业内部公共关系的基本目标是建立一个和谐团结的企业内部公共关系。

(1) 企业员工之间的和谐关系。

企业即人，员工是企业最基本的组成部分，企业的产品和服务质量是由员工创造的。良好的员工关系是生产优质产品和提供优质服务的基础，企业的产品与服务质量好则企业的信誉就高，企业的形象就好。

创造和谐的员工关系要求企业做到以下四个方面。一是尽可能满足员工合理的、必需的物质需求和精神需求。二是企业以员工为本，严格执行国家的劳动法、安全法等法律法规，不克扣员工工资，实行按劳分配。企业实行民主管理，尊重员工，信任员工，服务员工，充分吸纳员工的建议，调动员工的积极性。三是企业重视信息沟通，增加交流渠道，如设置企业信箱（包括电子信箱）、总经理接待日制度，经常召开座谈会、研讨会等，加强与员工的交流，以减少和化解干群之间、员工之间的矛盾与摩擦。四是加强企业精神文化的培育与渗透，发挥企业文化的凝聚作用。

① 岳兴录，陈素贤．企业形象策划的行为识别和视觉识别[J]．辽宁经济，1996，(6)：13.

(2) 企业与股东之间的信任关系。

股东是企业的投资者，持有企业发行的不同份额的股票、债券或是直接参与企业的集资合伙人。股东是股份有限公司或有限责任公司中持有股份的人，有权出席股东大会并有表决权，也指其他合资经营的工商企业的投资者。企业与股东的关系也就是经营者与所有者的关系。企业与股东之间建立起信任与支持的关系有利于企业资本实力的增强，有利于资金链的延续，否则将影响和制约企业的发展，甚至直接导致企业破产而退出市场。只有尊重股东权益，让股东了解并关心企业才能增进股东的信任与支持。因此，企业可以邀请股东来企业进行参观、考察，召开股东代表大会，并定期向股东报告企业的经营状况与财务状况，从而增进股东的信任与支持。如可口可乐公司准备投资开发新配方的可口可乐，但是公司担心新配方不仅不会盈利，而且很有可能会影响公司的声誉，使公司的利益受损。于是，可口可乐公司决定召开股东大会对此项目进行分析与讨论。在股东大会上，股东各抒己见，进行了充分的讨论协商。最后，新配方获得了全体股东的支持，新产品获得了巨大的成功。

(3) 企业管理者之间的合作关系。

管理者既是企业管理的主体，也是企业管理的客体之一。管理者水平的高低决定了企业管理水平的高低。要想提高企业管理的效能和水平，企业不同部门、不同层级之间的管理者(包括同一部门的管理者之间)之间必须建立团结合作、各负其责、密切配合的工作关系，而且要与非管理者建立起一种有福同享、有难同当的伙伴关系。在管理实践中，管理者要明确职责范围，搞好职责分工，加强合作；管理者之间要互相尊重、互相信任，加强沟通，增进了解、理解、支持与配合。

(4) 企业部门之间的协作关系。

企业不同的部门中有协同合作才能完成企业的整体功能，实现企业目标。因此，企业部门之间必须加强协调、实现协作。协作的关键是企业内外信息的沟通与共享。建立企业部门之间的协作关系可以采取利用企业网站内部网页实现信息共享，召开职工大会、通过文件传达、进行情况通报、开展个别谈话、创办内部刊物、举办座谈会和茶话会、实施建议制度等途径实现信息交流，以达到增进相互了解、相互理解、相互信任与相互合作的目的。

2. 企业外部公共关系

(1) 企业与媒体之间的融洽与和谐关系。

企业与广播、电视、网络等新闻媒体或财经媒体以及专业媒体处理好关系，建立起融洽与和谐的关系，并能够及时准确地传递企业理念和企业形象，提高企业知名度，提升企业形象。

(2) 企业与社区之间的合作与共建关系。

企业存在于社区之中，社区是企业最直接的外部环境，是企业存在的自然根基，也是企业发展的社会根基。外部环境对企业的发展有着十分重要的作用。企业应当与所在社区建立起睦邻友好、合作协作的关系。如可口可乐公司为了打开国外市场，赢得各国民众的认可，实施了社区合作战略。为了建立和谐的社区关系，在投资国投资建厂时，可口可乐公司坚持招收当地的居民为企业工人，以缓解当地的就业压力和推动当地的经济发展，更重要的是获得了当地人的接受和认可，有效地改善了可口可乐公司的外部区域发展环境，对可口可乐公司实现跨国经营战略奠定了坚实的基础。

其实，建立良好的社区关系，反过来社区也为企业提供部分生产、生活和学习服务，如交通、能源、邮政、治安保卫、孩子上学、婴幼儿入托等。这样减轻了企业的社会负担，有利于企业专心生产与提供优质的服务，增强市场扩张与发展。

(3) 企业与政府之间的支持与配合关系。

企业是市场经济活动的主体，政府是社会活动的主体，现代企业是政企分开的自主经营、自负盈亏、自我约束、自我发展的经济组织。政府是市场的调控者，对企业的生产、经营和管理等各项经营活动无权干涉，二者之间虽然不存在领导与被领导的关系，但是政府可以依法利用经济手段对宏观经济进行调控，也可以对企业的行为进行处罚。因此，企业的生存和发展离不开政府的支持，企业必须加强与政府部门的沟通，促进形成相互了解、相互支持的良好互动关系，企业依法经营，政府依法管理。

(4) 企业与客户之间的依存与服务关系。

客户是企业的生存之本、发展之根。如果没有自己的忠实客户，企业便成为无源之水。根据帕累托的20/80法则，即企业营业收入的80%来自20%的顾客的法则，企业要重点做好重要客户的维系工作，建立起良好的客户关系。因为根据研究：企业争取一位新顾客所花费的成本是维系一位老顾客所花费成本的6倍。做好售前服务、售中服务和售后服务，注意对老顾客、重点客户提供有针对性的服务，挖掘潜在顾客，引导潜在顾客的消费需求，提高顾客的满意度和忠诚度，从而增加企业的营利能力和发展后劲。

(5) 企业与行业协会之间的合作共赢关系。

行业协会，是指介于政府、企业之间，商品生产者与经营者之间，并为其提供服务、咨询、沟通、监督、公正、自律、协调的社会中介组织。行业协会是一种民间性组织，不属于政府的管理机构系列，是政府与企业的桥梁和纽带。行业协会属于《中华人民共和国民法通则》规定的社团法人，属于非营利性的非政府机构。

行业协会的职能包括以下八个方面①。一是代表职能。行业协会代表本行业全体企业的共同利益。二是沟通职能。作为政府与企业之间的桥梁，行业协会向政府传达企业的共同要求，同时协助政府制定和实施行业发展规划、产业政策、行政法规和有关法律。三是协调职能。行业协会制定并执行行规行约和各类标准，协调同行业之间的经营行为。四是监督职能。行业协会对本行业的产品质量和服务质量、竞争手段和经营作风进行严格监督，维护行业信誉，鼓励公平竞争，打击违法、违规行为。五是公正职能。行业协会接受政府的委托，进行资格审查、签发证照，如市场准入资格认证，发放产地证、质量检验证、生产许可证和进出口许可证等。六是统计职能。行业协会对本行业的基本情况进行统计、分析并发布结果。七是研究职能。行业协会开展对本国行业国内外发展情况的基础调查，研究本行业面临的问题，提出建议，出版刊物，供企业和政府参考。八是狭义的服务职能，如信息服务、教育与培训服务、咨询服务、举办展览、组织会议等。由此看来，企业与行业协会之间建立起良好的合作共赢关系十分重要，这也是企业的迫切需要。

(6) 企业与竞争者之间的合作与竞争关系。

企业与竞争者之间的关系，是指企业与同行企业的关系。与竞争者进行合作是竞争的

---

① 聂英选. 浅谈企业发展与行业协会的关系[J]. 企业活力，2007，(3)：22.

高级阶段，企业以双赢为出发点，在合作中增强自身的实力，提升自己的地位。企业必须树立公平竞争的观念，用公平竞争的方式参与竞争，决不采取不正当的竞争手段去排斥对手。博弈论强调用互惠策略促进博弈方之间的合作，走出“囚徒困境”，与对手合作双赢。企业要与同业竞争者之间建立起竞争合作关系，拒绝非正当竞争，避免恶性竞争，防止两败俱伤。

(7) 企业与供应商之间的互惠与协作关系。

企业与供应商之间的关系，是指企业与各类生产、流通企业之间的协作关系。为了保障企业产、供、销供应链协调有序，企业与供应商之间必须建立起战略合作伙伴关系和互惠协作机制。通过建立信息交流制度，实现信息共享；密切双方人际交往关系，增加信任与了解，建立起相对稳定的供货渠道和价格机制。

## 4.4 视觉识别与企业物质文化

视觉识别，是指企业在理念识别、行为识别的基础上，所设计的向外界传达的全部视觉形象的总和，也是CIS战略的具体化、视觉化和符号化的过程。企业视觉识别产生独特的名称、标志、标准字和标准色等视觉形象，并以此区别于其他的企业。如企业的标识、名称、广告语、口号、商标和图案等，从而塑造企业形象，体现企业的个性，形成企业独特的风格，并通过企业形象的传播活动与途径，最终在广大公众的心目中树立形象。视觉识别借助物质载体（如厂房、店面、广告牌、产品外观及其包装等）传播企业形象。由于人们获取信息的最主要途径是视觉，因此视觉识别是CIS战略中最直观的部分，是理念识别和行为识别的外在表现。通过视觉识别，企业借助媒体与传播活动来塑造企业形象，并使外界认同企业理念文化。

视觉识别系统一般由基础要素和应用要素两大要素组成。

### 一、基础要素

基础要素包括企业名称、企业标志、标准字、企业标准用色、企业造型或企业象征图案以及各要素相互之间的规范组合。

### 二、应用要素

应用要素，是指基础要素经规范组合后在企业各个领域中的全面运用。

#### （一）办公用品

办公用品的设计与制作应充分体现出统一性和规范化，表现企业精神；形成办公用品的严肃、完整、精确和统一格式，表现企业风格。办公用品包括信封、信纸、便笺、名片、徽章、工作证、请柬、文件夹、介绍信、账票、备忘录、资料袋和公文表格等。

#### （二）建筑环境

1. 外部环境

设计突出和强调企业的识别标志，充分体现企业形象标准化和正规化，以便社会公众对企业产生好感。企业的外部环境包括建筑造型、公司旗帜、企业门面、企业招牌、公共标识牌、路标指示牌、广告塔、霓虹灯广告和庭院美化等。

2．内部环境

企业的内部环境，是指企业的办公室、销售厅、会议室、休息室和厂房内部环境形象。设计时要把企业识别标志贯彻于企业室内环境之中，从根本上塑造、传播企业形象，并体现企业形象的统一性。企业的内部环境包括部门标识牌、楼层标识牌、企业形象牌、旗帜、广告牌和货架标牌等，还包括企业历史遗存的古建筑、企业自然景观以及人造景观等。

（三）交通工具

企业视觉识别设计时应当运用标准字和标准色来统一企业交通工具外观标志等形象设计，发挥其流动广告的视觉效果。企业交通工具包括轿车、面包车、大巴士、货车、工具车、轮船和飞机等。

（四）服装服饰

企业服装服饰统一设计可以提高员工对企业的归属感、荣誉感和主人翁意识，改变员工的精神面貌，提高工作效率，增强纪律性和责任心。企业的服装服饰包括企业管理人员制服、员工制服、礼仪制服、领带、工作帽、纽扣、肩章和胸卡等。

（五）广告媒体

企业选择各种不同媒体的广告形式对外进行宣传，可以在短期内以最快的速度在最广泛的范围中将企业信息传达出去，是现代企业传达信息、树立形象的主要手段。企业广告媒体包括电视广告、杂志广告、报纸广告、网络广告、路牌广告、公交广告和招贴广告等。

（六）产品包装

产品包装起着保护、销售、传播企业和产品形象的作用，是一种记号化、信息化、商品化流通的企业形象，也是企业产品质量的形象。所以，系统化的产品包装设计具有强大的推销作用，是宣传企业和树立良好企业形象的最佳途径。企业产品包装包括纸盒包装、纸袋包装、木箱包装、玻璃容器包装、塑料袋包装、金属包装、陶瓷包装和包装纸。

（七）公务礼品

企业公务礼品主要是为宣传企业形象或企业精神形象化的物品，用于联系感情、沟通交流、协调关系，以企业标志为导向，以传播企业形象为目的。企业公务礼品包括印有企业文化的T恤衫、领带、领带夹、打火机、钥匙牌、雨伞、纪念章、礼品袋和书写笔等。

（八）陈列展示

陈列展示是企业在营销活动中运用广告媒体，以突出企业形象并对企业产品或销售方式的传播活动。在设计时要突出陈列展示的整体性和创新性，表现企业的精神风貌。企业陈列展示包括橱窗展示、展览展示、货架商品展示和陈列商品展示等。

（九）印刷品

企业印刷品代表企业的形象，直接与企业的关系者和社会大众见面。企业印刷品在设计时要取得良好的视觉效果，充分体现强烈的统一性和规范化，表现出企业的精神。将企业标志和标准字按照固定字体和排版格式统一印制成特定风格，形成统一的视觉形象。企业印刷品包括企业简介、商品说明书、产品简介、台历和挂历等。

（十）企业网站

企业网站是企业信息的载体，是网络营销的基础。企业网站是企业形象的虚拟展示，企业在实践中可能会发现网站没有发挥太大的作用，这是由于企业对网站的认识、网站建设服务商的专业水平、网站的推广方式和推广力度不同，导致网站建设与使用脱节，企业建设网站的积极性不高，但是随着世界经济一体化进程的加快，企业网站形象塑造功能越来越大。企业必须更加注重网站的建设与推介宣传工作，重视企业视觉识别设计，将消费者的需求和企业的使命联系在一起，企业理念、企业精神、企业产品、企业行为和企业形象等均可以通过企业网站、网页和视频等进行展示。

## 4.5 CIS与企业品牌

实施CIS战略可以塑造企业品牌，形成品牌文化，对内企业可增强凝聚力，提高生产力；对外企业可扩大辐射力，提升自己的社会形象，延长企业的生命周期。

### 4.5.1 品牌与品牌文化

品牌的英文单词“Brand”源自于古挪威文“Brandr”，意思是“烙印”。人们用这种方式来标记自己的私有财产。到了中世纪的欧洲，手工艺匠人用这种打烙印的方法在自己的手工艺品上烙下标记，以便顾客识别产品的产地和生产者。由此产生了最初的商标，并以此为消费者提供担保，同时向生产者提供法律保护。“品牌”在《牛津大辞典》里被解释为“用来证明所有权，作为质量的标志或其他用途”，即用以区别和证明品质。“品牌”的含义丰富，目前，理论界对于“品牌”的定义有多种，主要观点列举如下。[①]

（1）品牌，是指组织及其提供的产品或服务的有形的和无形的综合表现，其目的是借以辨认组织的产品或服务，并使之同竞争对手的产品或服务区别开来。

（2）品牌是一种名称、术语、标记、符号或图案，或是它们的相互组合，用以识别企业提供给某个或某群消费者的产品或服务，并使之与竞争对手的产品或服务相区别。

（3）品牌是企业或品牌主体（包括城市、个人等）一切无形资产总和的全息浓缩，而“这

① 王延峰，杨珊珊，余明阳．基于品牌营销视角的品牌定义和品牌特征再认识[J]．上海管理科学，2008，(4)：10．

一浓缩"又可以以特定的"符号"来识别；它是主体与客体、主体与社会、企业与消费者相互作用的产物。

关于"品牌"的定义，学术界有一些科学的阐述，比较具代表性的如D.奥格威认为"品牌是一种错综复杂的象征，它是品牌属性、名称、包装、价格、历史、声誉和广告风格的无形总和，同时也因消费者对其使用的印象以及自身的经验而有所界定。"①菲利普·科特勒认为"品牌就是一个名字、称谓、符号或设计，或是上述的总和，其目的是使自己的产品或服务有别于竞争者。"②《营销术语词典》中认为"品牌是指用以识别一个或一群卖主的商品或劳务的名称、术语、记号、象征或设计及其组合，并用以区分一个或一群卖主和竞争者。"③

联想集团董事局主席柳传志认为："品牌是一个信誉的长期积累，标志着这个企业的产品性能、服务质量的状况，是这些东西长期积累在一起形成的。对联想来说，品牌是我们一个很大的优势，我们还要坚持去做才能保持下去。"

品牌的核心是文化。从品牌名称的确定、产品的设计到产品的广告、促销和服务均渗透着企业文化，可以说文化是品牌的支柱。从文化意义上说，品牌是企业文化的良好载体。企业文化通过企业品牌对内增强凝聚力、对外增强竞争力。在塑造品牌形象的过程中，文化起着催化剂的作用。

所以，"品牌文化是指有利于识别某个销售者或某群销售者的产品或服务，并使之同竞争者的产品和服务区别开来的名称、名词、标记、符号或设计，或是这些要素的组合，是文化特质在品牌中的沉积和品牌经营活动中的一切文化现象以及它们所代表的利益认知、情感属性、文化传统和个性形象等价值观念的总和。"④

### 4.5.2　企业文化与企业品牌的关系

企业实施CIS战略有利于建立优秀的企业文化。CIS战略体系中的理念识别系统和行为识别系统集中体现了企业精神、企业理念、企业价值观和行为准则。企业导入CIS战略，建设优秀的企业文化可以为企业提供向心力、凝聚力和归属感。CIS战略对企业积极参与市场竞争、促进企业发展起了重要作用，可以有效地提高企业的整体素质、增强企业的竞争力。企业文化与提升企业品牌的关系主要体现在以下五个方面。

一、企业文化理念是品牌文化的基础

优秀的企业文化不仅能增强企业的内部凝聚力和外部竞争力，而且有利于树立良好的企业形象。而企业形象则是品牌形象的基础。塑造企业品牌及其品牌文化要靠优秀的企业文化。品牌依赖企业文化，企业品牌与企业文化相辅相成，深厚的企业文化底蕴也必将成为优秀品牌的基石。⑤ 企业文化就是企业的灵魂，企业理念是企业文化的核心，企业品牌是企

① 周朝琦，侯龙文，邢红平．品牌文化[M]．北京：经济管理出版社，2002：7.
② 周朝琦，侯龙文，邢红平．品牌文化[M]．北京：经济管理出版社，2002：9.
③ 周朝琦，侯龙文，邢红平．品牌文化[M]．北京：经济管理出版社，2002：17.
④ 周朝琦，侯龙文，邢红平．品牌文化[M]．北京：经济管理出版社，2002：18.
⑤ 史品．企业品牌与企业文化[N]．黄石日报，2008-5-14.

业理念文化的体现。企业品牌文化是在企业品牌生产经营实践中形成,又反过来为企业品牌提供精神支柱。可以说企业文化是品牌文化之根。企业文化贯穿于企业管理的各个方面,提升了企业管理水平。

### 二、企业品牌提升企业文化

品牌是企业文化的象征,品牌文化是企业文化的重要组成部分。品牌文化是品牌价值观念的提升,是企业理念、企业精神和企业经营理念等企业价值观的综合。CIS战略的核心动力在于创立品牌、培育品牌、推广品牌、管理品牌,企业品牌形成后成为企业的无形资产,反过来企业品牌有利于提升企业文化。

### 三、企业理念文化是品牌的内涵

企业文化理念识别系统是企业品牌识别系统的核心和动力,对品牌标识起着至关重要的作用,并以品牌标识为载体鲜活生动地表现出来,使社会公众一目了然,并由此引发强烈的认同感,从而达到塑造企业形象的目的。品牌本身富含文化,是一个具有文化属性的概念,是企业文化的品牌。品牌文化是凝结在品牌上的企业文化精华,又渗透到品牌经营的全过程。

### 四、企业行为文化是品牌的保障

企业行为文化对内打造氛围,对外塑造形象,对创立品牌起着重要的保障作用。企业行为识别是CIS战略的动态识别系统,包括对外回馈、参与活动,对内组织、管理和教育。企业行为文化可称为CIS战略的"动作示范",是企业实现经营理念和创造企业文化的具体行为准则。企业的行为识别系统基本上由两大部分构成:一是企业内部行为识别,就是体现企业文化理念和精神、能够对员工形成影响和互动的员工组织行为,包括企业内部环境的营造、员工管理行为、员工行为、企业内外的人力资源活动等;二是企业外部行为识别,包括客户业务关系、服务方式、公共关系、促销活动、文化性活动和领导形象等。[①]

### 五、企业视觉文化是品牌的外延

品牌标识包括品牌的名称、符号、图像、图案和颜色等内容,它在塑造品牌的过程中形象直观、先声夺人。企业品牌标识所产生的独特魅力恰恰是企业文化的延伸。品牌文化使企业品牌形象更丰满,使企业品牌更具活力和生命力。可以说,品牌文化是企业文化的外化,是企业意识的自我表现。

综上所述,企业必须持续加强品牌管理,即对品牌进行全程管理,使品牌在整个企业发展中起到导向作用,不断提高企业的核心价值和品牌的无形资产,为企业做大、做强、做久打下坚实的基础。对于一个企业而言,创造一个品牌不容易,但保住品牌更难,最重要的就是持续加强品牌管理,注重品牌的维护与更新。

---

① 樊根耀. 论CIS中的行为识别系统[J]. 云南财贸学院学报:社会科学版,2003,(5):28.

# 4.6 CIS导入与实施策略

CIS导入，是指结合企业的具体情况，开始推行或再次推行(对已实施的CIS进行修改和改进)的全过程。CIS导入是实施CIS战略的关键阶段，它确定了本企业CIS战略各项基本要素的内容，形成CIS战略执行的关键文件《CIS手册》以及全面实施CIS的计划。CIS导入一般要求在一定的计划时间内保质保量按期完成。CIS实施，是指根据CIS导入指定的计划和内容，进行全面执行和推广落实阶段。

## 4.6.1 CIS导入①

一、CIS导入存在的问题

实施CIS战略有利于树立企业形象，创造名牌，增强企业竞争力，提高经营业绩。国内外不少的企业CIS实施成功，为企业的发展发挥了重要作用。但是，由于我国的企业对企业文化建设的重要性认识不够，现代企业制度不完善、不规范，企业主和员工的素质不高，加上部分企业CIS导入没有取得理想的效果，导致我国企业CIS导入时存在着一些亟待解决的问题。

(一) 理念识别系统雷同虚化，缺乏个性

不少企业的理念识别系统设计没有结合本企业的实际，照搬照抄其他企业的文化理念，雷同虚化，出现了千佛一面的现象，缺乏个性，难以取得员工与社会公众的认同。这是企业CSI导入失败的主要原因。

(二) 对行为识别系统重视不够，缺乏执行性

在CIS策划设计时，形式上重视理念识别系统，轰轰烈烈地开展视觉识别系统而忽视了行为识别系统的整体策划或重视不够。理念没有转化为制度，制度没有转化为制度文化，制度文化没有转化为员工自觉的行为文化。企业理念的设计、视觉识别的设计固然重要，但行为识别系统是企业内部的具体运用，是理念识别系统具体化的保证。如果把CIS比作一棵树，那么理念识别系统就是根，行为识别系统是茎和叶，而视觉识别系统就是花。视觉识别系统要开得艳丽和持久，需要叶片(行为识别系统)制造有机物和茎运输营养，需要根(理念识别系统)提供的无机物和水分。没有行为识别系统，再好的视觉识别系统设计也只是一个花瓶。所以，实施CIS战略必须在构建企业内部运作上下功夫，企业文化只有内化为员工行为时才能生产出高质量的产品，为社会提供优质的服务，才能提高企业的知名度和美誉度，才能塑造出良好的社会形象。

---

① 吴金林. 导入CIS实施名牌战略[J]. 闽江职业大学学报，2000，(2)：14.

### （三）以视觉识别系统代替CIS战略，过分强调视觉识别系统，缺乏统一性

CIS战略是由理念识别系统、行为识别系统和视觉识别系统构成的完整的统一体系，只有三者有机配合、协同渗透才能塑造出企业的良好形象。

但是，在实施CIS战略时，企业高度重视视觉识别系统，希望通过建立视觉识别系统视觉形象来提升企业形象。企业CIS导入是企业管理战略的提升，是企业经营意识的改革，是企业“脱胎换骨”的升华。但企业在推行CIS战略实践中将主要精力放在了视觉识别系统的设计与实施上，甚至期望以视觉标志代替企业形象塑造，这样不仅无法使企业形象清晰、鲜明，更会因缺乏理念的支撑、规范行为的配合而导致形象受损，没有充分发挥CIS应有的作用。

### （四）夸大CIS战略的功能，CIS战略缺乏一贯性

在我国的太阳神集团等企业导入CIS战略一夜成名后，在企业界引爆了一场“CI革命”，CIS战略迅速在全国推进。伴随着更多企业的成功，我国CIS战略的功能被夸大、被神化。不少的企业认为导入CIS战略企业一定能成为品牌，甚至认为CIS战略无所不能，无限夸大CIS战略的作用，这是必须纠正的错误认识。正确导入CIS的确有助于提升企业形象，塑造企业品牌，促进企业成功。但是，如果企业的定位错误、个性缺乏、执行不力就不可能成功地导入CIS战略，企业就难以成功。另外，如果企业理念与品牌形象或产品质量不符，则企业品牌不具备持久性。即使企业CIS导入成功，如果忽视企业内涵建设，缺乏社会责任，忽视企业精神的继续培育，质量与服务缺乏一贯性，仅靠一时的CIS品牌形象也只是过眼烟云、昙花一现的海市蜃楼。如太阳神集团、三株集团、秦池酒业集团等尽管CIS导入成功，扩大了企业的知名度，形成了企业品牌，但是，由于不注意维护，这些企业最终均退出了市场。

## 二、CIS导入工作程序

CIS导入的具体工作程序如下。

（1）企业做出导入CIS战略的决定。

（2）建立CIS导入组织机构。

① 企业内部成立专门负责CIS实施的部门和领导机构。

② 与帮助实施CIS战略的企业签订合同。

③ 确定在实施过程中各相关部门的权利和义务。

（3）研究确定实施目的、目标、方针及有关事宜。

（4）企业形象现状调查（可以委托调查或自行调查）。

（5）制订导入计划，包括时间进度计划以及各个阶段的详细内容。

（6）实施调查。

（7）再次确认本企业的经营战略和经营方针等。

（8）对调查进行统计分析。

（9）根据调查分析的有关资料确定或再次确认企业经营理念的简要表达形式。

（10）把最后确定的“理念”简要表现形式以报告的形式交付有关部门和员工进行讨论。

（11）调查和收集对“理念”的讨论结果。

（12）与企业最高领导确定用简要形式表现的企业理念。

(13) 以理念为核心,系统检讨行为识别和视觉识别实际的有关问题。

(14) 由专业设计单位和设计师进行视觉设计和行为设计。

(15) 由设计者对视觉识别要素(企业名称、企业标志、企业标准色和企业标准字等)部分的一个方案或几个方案进行说明,并形成报告。

(16) 将视觉识别要素的图案和报告在企业内部进行展示和讨论。

(17) 对设计进行事前实验,邀请企业内外有关人员在看完展示后填发问卷和进行统计分析。

(18) 总结讨论实验结果,对方案进行确定、修改或重新设计。

(19) 对设计完成的企业名称和企业标志到工商行政管理部门进行法律确认并登记注册。

(20) 结合本企业的特点,确定视觉识别"应用设计"应当包括的内容。

(21) 对视觉要素设计进行确认,向设计者提供应用设计的内容、项目和要求。

(22) 对行为识别设计者提供的设计和报告进行讨论、修改和确认。

(23) 确定有关行为识别中相关要素的设计和策划的内容、项目和要求。

(24) 对完成的全部设计进行审核和最后确定。

(25) 进行《CIS手册》的设计和印刷。

(26) 研究确定对企业内外的 CIS 传达、宣传计划。

(27) 对 CIS 战略应用设计的有关内容进行制作。

(28) 实施对内宣传计划。

(29) 实施对外宣传计划。

(30) 根据最初的实施情况,进一步制订全面的实施方案。

(31) 全面实施 CIS 战略。

以上内容和工作顺序每个企业可以结合本企业的实际情况加以修改、增减和完善。

### 4.6.2 CIS 实施①

CIS 战略设计完成只是 CIS 战略的起点,仅仅是企业形象塑造的开始,要塑造一个良好的企业形象,其重点是 CIS 实施。

一、CIS 实施的保障条件

(一) 思想保障

任何事业的成功都离不开思想观念的转变,CIS 战略也不例外,要想成功地导入 CIS,企业必须从转变观念着手,认识实施 CIS 战略是企业发展上台阶、上水平的必由之路,是企业文化建设的重要一环。所以,从企业管理者到一般员工,企业思想要高度统一,认识企业市场竞争在很大程度上取决于"文化力"的竞争。企业在抓好生产经营的同时必须高度重视企业文化建设,提高干部员工的整体素质。企业文化建设需要导入 CIS 战略,企业以 CIS 战略

① 苏志岩. CIS 战略与品牌形象塑造[J]. 艺术探索,2006,(2): 45.

为先导，实施文化战略，形成共同的价值观，提炼出具有本企业个性特征的文化理念、经营宗旨和企业精神等文化要素，塑造企业品牌，并使企业文化成为全体员工的行为习惯。

（二）组织保障

企业成立由总经理任组长的CIS战略领导小组，下设CIS执行工作办公室，由副总经理兼任办公室主任，人力资源部、生产部、办公室及相关职能部门负责人组成。另外配备专人负责(可以由人力资源部兼职)CIS执行工作；制定并严格执行《CIS手册》，落实CIS实施工作计划。

（三）经费保障

CIS的实施是一个漫长的、循序渐进的过程，CIS实施成功不可能一蹴而就，需要一定的过程和长期的努力。因此，实施CIS战略需要的经费也不是短期的一次性支出，应当根据CIS战略实施进程要求，制定合理的经费投入比例，从而确保整个CIS的实施需要。

（四）全员参与

导入CIS，塑造企业优良形象，向上涉及企业的管理者，向下涉及企业的每一个员工。每个人的工作作风、工作态度、工作习惯和工作风格都渗透着企业文化。因此，企业文化建设必须人人参与、个个有责，以实际行动支持并参与企业CIS战略。

（五）专家协作

企业CIS战略从理念识别归纳、提炼与提升均需要CIS战略专家的参与。行为识别设计以企业内部员工执行为主，但是，如果有外部专家的参与效果会更好。视觉识别设计则更需要CIS战略专家的参与，否则就会出现部分的企业轰轰烈烈地搞CIS，却一无所获退出来，收效甚微，《CIS手册》成了摆设。因此，企业实施CIS战略，必须借用外部CIS战略专家的帮助，并培养自己的CIS专业人才，这样有利于企业CIS升级与更新。

二、CIS实施的步骤

（一）CIS的内部导入

CIS的内部导入主要是企业理念识别系统和行为识别系统的实施。

企业理念与企业战略制定之后，首先要得到员工的认同，其次才是外部传播。外部传播主要包括消费者、股东、金融界、供应商以及中间商、政府有关职能部门、社区、大众传播媒介等传播。实施CIS的目的在于使企业内外认同本企业的价值理念和精神文化内核，只有这样的企业理念和企业精神才能真正发挥其应有的作用。

因为企业形象塑造的内因和动力来自于企业内部、来自于企业员工，因此，在CIS的导入中要充分调动员工的积极性、主动性和创造性，得到员工对CIS导入的理解和支持，同时员工也是企业形象传播的载体，其言行和态度直接关系企业的形象。CIS的内部导入主要通过广告说明书，企业内部公关活动，企业内部刊物、墙报、海报、活动、会议、讲座、报告、仪式以及文娱与体育活动等导人。CIS的内部导入主要做好以下八项工作。

1. 领导高度重视，制定并严格实施《CIS手册》

企业实施战略需要勇气和谋略，必须建立CIS导入工作领导机构。企业高层领导者的思想高度一致，一把手必须亲自参与研究企业历史，展望企业发展远景，凝练企业价值观、经营哲学等工作，选择适当时机决定实施CIS战略。在此基础上，企业高层群体必须亲自参与企业文化的设计，制定《CIS手册》，并做到人手一份。

2. 明确CIS导入的意义和原因

企业通过教育培训，宣传介绍CIS战略的基本理论、功能作用以及企业导入CIS战略的成功经验，以此说明CIS导入的重要意义，并对企业自身状况进行分析，说明导入CIS战略的原因。

3. 全体动员，广泛参与

企业向全体员工说明本企业实施CIS战略的重要性，宣传导入CIS战略的目的、基本程序、设计开发状况和实施管理计划，动员全体员工成为CIS战略的积极参与者，使全体员工意识到他们的一言一行都是在塑造企业形象。

4. 宣传企业理念

企业详细介绍企业理念或新理念，构建企业理念体系，并要求员工熟记企业价值观念、企业远景目标和企业精神，并通过企业之歌和企业文化活动等载体让理念、精神进入员工的大脑并深入人心，变成员工的行为习惯。

5. 企业标志说明

企业对企业标志、企业标准色和企业标准字的象征意义进行说明，使员工对其产生认同感。

6. 设计的应用说明

企业对产品的商标设计意义和相应的品牌战略作充分解释，详细介绍各个应用设计项目的意义、使用方式和推广方式。

7. 行为识别准则

企业宣传员工对内、对外活动和市场行为的准则，将企业理念在员工的言行中予以贯彻。

8. 统一对外CIS说法

为员工制定一套介绍企业导入《CIS手册》，通过员工培训或专题会议进行说明，统一思想和认识，形成全员推进CIS的良好氛围。

（二）CIS的外部传播

企业形象塑造，内部传播是基础，外部传播是重要条件。CIS的外部传播主要是将视觉识别全方位地应用到外部传播媒体宣传上。全方位，是指运用一切可以利用的地方与场合进行推广，以加强识别记忆。在CIS战略的全面实施中，特别是企业标志、企业标准字和企业标准色等要素的使用必须严格执行《CIS手册》。

1. CIS的外部传播内容

企业CIS外部传播的内容可分为总体方面的内容和具体方面的内容两大部分。

(1) 总体方面的内容。

总体方面的内容包括企业导入 CIS 战略的动机与目标、企业导入 CIS 战略的基本计划和企业导入 CIS 战略的阶段性目标。

(2) 具体方面的内容。

具体方面的内容包括企业理念与新理念的阐释，员工的新风貌，企业开发设计的基本精神，企业新名称、标志的内容和象征意义，品牌设计要素的意义，企业市场营销战略，企业配合 CIS 导入开展的质量管理运动的状况与目标，企业社会公益活动等。

**2. 对外传播对象**

对外传播对象包括消费者、社会公众、政府、金融机构、大众传播界、同行业人士、希望就职者、有业务往来的企业和股东等。

**3. 对外传播媒体**

企业对外传播可以通过广告、新闻及公关活动等各种形式来进行。对外传播媒体形式包括：电视广告、广播广告、互联网广告、报刊广告、户外广告、直邮广告、广告宣传册；电视新闻、广播新闻、互联网新闻、报刊新闻；发布会或记者招待会、企业公关赞助活动、社会义务活动、社会公益捐赠等。

## 三、CIS 导入时机选择

### （一）企业成立之时

成立之时是企业导入 CIS 战略的第一个良好时机。企业以一个全新的形象出现在公众的面前。企业成立之前，通过专业机构和企业创始人一同全面构思并构建企业文化体系，包括企业建筑物布局、颜色搭配、企业标志和产品标识等。企业成立之时全方位导入 CIS 战略，有利于企业文化建设，是企业文化建设的良好时机。

### （二）企业二次创业之时

企业一次创业，是指企业从无到有的创建过程，在管理思想上带有感性成分和投机成分，企业管理处于经验管理阶段。而二次创业是企业在特定的自身背景、市场背景和行业背景下，基于生存压力或发展的需要，为了超越现状，进行全面变革的发展阶段。二次创业包括组织重构、产业重组和管理升级等内容，体现为企业规模的扩大、竞争实力的增强，企业管理向文化管理升级阶段。此时，企业一次创业时的理念、标识、商标等已不合时宜。进入二次创业，企业需要统一规范，系统化地对外集中传播。此时导入 CIS 战略，可以增强企业的凝聚力、向心力和辐射力。

### （三）企业转制之时

企业转制，是指国有企业或集体企业按照规定改制为股份有限公司、有限责任公司或股份合作制企业或互转。企业转制是企业所有权属性的变更，此时是导入 CIS 战略的良好时机。因为此时包括管理体制、人员分工、职能部门结构与职责调整在一个新的环境下导入相对比较容易。如企业并购重组之时，由两家或更多的企业发生合并、兼并、收购等重组行为，重组企业间的文化差异形成新的企业文化，此时导入CIS战略，重新设计规划，让社会大众认识企业重组后的企业形象和企业定位，以此推动重组企业向着新的共同目标前进。

（四）企业设立分支机构之时

企业发展到一定的阶段通常会建立新的分支机构，或建立分公司、子公司或其他的分支机构（如门店等），此时导入CIS战略可以使母公司与子公司或总公司与分公司协同构建企业新形象，以企业新理念聚合人心形成合力，从而增强企业的向心力和凝聚力。

（五）企业名称变更之时

如由于企业经营范围的调整，企业产品或产业链的延伸，企业法人的变更而导致企业名称的变更，此时导入CIS战略可以使员工和社会大众对企业重新定位，认知企业新理念，树立企业新形象。

（六）实施品牌战略之时

企业实施品牌战略，在自创品牌或打造强势品牌之时是导入CIS战略的重要时机。运用品牌战略，提升理念识别体系、行为识别体系和视觉识别体系内涵。当企业形成一定的品牌之后，逐步打造知名品牌，因为只有品牌才是企业最大的无形资产。

（七）重要庆典之时

在企业成立五周年、十周年、十五周年、二十周年等重要庆典之时导入CIS战略是一个良好的契机。此时导入CIS战略，有利于企业重塑造形象，迈向新的目标，鼓舞员工的士气，为企业激发活力。

（八）企业面临危机之时

企业在发展过程中可能由于各种原因面临生存或发展的危机，此时企业需要导入新的CIS战略。如企业市场竞争处于不利地位、社会形象变差、员工士气低落、人才吸引力弱，此时导入CIS战略有利于解决危机，有利于企业的品牌形象塑造，促进企业的生存发展。

## 四、CIS实施控制

（一）实施效果评估

CIS导入的效果评估可以从以下四个方面进行。

1. 企业内部文化认同

CIS导入和实施人员应对CIS战略的推行情况随时进行了解，对员工进行随时的或定期系统的询问调查，询问的内容包括总体评价和具体作业两个方面对企业内部文化的认同程度评估。

2. 企业外部形象塑造

企业外部环境测试评估必须选择与企业有直接关系的组织或个人进行，导入效果评估应当在调研阶段的调研基础上进行形象塑造评估。

3. 企业营运效果

CIS导入的实际效果直接体现在企业产品的市场占有率、销售额及利润的提高和营销费用的降低上。导入CIS效果评估的一个重要方面是对企业营运业绩进行评估。

4. 目标实现程度

企业导入与实施CIS过程中的所有项目都是根据目标确立的，而导入效果的评估也应当根据CIS的目标而定。

（二）实施调整改进

CIS的实施必须及时进行效果评估。CIS导入执行机构对实施中发现的问题进行分析，改进推行实施方案，修正完善CIS导入计划。

五、实施CIS战略应当遵循的原则

（一）战略性原则

CIS既然是现代企业的形象战略，就必须具有长期性、全局性和策略性的特征。CIS战略应立足当前、放眼长远。它绝非是短期计划，而是企业长期的发展战略。

（二）民族性原则

“愈是民族的，愈是世界的”。CIS战略是从企业发展方向和经营方向上设计与规划自我，CIS战略的创意、策划和设计工作的基础应该立足于中华民族的文化传统、消费心理、审美习惯和艺术品位等，只有这样才有可能在公众的认同中获得成功。

（三）个性化原则

CIS战略是企业为塑造完美的总体形象在企业群中实施的差别化的策略，重要的一点就是要求企业形象具有鲜明的个性特征和独具一格的特质，不能“千佛一面”。

（四）整体性原则

从CIS战略的三个方面来看，它们不是相互脱节的，必须表里一致，理念识别、行为识别和视觉识别必须协调统一才能发挥整体社会效益。

# 4.7 CIS成功案例

## 4.7.1 麦当劳CIS案例

以黄色“M”为标志的麦当劳在世界各地拥有6 500多家连锁店，是世界上最大的饮食企业。麦当劳实施CIS战略的三大特点如下。

一、企业理念很明确

麦当劳企业文化中深层的精神文化（即企业理念）很明确，其企业理念是“Q”“S”“C”“V”，即优质（Quality）、服务（Service）、清洁（Clean）、价值（Value）。“Q”“S”“C”“V”四个字母的意思为高品质的产品、快捷微笑的服务、优雅清洁的环境和物有所值。

二、企业行动和企业理念具有一贯性

麦当劳有一套准则来保证员工的行为规范，即小到洗手消毒有程序，大到企业决策有规则，以此保证“Q”“S”“C”“V”的贯彻实施。

三、企业外观设计的统一化

表层的企业文化体现出产品的文化价值。在麦当劳的视觉识别系统中，最直观的是黄色标准色和“M”形的企业标志。黄色让人联想到价格普及的企业，而且在任何气象状况或时间里黄色的辨认性都很高。“M”形的弧形图案设计非常柔和，和店铺大门的形象搭配起来让人产生走进店里的欲望。整个视觉识别系统体现高度的统一性。

从视觉图形上来说，“M”形标志是很单纯的设计，无论大小均能再现，而且从很远的地方就能识别出来。标准字也设计得简明易读，同时，麦当劳的标志设计为金黄色双拱门，象征着欢乐和美味，象征着麦当劳的“Q”“S”“C”“V”像磁石一般不断地把顾客吸引进这座欢乐友好之门。此外，公司还制定了一套系统的行为规程来表现它。麦当劳长期贯彻实施“Q”“S”“C”“V”理念是其成功的重要原因。

（一）优质

麦当劳的品质管理十分严格，食品制作后超过一定的时限就舍弃不卖，这并非是因为食品腐烂或食品缺陷，而是麦当劳的经营方针是坚持不卖味道差的食品。这种重视品质管理的做法使顾客能够安心享用，从而赢得了公众的信任，建立起高度的信誉。

（二）服务

麦当劳的服务包括店铺建筑的快适感、营业时间的设定和销售人员的服务态度等。在美国，麦当劳的连锁店和住宅区邻接时就会设置小型的游园地，让孩子和家长在此休息。“微笑”是麦当劳的特色，所有的店员都面带微笑，活泼开朗地与顾客交谈、做事，让顾客觉得亲切，忘记了一天的辛劳。

（三）清洁

麦当劳要求员工要维护清洁，并将其作为考察各连锁店成绩的一项标准，以此树立麦当劳“清洁”的良好形象。

（四）价值

麦当劳忠实地推行自己的企业理念，而且渗透到整个现实组织内，推出具体的企业行动，这就是麦当劳企业识别系统的优点。麦当劳的企业理念一度只采用“Q”“S”“C”三个字，后又加了"V"(即价值),它表达了麦当劳"提供更有价值的高品质物品给顾客"的理念。现代社会逐渐形成商品品质化的需求标准,而且消费者的喜好也趋于多样化。如果企业只提供一种模式的商品,消费者很快就会对其失去新鲜感。麦当劳虽已被认为是世界第一大饮食企业,但它仍需适应社会环境和需求的变化,否则也无法继续生存。麦当劳强调价值,即要附加新的价值。

麦当劳企业识别的优越性就在于企业理念实施得非常彻底,为了达到这个目的,麦当劳进行员工教育、发行编制相当完备的行动手册,同时还完成了非常优秀的视觉识别设计。从企业识别的立场来审视麦当劳的历史可以发现,麦当劳是综合性企业识别的范本,实行得很成功。现在,无论你走到任何一个国家,只要一见到这个黄色双拱门就会马上联想到麦当劳,就知道附近一定有麦当劳分店。①

### 4.7.2 中国国航 CIS 案例②

中国国航的英文名称为 Air China iMIted,简称为"Air China",其前身中国国际航空公司成立于 1988 年。2002 年 10 月,根据国务院批准通过的《民航体制改革方案》,中国国际航空公司联合中国航空总公司和中国西南航空公司成立了中国航空集团公司,并以联合三方的航空运输资源为基础,组建新的中国国际航空公司。2004 年 9 月 30 日,经国务院国有资产监督管理委员会的批准,作为中国航空集团公司控股的航空运输主业公司,中国国际航空股份有限公司在北京正式成立,员工 2.3 万人,注册资本人民币 65 亿元,实际资本 94.33 亿元。2004 年 12 月 15 日,中国国际航空股份有限公司在香港(股票代码 0753)和伦敦(交易代码 AIBC)成功上市。国航以 618.85 亿元的品牌价值,名列中国 500 位最具价值品牌排行第 24 位,为中国民航第一名,品牌价值连续 5 年荣登"世界品牌 500 强",成为中国民航唯一入选企业。在航空客运、货运及相关服务诸方面均处于国内领先地位。国航承担着中国国家领导人出国访问的专机任务,承担许多外国元首和政府首脑在国内的专包机任务。国航的总部设在北京,辖有西南、浙江、重庆、内蒙古、天津、贵州、西藏分公司和上海基地、华南基地,以及工程技术分公司、公务机分公司,控股北京飞机维修工程有限公司、中国国际货运航空有限公司、北京航空食品公司。国航还参股深圳航空、国泰航空等企业,是山东航空集团有限公司的最大股东,控股澳门航空有限公司。2003 年 11 月国航导入 CIS 战略,以创新企业文化,建立独特、鲜明、高品位的服务品牌形象,提升国际竞争力为主要目标;同时,通过行为识别系统进一步规范企业管理,实现以人为本的文化管理升级。截至 2011 年 12 月 31 日,国航拥有飞机 432 架,经营客运航线 282 条,通航国家(地区)30 个,通航城市 143 个。

一、国航的 CIS 导入时机

国航是在中国民用航空业战略性重组、市场竞争格局发生转折和激烈变化的背景下导入 CIS 策划设计的。

2003 年,中国民航体制改革,组建了中国国际航空、东方航空和南方航空三大航空集团

① 张瑞琴,李珊珊 麦当劳成功的秘诀——CI 策略的引入[J]. 商场现代化,2006,(24): 44.

② 东道设计. 导入模式: 服务品牌型 CI——中国国际航空公司.

公司。作为中国唯一载国旗飞行的航空公司，国航承担着中国国家领导人出国访问专机任务和众多外国元首、政府首脑等包机任务，加上其总部设在首都北京，使其与国内其他的航空公司相比有着不可替代的优势。但是，也许正是这样一些先天的优势促成了这个传统计划经济体制下长期运行的特大型国有企业肌体老化、观念滞后，活力衰减……在面对外部市场竞争加剧，企业内部肌体老化、活力衰退的情势下，国航内部高中层人士开始认真检讨自己。他们发现，国航原有的竞争优势已几乎不复存在。用他们的自己的话来说，国航除了飞机上还有一面国旗之外，相对于东航、南航、海航这些航空公司来说几乎无更多的竞争优势可言。于是在这种情况下，国航开始实施 CIS 战略。

二、国航的理念识别系统

国航导入 CIS 的重头戏是理念识别和行为识别设计。广州亚太 CI 战略研究所对国航导入 CIS 战略的背景、方向、目标和设计重点进行了潜心研究和核心理念要素设计。2003 年 10 月，国航抛出了核心理念“服务至高境界”和经营理念“爱心服务世界”的设计方案，提出以“服务”二字作为设计原点，建立和提升国航“服务品牌”形象，以区别于同行竞争对手作为设计方向；以理念识别构建国航全新的思想价值观体系，创新企业文化，提升品牌竞争力。以“服务”二字为轴心的整体设计模式的主要内容如下。

(1) 企业愿景：一家以优质服务著称的国际主流航空公司。

(2) 核心价值观：服务至高境界。

(3) 经营理念：爱心服务世界。

(4) 服务理念：“五心”服务（真心、诚心、热心、细心和耐心）。

(5) 企业精神：创新导航未来。

(6) 服务模式：共享式满意服务。

(7) 人才观：激情、活力、品质、业绩……

三、国航的行为识别系统

行为识别系统设计的重点突出了个人形象标准与要求，与管理相衔接的行为规范。国航的行为识别包括服务理念、服务意识、服务模式和服务水准，要求全体成员从灵魂深处转变服务意识，建立“爱心服务”理念。

四、国航的视觉识别系统

国航现有企业标志是一只艺术化设计的凤凰，象征“百鸟之王”。传说中黄帝的重臣天老曾这样描述过凤凰的形象：从前面看它像一只威武的麒麟，从后面看又像一只奔腾的骁鹿；它的颈像蛇，尾巴像鱼，下巴像燕子，口啄像鸡。它的身上长着龙一样的花纹和龟一样的背脊。远远望去，五色缤纷，绚丽多彩。凤凰的故乡是素有“仁德”之称的东方君子之国。美丽的凤凰飞越高耸的昆仑山，翱翔于四海之外，食饮砥柱山下湍急的流水。它在弱水中洗高贵的羽毛，在险峻寒冷的风山上居住。这只神奇的鸟在哪里出现，就给哪里带来安乐和祥和。所以，当凤凰在蓝天中展翅飞翔时，总有成千上万只的各种鸟伴随和跟从着它。

国航的全称中国国际航空股份有限公司，是中国改革开放的总设计师邓小平手书字体，具有特殊的意义和个性化识别效果。上述三大要素加上现有标准色构成了国航视觉识别的核心元素。在导入 CIS 战略的规划中，只需进一步系统规范即可，无须重新设计。

理念识别系统与行为识别系统、视觉识别系统的高度统一形成了完整的、鲜明个性的高品位 CIS 战略系统。

五、国航 CIS 导入策略

(1) 企业愿景定位为"一家以优质服务著称的国际主流航空公司"。

(2) 以建立和提升具有明显区别性的国航高品位服务品牌为主导方向进行 CIS 战略设计。

(3) 理念识别系统、行为识别系统和视觉识别系统的完整统一，共同体现"百鸟之王"的形象个性和品牌地位。

(4) 加大推广力度，给外界以全新的国航新形象概念和文化品位。

国航的 CIS 执行部门党组工作部宣传部在 CIS 推导中加强对高中层领导的 CIS 培训工作，统一形象管理，加大形象宣传与品牌推广力度，与专业机构建立良好的技术协作和支持关系。

六、国航 CIS 导入的效果

国航通过全面导入 CIS 战略，对企业的形象进行整合传播，取得了显著效果。特别是"凤凰标志"与"服务至高境界"、"爱心服务世界"理念的组合传播有力地提升了企业的国际品牌形象和行业主导地位。2008 年北京奥运会，国航被选择为合作伙伴。广州亚太 CI 战略研究所提供的上述理念设计作品与国航标志和奥运标志一起广泛地应用在国航的户外广告、杂志广告、报纸、会议和宣传品等各种宣传媒体上。

与此相关，国航的品牌影响力明显扩大，品牌地位和品牌价值显著提升。2003 年国航导入 CIS 以来其盈利水平连续 3 年居中国民航业第一。2004—2005 连续两年在"旅客话民航"活动中获得承运 1 500 万人次以上旅客航空公司"用户满意优质奖"。2006 年，国航被世界品牌实验室评为中国最具价值品牌第 32 位，品牌价值为 188.96 亿元，位居中国航空服务业第一。美国著名的评级机构标准普尔评出的中国上市公司百强，国航名列第 16 位，居中国民航之首；英国《金融时报》和美国麦肯锡管理咨询公司联合评定国航为中国十大品牌之一。2005 年 9 月，国航荣获"中国最受公众喜爱的十大民族品牌"奖。在品牌影响力急剧提升的同时，国航的管理水平同步提高，综合实力进一步增强。CIS 战略的导入为国航的企业形象、品牌、文化建设和经济运行带来无形的推动力。

### 4.7.3 凤凰卫视控股有限公司 CIS 案例分析①

凤凰卫视控股有限公司作为近年来在电视媒介市场中的异军突起之秀，在 CIS 战略的运用方面是一成功之作。

① 卢迎新，覃朝霞. 导入 CIS 打造电视媒介个性——凤凰卫视控股有限公司 CIS 案例分析[J].《新闻界》，2005(02)：31—33.

凤凰卫视于1996年3月31日启播，全力攻占泛亚地区商业卫星电视的服务领域。现时通过亚洲三号S卫星播出，信号覆盖面积达50多个国家和地区，人口超过20亿，其中华语人口占62%以上。凤凰卫视中文台是由凤凰卫视控股有限公司开办的全球性华语卫星电视台，也是香港唯一一家全部用普通话一天24小时昼夜播出的电视台，于1996年3月31日正式开播。凤凰卫视立足香港，以沟通内地港台及亚洲乃至全世界的华人为宗旨，将历史悠久、博大精深的中华文明传播给世人，并帮助所有同一血脉的同胞认识纷纭复杂、多姿多彩的世界。自凤凰卫视中文台开播以来，全力为全世界华人提供高质量的华语电视节目。巨大的环球市场加上成功的扩展策略使凤凰卫视得快速发展，旗下构建了凤凰卫视中文台、凤凰卫视电影台、凤凰卫视资讯台、凤凰卫视欧洲台多频道体系，美洲台透过亚卫三号S. EUROBIRD卫星，美国DIRECTV及ECHOSTAR卫星直播平台，覆盖亚太50多个及欧洲、北美40多个国家及地区。凤凰卫视的成功得益于其塑造的优秀的企业文化，也受益于其成功地实施了CIS战略。

（一）“开拓新视野，创造新文化”企业理念识别系统——构筑企业之“心”

理念识别系统（MIS），是指理念识别，包括经营观念、企业文化、精神标语和方针策略等。它是CIS战略运作的原动力和实施的基础，属于企业的最高决策层次。完整的企业识别系统的建立，有赖于企业经营理念的确立。凤凰卫视提出的“开拓新视野，创造新文化”正是凤凰媒体理念的一个总体阐述。1996年诞生之初，针对内地电视媒介的新闻节目模式化、信息渠道单一、新闻直播长期缺席、缺乏真正意义上的娱乐节目、节目雷同等严重问题，凤凰卫视依据自身独特的优势：首先，地处经济发达，信息多元、文化交汇的国际化都市香港，具有内地媒体无法比拟的地缘优势；其次，与国际传媒巨头新闻集团的合作不仅可以获得更加丰富的新闻资源，也便于引进世界先进的新闻理念和运营模式；最后，作为一个境外媒体和商业电视台，相对于内地媒体，少了很多体制上的限制。通过分析两方面的情况，凤凰卫视提出了“开拓新视野，创造新文化”的MIS定位，将自己与内地媒体鲜明地区分开来，为凤凰品牌赢得了更大的发展契机和成长空间。适合自身的MIS定位使凤凰卫视在为内地观众开启一片“新视野”的同时，也终于为自己打开了一片新的天地。

（二）“重视员工教育，提升员工素养”打造行为识别系统——舞动企业之“手”

行为识别系统（BIS）即企业理念统帅下企业组织以及全体员工的言行和各项活动所表现出来的规范化、协调化，并区别于其他的企业。首先，凤凰卫视重视员工教育培训，着力提升员工素养，提升员工行为文化形象。如从最初的“飞跃黄河”到世纪之交的“千禧之旅”、“欧洲之旅”，再到“两极之旅”以及“寻找远去的家园”（与天津电视台合作）、“穿越风沙线”、“永远的三峡”等大型文化考察活动，一直都坚持人文精神，打造注重人文关怀，文化历史感深厚的媒介形象，并通过主持人和记者的形象言行打造品牌效应，提高企业美誉度、知名度和社会形象。

凤凰卫视根据主持人的性格、风格和特长，为主持人度身订造节目，以“向全球华人发出自己声音”为己任，创造了大众信任的品牌。

（三）“设计独特标示，服务精神文化”确立视觉识别系统——塑造企业之“脸”

视觉识别系统（VIS）是人们普遍使用，也是比较直观地感受到的形象。它包括企业商标、色彩、字体等，产品包装、企业建筑、员工服装、交通工具、往来信函等。具体来说，电视媒体的 VIS 主要体现在基本要素和应用要素两个方面：基本要素包括台标、企业标准色等；应用要素则包括办公室、机房的外表标志和装置、装潢，采访车图案、工作服、各类证件、信封、名片等识别符号。

1. 基本要素

从某种意义上说，台标是识别电视媒体的主要标志。在电视媒体视觉识别系统的基本要素中，台标的设计应该是主要着力点。一般来说，台标要有很强的象征性、艺术性和装饰性，有长期使用和反复使用的特点。而凤凰卫视的台标——当空起舞的“金凤凰”形象，可以说已经是深入人心。

从颜色来看，以往的电视台台标几乎都以红、蓝、绿三原色为主，虽然色彩鲜明，有一定的视觉冲击力，但是太多太滥，观众易于遗忘。凤凰卫视的台标突破了这些色彩的限制，大胆地运用了橙色这种对比效果极强烈的色彩，给人一种耳目一新的感觉。

从形象来看，凤凰卫视的台标借用了彩陶上的凤凰图形，并使用了中国特有的“喜相逢”的结构形式，反映出一种厚实的文化底蕴，而凤凰俩俩相对旋转的翅膀极富动感，体现了现代媒体的特色。同时，选用凤凰的形象作为台标的主体，正寓意了其扎根中国，以传播中国文化为己任的目标，而凤凰旋转飞舞的美态也喻示了其不断奋进的精神。可以说，这个台标一下子攫住了观众的目光，为凤凰卫视赢得了美好的第一印象。

2. 应用要素

凤凰会馆内的各个办公室和机房的装修主色调以简洁的灰、棕两色为主，而凤凰卫视著名的橙色 Logo 则出现在机房电脑的桌面上和机房外围的玻璃墙上，甚至会议室的玻璃桌面中心也是一个磨砂质地的凤凰标志。在外出采访的时候，采访车的车身上赫然一个醒目的 Logo，而出去采访的工作人员都身穿印有醒目凤凰 Logo 的白色恤衫。此外，从公司平日派送的商务礼品到近年来热销的“凤凰丛书”直至最普通的礼品纸袋，无一不是凤凰基本色（橙色与红色）与凤凰 Logo 的完美设计结合。

值得注意的一个现象是，同时具有境外媒体和华人媒体双重身份的凤凰卫视在其视觉识别系统中十分注意打中国牌、民族牌。我们知道，CIS 战略本身是一种差异化战略，一种凸显企业与品牌个性的策略，一种远离竞争者的战略。因此，作为一家国际化的具有特殊身份的华语媒体，凤凰卫视选择被中华民族奉为百鸟之王的凤凰作为企业标志，不仅凸显了民族传统，而且容易取得包括海外华人在内的广大华语观众的认同，在国际电视媒介市场中，也因为其独特的中国特色而格外引人注目，这一视觉识别策略显然是十分聪明的。

第二篇

# 企业管理——人本管理篇

管理不只是一门学问，还应是一种“文化”，它有自己的价值观、信仰、语言。

——彼得·德鲁克

自始至终把人放在第一位，尊重员工是成功的关键。

——IBM创始人托马斯·沃森

如果有一个项目，首先要考虑有没有人来做，如果没有人做，就要放弃，这是一个必要条件。

——联想集团总裁柳传志

人是第一也是唯一能够创造价值的具有主观能动性的最宝贵资源，人本管理是提高人力资源价值的最佳途径。

——段维龙

# 第五章　企业管理概略

自始至终把人放在第一位，尊重员工是成功的关键。

——IBM 创始人托马斯·沃森

感情投资是在所有投资中，花费最少，回报率最高的投资

——日本麦当劳董事长藤田田

民族振兴靠国家，国家强盛靠经济，经济发展靠管理，管理提升靠文化。

——段维龙

## 5.1　管理概述

研究人本管理，研究文化管理，必须先研究什么是管理，什么是企业管理，企业管理的任务、性质和职能，企业管理的基本原理，管理者的素质要求，企业管理的基本原则与基本方法。

### 5.1.1　管理的概念[①]

一、管理的起源与发展

管理存在于人类的一切活动之中。管理是人类协作和共同劳动的产物，人类社会形成后，人们的实践活动需要合作、协作或协调，此时，管理应运而生。管理成为协调个人努力必不可少的因素，通过管理维持活动秩序，提高效率以实现目标。

人类大约已有 6 000 多年有效管理的实践历史，如埃及的金字塔、巴比伦的古城和中国

① 刘燕娜，郑少红. 管理学原理[M]. 北京：光明日报出版社，2004：2—3.

的万里长城就是历史上伟大管理实践的成果。随着时代的发展、社会的进步、经济的发展，社会组织的规模越来越大，管理分工越来越细，管理成为决定组织生死存亡的关键因素。管理在一个国家和一个企业的发展中起着十分重要的作用。有效管理可以使资源得到有效利用，从而推进国家的发展，促进企业的发展，否则国家和企业难以发展，甚至可能使国家产生危机，企业退出市场。

二、管理的含义

管理的含义众说纷纭，中外专家、学者以及企业家从不同的研究视觉出发做出了许多不同的解释。管理的含义随着社会的发展而发展，其外延与内涵不断丰富和充实。由于考察的角度不同，人们的理解和解释也不尽相同，直到目前为止管理仍然没有一个统一的含义。当前，美国、日本以及欧洲等国家关于管理的含义也有不同的说法，如“管理就是由一个或者更多的人来协调他人的活动，以便收到个人单独活动所不能收到的效果而进行的活动”、“管理就是计划、组织、控制等活动的过程”、“管理是筹划、组织和控制一个组织或一组人的工作”、“管理可看成是某些职能，以便有效地获取、分配和利用人的努力和物质资源来实现某个目标”、“管理就是通过其他人来完成工作”等。

20 世纪以来，具有一定代表性的定义，从不同的侧面、不同的角度揭示了管理的含义或者是揭示管理某一方面的属性。从管理的现象描述管理本身，主要有以下六种。

(1) 美国的费雷德里克·泰勒认为“管理就是确切知道要别人去干什么，并注意他们用最好最经济的方法去干”。

(2) 法国的亨利·法约尔认为“管理是所有的人类组织的计划、组织、指挥、协调和控制活动。管理就是计划、组织、指挥、协调和控制活动”。

(3) 美国的哈罗德·孔茨的“管理过程理论”认为“管理工作是一种艺术，是在组织中通过别人或同别人一起完成工作的过程”。这一理论是在法约尔的一般管理理论基础上发展而来，该理论将管理职能分成五类，即计划、组织、人事、指挥和控制职能，强调协调是管理的本质。

(4) 美国的彼得·德鲁克的“管理行为科学理论”认为“管理是一种实践，其本质不在于‘知’，而在于‘行’，其验证不在于逻辑，而在于成果；其唯一权威就是成就”。

(5) 美国的赫伯特·西蒙的“管理决策理论”认为“管理就是决策”。那么，到底如何定义管理呢？管理，就中文词义理解就是管辖、治理之义，表示管理者主持或负责某项工作，承担治理责任。哲学意义上的“管理”是指合理运用脑力和体力，调整人与人之间关系，以实现组织预期目标的活动。

综上所述，本书认为：管理是指管理主体在一定的环境下，对组织资源（人、财、物、时间、信息和技术等）有效地实施计划、组织、领导、决策、激励、协调、控制职能，以实现组织目标的活动过程。简而言之，管理是一种为了实现组织目标，由管理者向被管理者发出指令并执行指令的行为活动。这个定义可以从以下七个方面进行理解。

第一，管理工作是在一定环境条件下进行的，有效地管理必须充分考虑组织内外的环境条件。

第二，管理要合理利用组织资源，谋求资源成本最小化。

第三，管理是一个过程，管理是有效实施计划、组织、领导和控制等管理职能的过程。

第四,管理的核心是达到目标,管理是协调组织资源实现组织目标的过程。

第五,管理的关键是管理者,管理是管理主体对管理客体的协调关系,有效提高效率的活动。

第六,管理的本质是通过协调谋求秩序并追求效率。

第七,管理是在特定的环境下实施的一种活动,管理活动是在一定的环境和条件下进行的。

由此看来,管理首先要明确管理主体是谁,即由谁来进行管理;其次,管理客体是谁,即管理的对象是什么;再次,管理的目的是什么,即为何进行管理,还有是管理条件是什么;最后管理的手段是什么。关于管理定义的理解参见表 5-1。

**表 5-1 管理的基本要素**

| 管理要素 | 具体理解 |
|---|---|
| 管理的目的 | 管理是一个有意识、有目的进行的过程,管理的目的是为了实现组织目标 |
| 管理的主体(即管理者) | 管理活动的领导者、执行者(通常是组织的核心人物或者说是组织的高级领导人员与骨干成员) |
| 管理的客体(即被管理者,包括组织资源和活动) | 管理的收受者,管理主体直接作用和影响的对象,包括人、财、物、时间、信息和技术等 |
| 管理的职能 | 管理的职能包括计划、组织、领导、决策、激励、协调和控制 |
| 管理的环境 | 管理的环境包括管理活动的内外环境。管理活动是在一定的环境和条件下进行的,管理者必须根据内外部环境的变化采用不同的管理方法和手段 |
| 管理的本质 | 管理的本质是通过协调谋求秩序并追求效率 |
| 管理的方法 | 管理的方法包括经济、法律、行政、教育和数学方法 |

### 5.1.2 管理的基本特征

为了更全面地理解“管理”的概念,我们有必要把握管理的基本特征。

#### 一、管理的普遍性

管理普遍存在于各种社会活动之中,普遍存在企业的各项生产经营活动之中,贯穿企业生命的始终,这就决定了管理的普遍性。

#### 二、管理的目的性

管理是人类一项有意识、有目的的利用组织资源实现组织目标的协调活动,是为实现组织既定的目标而进行的,体现了管理的目的性。

#### 三、管理的自然属性

管理的自然属性是与生产力相联系的属性,表现为科学合理地组织生产力要素,反映了社会劳动过程本身的要求,在分工协作条件下的社会劳动需要通过一系列的管理活动把组织、人、财和物等各种资源要素按照一定的方式有效地组织起来才能顺利进行。因此,管理必须遵循客观规律。

四、管理的社会属性

管理的社会属性是与生产关系相联系的属性。管理是两个人以上的群体有目标的协调活动。在社会生产活动中，为实现组织目标而进行的共同活动都需要通过制订计划、组织实施等活动来达到目标，这就需要管理，人既是管理中的主体又是管理中的客体，管理的大多数情况是人和人打交道，表现为调和完善生产关系，实现组织目标，因此，管理的核心是处理好人际关系。

五、管理的文化属性

管理的文化属性就是指管理具有文化的烙印，受到文化的影响，具有文化的特点和特征。任何一个组织的产生和发展都会形成该组织的文化，企业管理活动不可能离开企业文化进行，因为企业理念是企业制度制定与执行的依据，理念决定行为。

六、管理的科学性

管理具有科学性。管理形成了一套系统的科学理论和科学方法。管理应用现代科学技术和手段，利用系统的管理基本原理和科学方法研究和探索人们如何有组织地、有效地实现既定目标，从中揭示管理活动的各种规律。管理在总结和概括反映客观规律的理论和方法的同时，也在不断地通过管理实践的结果验证和丰富理论本身。因此，管理的科学性表现在它以反映管理客观规律的管理理论和管理方法为指导，有一套分析问题、解决问题的科学方法论等方面。

七、管理的艺术性

管理的艺术性是指一切的管理活动都应具有创造性，在坚持原则的基础上体现灵活性与艺术性。管理的艺术性要求管理者发挥主观能动性，自觉地为实现组织的目标去努力工作，在不同的环境中，坚持管理的原则性与灵活性的有机结合。在管理实践中，既要运用管理知识，又要发挥创造性，采取适宜的措施，高效地实现目标。①

### 5.1.3 管理的职能②

管理是由社会化劳动过程和生产的社会性质所引起、所决定的，因此，合理组织生产力和调节生产关系的双重管理内容构成了管理的两项基本职能。由这两项基本职能的扩展就衍生出许多具体的管理职能。

最早对管理的职能加以系统阐述的是法国的亨利·法约尔，他在1916年发表的《工业管理与一般管理》一书中把管理的一般职能分为计划、组织、指挥、协调和控制等五项，即“五大职能说”。其后，许多的管理学家又从不同的角度对管理的具体职能做出解释，如美国管理学家卢瑟·古利克的计划、组织、指挥、协调、控制、人事和沟通“七大职能说”，哈罗德·孔

① 刘燕娜，郑少红．管理学原理[M]．北京：光明日报出版社，2004：2—3.

② 苗长川，等．现代企业管理[M]．北京：清华大学出版社，2007：15—19.

茨的计划、组织、指挥、控制和人事“五大职能说”等。

综合前人的理论研究和社会实践成果，本书将管理的职能划分为计划、组织、领导、决策、激励、协调和控制。①

## 一、计划

计划，是指制定正确的目标和拟订实现目标的方案。具体来说，计划是对既定目标进行具体安排，制定组织成员在一定时期的行动纲领以及实现目标途径、方法和对实施效果进行评价的管理活动。

科学地制订计划，统筹安排各项活动，对组织的内外部环境进行系统的科学分析，制订组织计划，保证组织在变化的环境中稳定发展，促使组织对有限的资源进行合理的分配和使用，推动组织发展。

## 二、组织

组织，是指依据既定的目标，对组织成员的活动进行合理的分工和合作，对组织所拥有的资源进行合理配置和使用以及正确地处理人们相互关系的活动。组织职能的内容包括：设置管理机构，划分管理层次，确定管理体制；确定职权范围，明确分工与协作关系；关于人员选拔、培训、使用、考核与奖惩等人力资源管理；组织模式转换与革新等组织变革等。

## 三、领导

领导是一种影响并感召人们和群体去追求某些目标的行为与过程。虽然管理者的任务不仅仅是领导，但有效的领导是管理成功的关键。领导的实质在于影响力，包括法定权力和自身影响力两个方面。法定权力是组织赋予领导者的岗位权力，它以服从为前提，具有明显的强制性；它随职务的授予而开始，以职务的免除而终止。法定权力通常包括决策权、组织权、指挥权、人事权和奖惩权。自身影响力是领导者以自身的威信影响或改变被领导者的心理和行为的力量。自身影响力是由领导者个人的品质、道德、学识和才能等在被领导者心目中形成的形象与地位决定的，它取决于领导者本人的品德、修养、学识、能力和情感素质等。

领导者要在了解人们需求的前提下关心人、尊重人，运用所具有的权力和权威满足人们需求的同时，领导人们实现组织目标。

## 四、决策

决策是管理的核心职能，它涉及人类生活各个领域的活动。决策就是选择并做出决定，是通过分析、比较，在若干种可供选择的方案中选定最优方案的过程。决策的对象尽管各不相同，但决策的本质是一样的，都是一个从思维到选择的运筹过程。从一般意义来说，决策是指为解决某一问题或实现某一目标，在众多可供选择的方案中选择一个最佳方案，引导人们去实现预期的目标。

---

① 刘燕娜，郑少红．管理学原理[M]．北京：光明日报出版社，2004：2—3.

## 五、激励

激励,是指管理者促进诱导下级形成动机,引导其行为指向目标的活动过程。激励是激发人们的需求或动机,使被激励者产生一种向所期望的目标前进的内在动力的心理活动过程。激励就是通常所说的调动人的积极性。积极性就是工作有热情、有激情、有进取心和有责任感,是自愿且乐于去做某件事情的状态,讲究工作效率,追求工作质量。

现代管理的核心是人的问题,人是管理中最基本、最活跃的要素。激励的目的就是为了充分开发和利用人力资源,调动组织成员的积极性、主动性和创造性。因而,有效地激励就必须全面了解人的需求和动机,学会在不同的情境中采用不同的激励方法,从而有效地统一组织目标与个人目标,协调好利益分配中的矛盾。激励的实质就是创造满足组织成员的合理需要,激发组织成员的工作动机,使其产生实现组织目标的特定行为的过程。

## 六、协调

协调是管理的一项重要职能。因为矛盾的普遍性决定了协调的重要性。随着社会的发展,协调工作日益显得复杂和重要。社会化大生产的发展带来了越来越细的社会分工管理,管理要从整体系统来把握才能提高管理效率,而提高管理效率主要靠协调,其核心是使有关部门和人员围绕一个共同目标和谐统一地朝着共同目标前进。

## 七、控制

控制就是按照既定目标、计划和标准,对组织活动各方面的实际情况进行检查,发现偏差并采取措施予以纠正,以保证各项活动按原计划进行,或根据客观情况的变化对计划进行适当的调整,使其更符合实际的组织活动过程。

控制是计划实现的保证,计划是控制的前提。有效的控制,第一要有预见性,即要在重大偏差出现之前能尽早发现并制定对策;第二,要有全面性,即以整体利益为重,局部控制目标要协调一致;第三,控制要有及时性,即要通过建立完善的信息管理系统,加快信息的收集、分析、处理和反馈。

控制包括前馈控制或预先控制、过程控制或事中控制、反馈控制或事后控制。

前馈控制是面向未来的控制,意在防患于未然。前馈控制是利用所能得到的最新信息进行认真、反复的预测,把计划所要达到的目标同预测相比较,并采取措施修改计划,以使预测与计划目标相吻合。

事中控制是问题发生时立即采取相应的对策、纠正偏差的一种控制,也叫实时、现场控制。

反馈控制就是根据最终结果产生的偏差来指导将来的行动。反馈控制的基本过程为:以预期业绩为标准→衡量实际业绩→将实际业绩与标准相比较→确定偏差→分析造成偏差的原因→确定纠正方案→贯彻纠正措施。可见,反馈控制是保证计划不出偏差、得以顺利实施的必要环节。①

---

① 凡春芳,刘婵媛. 反馈和前馈控制在管理系统中的应用[J]. 机械管理开发,2006.

### 5.1.4　管理的基本原理

一、人本管理原理

人本就是以人为根本。人本原理是管理的首要原理。人本管理原理，是指管理者要达到组织目标，一切管理活动都必须以人为中心。人本管理原理体现了以人为目的的管理理念，强调人是管理中最主要的因素或决定因素，是管理活动的最终目的，人的管理作为企业第一管理，强调知人善任，调动各种积极因素，发挥人的潜能。人本管理原理要求管理者努力开发和利用人的创造力，充分实现人的社会价值；从人的本质出发，开发人的潜能、智能和体能，实现人的自我价值，真正做到以下四个方面。

(1) 了解人、认识人。只有了解人、认识人的需求，才能真正关心人，才能满足人的需求，才能发展人。

(2) 尊重人、信任人。人是组织的主体，也是管理的客体，尊重人、信任人，才能赢得管理客体的支持与配合。

(3) 依靠人、为了人。依靠人是指有效管理的关键是管理客体的积极参与，离开了管理客体中人的参与，一切管理不会取得效果。为了人是指管理是为人服务的，为了人的生存和发展服务进行管理。

(4) 激励人和发展人。管理的核心是使人性得到最完美的发展，通过有效激励，调动人的积极性，促进人的全面发展。

二、系统管理原理

系统管理原理，是指运用系统理论分析研究管理工作，以达到管理目标的理论和方法。系统是由若干个相互作用和相互联系的要素综合而成，具有特定功能的有机整体。企业是由人、财、物、时间、信息和技术等要素组成的系统，企业管理是对系统要素的管理。系统原理具有目的性、全局性和层次性等特征。从某种程度上说系统原理在管理原理的有机体系中起着统率作用。

三、权变管理原理

权变管理也称动态管理。世界上没有一成不变的事情，市场也不例外，那么，企业管理必须随着环境变化而采用不同的管理方法。也就是说，当企业环境发生变化时，企业管理也应相应地做出调整，随着内外条件变化随机应变，实行动态管理，开发或选用合适的管理模式，这就是管理中的权变原理。弹性管理原理要求管理保持充分的弹性，及时适应客观事物所出现的各种可能的变化。权变管理原理实际上是弹性管理原理在管理活动中的应用，也就是指管理在客观环境作用下为达到管理目标的应变能力，只有这样才可能发挥最佳的管理效能。

四、能级管理原理

一个完整的管理系统的组织结构应该建立为正三角形结构。正三角形分三层，最高层即战略决策层；中间层是管理层，贯彻执行最高决策层的指令；最低层是操作层，它是从事操作和完成各项具体任务的层级。三个层次有不同的责、权、利。各级层级的管理者要贯彻落实“在其位、谋其政、行其权、负其责、获其利、取其荣、惩其误”的权责利对应的管理原则。能级管理原理要求根据不同层级岗位职责选好人，做到人尽其才、各尽所能。在整体规划下明确分工、各尽其责，并在分工的基础上进行有效综合。

五、闭环管理原理

闭环管理原理是任何一个系统内的管理手段、环节、运行机制必须构成一个连续封闭的回路，才能形成有效的管理。

一个组织的管理系统由决策机构、执行机构、监督机构和反馈机构组成。决策机构发出命令，执行机构贯彻执行，监督机构按照标准和规范进行监督，反馈机构将信息反馈到决策中心，不断改进决策指令。所以，决策机构、执行机构、监督机构和反馈机构相互联系、相互制约，构成一个闭环回路，这样才能使管理顺畅，最终完成管理目标。管理系统的封闭回路图如图 5-1 所示。

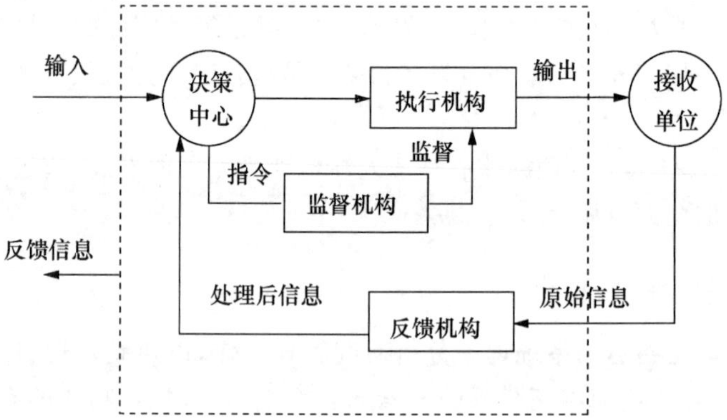


**图 5-1 管理系统的封闭回路图**

六、管理动力原理

任何事物的运动必须有动力，管理活动同样需要动力。动力管理原理强调正确地、综合地运用管理基本动力，充分调动人在管理活动中的积极性、主动性和创造性。管理活动的动力包括物质动力、精神动力和信息动力三种类型。

物质动力，是指人类对基本物质需要和物质利益的追求。物质利益包括工资、奖金、保险、住房和医疗等，这是人类生存的基础。物质动力是根本动力，物质是第一性的，正是物质的存在决定了人们的意识。满足人们对物质利益的需求，满足马斯洛提出的生存、安全等低层次需要，以调动人们工作的积极性。

精神动力，是指人们精神上或心理上的某种需要，促进实现马斯洛“需要层次理论”的满足尊重、自我实现等高层次需求，以调动人们工作的主动性和创造性。精神动力与物质动力有效结合，精神动力将发挥巨大的作用。精神动力既包括政治信仰、爱国主义精神、友爱、晋升、尊重、信任、表扬、奖励、荣誉称号、奖状、奖杯和锦旗等精神鼓励，还包括思想政治工作等各种非物质激励，这是激励的内在动力。

信息动力是一种超越物质和精神的、具有相对独立性的推动力。信息动力是指管理活动中存在的各种信息。现代社会是一种信息社会，信息在人们的生活中和工作中变得越来越重要，人们越来越重视对信息的收集处理与应用。信息动力表示知识就是力量，知识、资料、消息、新闻等都可以成为信息动力，甚至爱心、志趣、好奇心等也是一种信息动力。掌握知识越多的人越有生活的动力。在“信息社会”里，更显得这种力量的重要。

物质动力、精神动力和信息动力综合协调、正确运用可以帮助组织提高管理效能，实现管理目标。

七、效益管理原理

效益管理原理就是要求各项管理活动要始终围绕着经济效益和社会效益这一根本目的，通过各种管理活动，使投入的人力、财力、物力、信息和时间等资源得以最充分、最有效、最合理的利用，从而产生最大的经济效益和社会效益。效益管理原理体现了管理活动的出发点和归宿，在于利用最小的投入或消耗创造出更多更好的效益，对社会做出更大的贡献。

## 5.2　企业管理概述

### 5.2.1　企业管理的概念[①]

企业是以盈利为目的的经济组织，企业盈利是经营管理的成果，管理是企业生存与发展的关键，科学管理有利于企业提高效率，人本管理有利于企业延长生命周期，促进企业做大、做强、做久，反之，管理不善，将导致企业亏损破产，退出市场。那么，什么是企业管理呢？企业管理目前还没有一个公认的定义。一般来说，企业管理是指由企业经理人员或经理机构对企业的生产经营活动过程进行计划、组织、指挥、协调、控制，以提高经济效益和社会效益，实现盈利目的的活动过程的总称。

企业的生产经营活动包括两大部分。一部分是属于企业内部的活动，即以生产为中心的基本生产过程、辅助生产过程以及产前的技术准备过程和产后的服务过程，对这些过程的管理统称为生产管理。另一部分是属于企业外部的活动，涉及社会经济的流通、分配、消费等过程，包括物资供应、产品销售、市场调查与市场预测、对用户服务等。对这些过程的管理统称为经营管理，它是生产管理的延伸。随着现代商品经济的发展，企业管理的职能逐渐由以生产为中心的生产型管理发展为以生产经营为中心的生产经营型管理。因此，企业管理的任务不仅要合理地组织企业内部的全部生产活动，而且还必须把企业作为整个社会经济系统的一个要素，按照客观经济规律，科学地组织企业的全部经营活动。

---

① 苗长川，等. 现代企业管理[M]. 北京：清华大学出版社，2007：120—125.

### 5.2.2 企业管理的职能

企业管理的两重性实际上揭示了企业管理本身有合理组织生产力和巩固完善生产关系的两种基本主要职能。由于企业生产经营管理过程是生产力和生产关系的统一体,人与物的关系同人与人的关系紧密结合而不可分割,企业管理职能同前面所述的管理职能没有本质差别,同样具有七种职能,此处结合企业的特征,简要说明如下。

一、计划职能

广义的计划是指企业制订计划、执行计划和检查计划,狭义的计划则是指制订计划。计划职能就是企业根据市场需求以及企业自身的实际,确定企业在未来一定时期的奋斗目标,协调和合理安排企业经营管理活动,有效地利用企业资源,取得最佳的经济效益和社会效益。一般将计划的内容概括为六个方面,即为什么做这件事情(Why)、做什么(What to do it)、为什么做(Why to do it)、何时做(When to do it)、何地做(Where to do it)、谁去做(Who to do it)、怎么做(How to do it)、花费多少(How much to do it),简称为"6W2H"。

二、组织职能

组织职能,是指把企业生产经营活动的各个要素合理组织起来以形成一个有机整体,从而有效地开展生产经营活动。组织职能包括建立企业组织机构、明确组织职能、搞好责任分工,确定管理层级与管理幅度、管理规范与管理程序,确立管理规则等工作。

三、领导职能

领导职能,是指企业经营管理者对企业人员、企业活动的领导或指导,保证企业生产经营活动的正常进行和企业目标的实现的职能。因此,企业管理的这一职能也被称为指挥职能。

四、决策职能

企业决策职能是企业管理的重要职能,企业管理必须以企业决策为基础。在某种意义上说,管理就是一个从制定决策、执行决策到再次决策的过程。企业决策管理是对企业生产经营的决策过程进行管理的活动,即确立决策目标、收集相关信息、谋划决策方案、最优方案的选择与决定、执行决策、反馈控制的活动过程的管理。企业决策要求做到民主决策、科学决策(定性与定量相结合),体现可行性与科学性,实现企业人、物、财、时间、信息和技术等要素最佳组合。

五、激励职能

激励就是调动人的积极性。企业激励职能主要是企业管理者采取激励手段启迪人的心灵、激发人的动机、挖掘人的潜力,使其充满内在的动力和活力,以促进管理的既定目标的实现。

六、协调职能

协调职能，是指协调企业内部各层次、各职能部门的工作，协调各项生产经营活动，使它们建立良好的协作关系，消除工作中的脱节现象和存在的矛盾，以有效地实现企业目标。

七、控制职能

控制职能也称监督、调节职能，是指按预定计划目标、标准进行检查，考察实际完成情况和原计划标准的差异，分析原因，采取对策，及时纠正偏差，保证计划目标的实现。控制包括前馈控制、事中控制和反馈控制。

### 5.2.3　企业管理者的知识、能力和素质要求

企业管理者的知识、能力和素质影响着企业的运行和发展，决定了企业未来的竞争能力。一般而言，一个卓有成效的企业管理者应具备以下知识、能力和素质。

一、知识

知识是提高企业管理者智慧和才能的基础。企业管理者应具备扎实的基础知识，包括自然科学知识和人文社科知识。自然科学知识如地理、生物、物理、化学、天文和数学等方面知识。人文社科知识如哲学、政治、历史、心理和文学等知识。同时要求企业管理者具有较完善的知识结构，即要求企业管理者在知识方面应相对均衡，不能有重大的知识缺陷。企业管理者还应具有广博的知识面，不仅要精通与管理工作有关的现代管理科学知识，同时要通晓与本部门业务有关的专业知识，更重要的是具有善于把知识转化为生产力的能力。

二、能力

企业管理者的能力主要包括计划能力、组织能力、决策能力、应变能力、指挥能力、执行能力、协调能力、控制能力以及创新能力(包括洞察力、预见力和应变力)。作为企业管理者，还应具备决策与执行能力。此外，企业管理者要有较强的事业心和成就感，希望通过事业的成功体现自身的价值；有魄力和独创精神，善于发现问题，提出多种解决方案，能够根据情况的变化随机应变，及时决策。

三、素质

(一) 思想政治素质

思想政治素质，是指思想上对政治主体在社会化的过程中所获得的对人的心理和行为发生长期稳定的内在作用的基本品质，是社会的政治理想、政治信念、政治态度和政治立场在人的心理中形成的并通过言行表现出来的内在品质。它是人们从事社会政治活动所必需的基本条件和基本品质，是个人的政治方向、政治立场、政治观念、政治态度、政治信仰和政治技能的综合表现。对于企业管理者而言，思想政治素质是指企业管理者具有正确的政治方向、全心全意服务的思想、廉洁奉公的政治道德和良好的思想作风等素质，主要包括政策

理论水平、法律纪律观念、品德修养、思想作风、品德修养、拼搏精神，勇于进行批评和自我批评等素养。

（二）职业素质

职业素质，是指人们在一定的生理条件和心理条件的基础上，通过后天的社会教育、劳动实践和自我修养等途径而形成和发展起来的，在职业活动中发挥作用的内在品质。职业素质包括职业兴趣、职业精神等。此处的职业兴趣是指企业管理者对从事经营管理活动所具有的持久的、稳定的偏好，或者乐于从事该职业，投身于该职业的强烈的、恒久的愿望。

1. 职业兴趣

职业兴趣，是指人们对某种职业活动具有的比较稳定而持久的心理倾向。它是一个人探究某种职业或从事某种职业活动所表现出来的特殊个性倾向，它使个人对某种职业给予优先的注意，并具有向往的情感。职业兴趣对职业选择和职业发展有一定的影响，每个人都有自己的职业兴趣倾向，根据个人的职业兴趣，选择最适合自己的职业。

2. 职业精神

所谓职业精神，就是与人们的职业活动紧密联系，具有自身职业特征的精神。职业精神由多种要素构成，它们相互配合，形成严谨的职业精神模式。企业管理者必须对企业忠诚，对职业忠诚，做事认真，对工作敬业。职业精神的实践内涵体现在敬业、勤业、创业和立业四个方面。

（三）身体素质

企业管理者所从事的经营管理工作任务繁重、程序复杂、艰苦又辛苦，这就要求企业管理者必须具有健康的体魄，否则就不可能完成企业的管理任务。

（四）心理素质

心理素质是以生理素质为基础，在实践活动中通过主体与客体的相互作用而逐步发展和形成的心理潜能、能量、特点、品质与行为的综合。从心理学角度讲，心理素质包括情感、信心、意志力和韧性等。企业管理者的心理素质包括观察力、理解力、记忆力、想象力、健康的情感和良好的个性心理等。企业管理者的性格应开朗、豁达、仔细、自信、意志坚强，有自知之明，对事物有广泛的兴趣和热情；具备敢于决断的气质，竞争开放型的性格，坚韧不拔的意志；具有乐观向上的精神，有很强的自信心，善于自我激励。

### 5.2.4 企业管理的基本方法

管理方法是在管理活动中为实现管理目标、保证管理活动顺利进行所采取的工作方式。它是管理理论和管理原理的自然延伸和具体化、实际化，是管理原理指导管理活动的桥梁，是实现管理目标的途径、措施和手段。管理原理必须通过管理方法才能在管理实践中发挥作用。企业常用的管理方法包括法律方法、经济方法、行政方法、教育方法和数学方法等五种。

## 一、法律方法

法律方法，是指企业根据国家制定的各种法律规范来管理企业经营管理活动的方法。对于企业来说，主要还是实施制度管理的方法，采用规章制度约束管理客体的方法。企业管理活动应做到有法必依。因此，企业必须强化法治意识和法治观念，加强法制宣传教育，使企业合法经营、依法管理，使企业领导者、各级管理人员和员工知法、守法、依法办事，充分发挥法律武器在管理中的作用。法律方法要求企业遵守劳动法、税法，做到依法纳税，保护劳动者权益，严格执行企业管理制度等。

## 二、经济方法

经济方法，是指按照客观经济规律的要求，运用经济手段（如价格、工资、福利、利润、税收、信贷、奖金和罚款等）和经济方式（如经济合同、经济责任制等）来实施管理职能，以获取较高的经济效益与社会效益的管理方法。经济方法是运用物质利益原则，以经济利益为动力有效地配置企业内的人、财、物等资源，合理地组织和管理企业的生产经营活动，妥善处理国家、集体和个人三者之间的经济利益关系，调动广大员工的积极性，促使员工从经济利益上自觉地关心企业的生产经营活动和经营成果，积极主动地开展经济活动以实现管理目标。经济方法在企业内部采用经济杠杆处理员工劳动与报酬的关系，奖励有贡献的员工，处罚违纪员工，理顺企业与员工的关系，调动员工的工作积极性、主动性和创造性，调节国家、企业、个人、投资者及相关利益团体的关系。

## 三、行政方法

行政方法，是指依靠企业组织的权威，采用行政命令、规定、指示、条例和职务升降等行政手段，以权威和服从为前提，直接指挥企业部门与下属员工工作的管理方法。企业运用强制性的行政手段直接对管理对象施加影响，从而实现管理职能。行政方法具有权威性、强制性、垂直性和时效性等特点。

行政方法的实质是通过企业机构的行政职务和行政职位来进行管理。它强调职责、职权、职位和权益，而非个人的能力或特权。行政方法的管理效果在很大程度上取决于企业管理者的素质和水平的高低。提高行政方法的管理效果关键在于企业管理者必须具有领导权威和素质，其权威来自管理者的科学领导实践。

## 四、教育方法

教育方法是企业采用政治思想教育、科学文化教育、业务技术教育等手段，通过教育培训提高员工的素质，从而增强企业的生存能力和发展能力的管理方法。

企业管理活动中人是第一要素，管理最重要的任务是提高人的素质，充分调动人的积极性和创造性。而人的素质是在社会实践和教育中逐步发展、成熟起来的。通过教育培训，不断提高员工的政治思想素质、文化知识素质、专业水平素质，而教育培训工作又是管理工作的重要任务。管理活动中的思想问题要通过思想政治工作来解决，通过说服教育的方法来解决，不能采用强制和压服的方法来解决。教育方法有时能收到比其他几种方法更好的效果。企业教育不仅包括企业理念、企业精神等企业文化教育，还包括人生观及职业道德教育等方面。

由此，为了提高管理效果，企业应该持续加强员工法律法规教育，进行集体主义教育，教育员工遵守社会公德、职业道德和家庭美德，树立为企业发展奋斗的精神，重视业务知识与技能培训，以提高人们的整体素质，从而提高管理效能。

五、数学方法

数学方法是借助数学原理与数学公式制定企业经营活动的数学模型，并再现经济现象的量的规律性来从事管理活动的一种方法。现代企业管理包含着多方面的经济分析，运用数学方法进行定量分析能使我们对客观存在的规律在质的方面的认识更加深入和精确。用预测技术预见某些经济现象在发生变动的情况下会引起什么后果，通过预测能计算出各决策方案的经济效果，帮助决策者选择最优方案。数学方法很多，在管理中常用的数学方法包括线性规划、非线性规划、统筹方法、排队论和存储论等。

以上五种方法都是管理活动的具体方法，在各项管理工作中互相补充、相辅相成，共同构成企业管理方法的有机统一体。

# 第六章　管理理论的演进

## ——传统管理到文化管理

管理不仅是一门学科，而且是一种文化，一门艺术；人是我们最大的资产，要使职工有成就，管理人员就要把劳动力看成是一种资源，管理人员承担的就是使人发挥致用的责任。

——彼得·德鲁克

管理思想既是文化环境的一个过程，也是文化环境的产物。

——美国著名管理学家丹尼尔·雷恩

如果说20世纪是由经验管理进化为科学管理，则可以说21世纪是由科学管理进化为文化管理的世纪。

——成思危

21世纪是知识经济时代，知识经济时代的企业必须实施文化管理。

——段维龙

人类社会产生以后就产生了管理活动。管理是一种社会现象，只要有人类社会存在，就会有管理存在。古今中外，随着管理实践的发展出现了许多的管理奇迹。如公元前200多年，动用几十万人力、历时100年，建设6 700公里的万里长城横跨河北、北京、山西、内蒙古、陕西、宁夏和甘肃七个省、市、自治区，如此浩大的工程如果没有严密的组织、规范的管理是不可能建成的。我国的故宫始建于明永乐四年(1406)，经历了长达14年的建设，形成了规模宏大、建筑精美、布局统一的古建筑群，体现了我国古代的建筑艺术和劳动人民的智慧，也体现明清时代的管理水平。再如，在4 500年前古埃及建造的110座大小不同的金字塔中，大金字塔是世界古代七大奇观之一，它高146.59米，占地面积5.29万平方米，塔身由230万块巨石组成，这些巨石大小不一，分别重达1.5～160吨，平均重约2.5吨。据考证，为了建成大金字塔，一共动用了10万人花了20年时间。[①] 现代中国“神舟七号”遨游宇宙、美国

① 刘薇．古埃及金字塔时代[J]．科学大众：中学版，2006，(4)：15.

航天站等工程的实施无不是人类管理水平的历史成就。尽管人们在历史长河中有着丰富的管理实践，但是对于管理的系统化认识却并不很多，比较多的是关于管理的一些思想火花散见于各种各样的古代典籍之中。随着人类社会的进步、管理实践的发展，管理思想和管理理论逐步发展起来。由于生产力发展水平的限制，系统化的管理理论实际上一直到 19 世纪末 20 世纪初才开始形成，其发展可大致分为古代管理思想、近代管理思想和现代管理思想三个阶段。

## 6.1 管理思想概略

### 6.1.1 古代管理思想①

一、中国古代管理思想

中国古代管理思想基本形成于先秦至汉代时期，主要体现在《论语》、《道德经》、《孙子兵法》、《易经》、《老子》、《三十六计》、《资治通鉴》、《史记》、《西游记》、《三国演义》和《红楼梦》等古代经典著作中，主要包括儒家、道家、法家、兵家和商家等思想。《老子》主要体现了管理者的权变谋略和在管理过程中的境界、素质及管理原则的思想。春秋末期著名的思想家、政治家、教育家孔子创立了博大精深的儒家管理思想，提出“仁者爱人”、“以德为先”、爱民富民教民、重视人的自我修养、重视人际关系协调、强调人的不断学习进步、以人为本的民本管理理念以及以“和”为目标的中庸管理等管理思想体系。春秋战国时期，杰出的军事家孙武在《孙子兵法》提出的“运筹帷幄之中，决胜千里之外”揭示了运筹思想与战略决策思想、系统论思想。另外，孙武还提出“将者，智、信、仁、勇、严也”的重视人才、选拔人才、使用人才的人才观念和“知己知彼，百战不殆”的信息思想等。唐太宗的“致安之本，惟在得人”、“能安天下者，惟在用得贤才”，宋代政治家欧阳修的“任人之道，要在不疑”等人才思想均成为我国古代管理的重要思想宝库。

二、西方古代管理思想

罗马天主教会是西方文明史上建立的正式管理组织。天主教会实施了职能分工，体现了指挥的统一性、管理的效率性。此外，在公元前 2000 年左右，古巴比伦国建立中央集权政府，颁布了 282 条法规，以调节人与人之间的关系和规范个人行为。公元 1436 年，威尼斯政府建立的造船厂（兵工厂）采用流水线作业，并建立了早期的成本会计制度，实行了管理分工，工厂的管事、指挥、领班和技术顾问全权管理生产等管理思想与管理方法。在西方古代管理思想中，比较重要的是 15 世纪意大利思想家和历史学家马基雅维利提出的管理四原则。

---

① 陈雪钧. 中国古代管理思想对当今企业的启示[J]. 交通企业管理，2007.

（1）群众认可原则：所有的政府能否持续存在依赖于群众的支持。

（2）内聚力原则：国家能持续存在，必须有内聚力。

（3）学习原则：君主要通过刻苦学习掌握领导方法。

（4）生存意志原则：要有强烈的生存意志，在困难的时候能坚韧不拔，为国家生存发展而奋斗。

### 6.1.2　近代管理思想

近代管理思想可以追溯到18世纪的欧洲产业革命，到19世纪末20世纪初，形成了比较系统的古典管理理论。

一、泰罗的科学管理理论

1911年，弗雷德里克·温斯洛·泰罗出版了《科学管理原理》和《科学管理》两部著作，创立了把工人视为“经济人”，以提高劳动生产率为中心、谋求最高效率为根本目的的科学管理理论。泰罗的科学管理理论开创了传统管理进入科学管理的新阶段。泰罗最根本的贡献是在管理实践和管理问题研究中采用观察、记录、调查和试验等手段的近代科学分析方法，泰罗因此成为“科学管理之父”。

二、法约尔的管理过程理论

亨利·法约尔和马克斯·韦伯创立了管理过程理论。1916年，亨利·法约尔撰写了《工业管理与一般管理》一书，把管理看做一组普遍的职能，即计划、组织、指挥、协调和控制。他认为自己所创立的管理理论不仅适用于企业，还适应于军队或其他的行政组织。其中，计划意味着观察和估计未来，并制订行动方案；组织是建立起统一企业的人、财、物的权力机构；指挥是将企业的一切活动都统一起来；协调是调整不同部门、不同人员的活动与关系；控制是使所发生的每一件事都与既定的计划、发出的命令和确立的原则相符合，从而防止和纠正错误。

三、韦伯的行政组织理论

马克斯·韦伯是德国著名的社会学家，被后人称为“组织理论之父”。他在其著作《社会和经济组织的理论》中提出“理想的行政组织体系”。

（1）明确分工：确定一个成员的权利和责任，并使之合法化。

（2）等级系统：各种职位按照权力等级组织起来，形成自上而下的等级系统。

（3）人员任用：完全根据职务要求，通过正式考试和教育训练来挑选组织中的所有成员。

（4）职业管理人员：管理人员有固定的薪金和明确的升迁制度，他们是“专职的”公职人员。

（5）遵守规则和纪律：管理人员必须遵守组织中规定的规则和纪律以及办事程序。

（6）组织中人员间的关系：完全以理性为基础，只是职位关系而不受个人情感的影响。

（7）职业定向：管理人员不是他所管辖的那个企业的所有者，他们有固定的薪金和明文规定的升迁制度，是职业管理人员。

### 6.1.3 现代管理思想

第二次世界大战后，随着企业规模的扩大、科学技术的快速发展和新兴工业的不断出现，管理实践与管理思想进入了新的发展阶段。

一、行为科学理论

行为科学理论始于20世纪20年代末30年代初的霍桑实验，发展于20世纪50年代。该理论强调以人为中心，由梅奥的“人际关系学说”、亚伯拉罕·马斯洛的“需要层次理论”、弗雷德里克·赫兹伯格的“激励-保健理论”、道格拉斯·麦格雷戈的“X-Y”等理论构成。

（一）人际关系学说

1. 霍桑试验

1924—1932年美国西方电气公司在芝加哥附近的霍桑工厂进行了一系列试验。霍桑工厂是美国西方电气公司的一个制造电话交换机的工厂。1924年，美国科学院组成一个科研小组到西方电气公司霍桑工厂进行试验，内容是工作环境与工作效率的关系。通过改变工人的工作环境（如增加照明、播放音乐等），观察工人的工作效率。试验结果发现不管工作条件改变不改变，对工作效率的影响不明显。1927年，美国哈佛大学的梅奥教授接管了科研小组，并继续做试验。试验的三条结论是：(1) 人是社会人；(2) 企业中不但存在着正式组织，而且存在着非正式组织；(3) 新的领导能力在于提高员工的满足度，在于通过提高员工的满足度来鼓舞员工的士气。这三条结论构成了早期“人际关系学说”的主要内容，梅奥教授在此基础上建立了“人际关系学说”。

2. 人际关系学说

根据霍桑试验，梅奥等人出版了《工业文明中的人的问题》等一系列著作，创立出了“人际关系学说”，其主要内容是：(1) 员工是“社会人”；(2) 满足工人的社会欲望，提高工人的士气是提高生产率的关键；(3) 企业存在着非正式组织，正式组织与非正式组织有重大的区别，正式组织以效率逻辑为其行动标准，为提高效率，企业各成员之间保持着形式上的协作。非正式组织则以感情逻辑为其行动标准。非正式组织以感情逻辑为其行动的标准是出于某种感情而采取行动的一种逻辑。一般来说，管理人员的逻辑多为效率逻辑，梅奥指出，作为管理者一方，要充分认识到非正式组织的作用，注意在正式组织的效率逻辑与非正式组织的感情逻辑之间搞好平衡，以使管理人员之间、工人与工人之间、管理人员与工人之间搞好协作，充分发挥每个人的作用，提高劳动生产率。

（二）需要层次理论

1943年，美国人本主义心理学家亚伯拉罕·马斯洛经过大量的研究提出了“需要层次理论”。

每个人的需要由低到高经历五个层次：(1) 生理的需要，即人类维持自身生存和发展而产生的需要，是人最原始且最基本的物质性需要，包括对吃、穿、住、行等方面的需要；(2) 安全的需要，包括安全的社会环境、安全的住所、稳定的职业、较好的福利、劳动保护、社会保险等人身、职业安全的需要；(3) 社交的需要，又称归属与爱的需要，是指人们希望归属于一定的群体，成为其中的一员，相互关心，相互支持，并希望通过自己付出情感得到别人的友谊和爱；(4) 尊重的需要，包括自我尊重和希望受到他人尊重的需要；(5) 自我实现的需要，是指人有充分发挥自己的潜在能力，越来越成为自己所期望的人物，完成与自己能力相称的工作的需要，尊重的需要属于最高层次需要(如图 6-1 所示)。

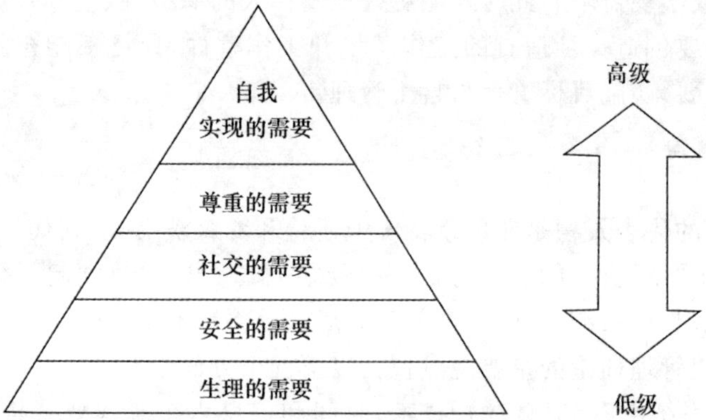


**图 6-1　马斯洛需要层次示意图**

五种需要从低到高逐层递进，低层次需要基本满足后就会产生高一级需要。未满足的需要才具有激励作用，高层次需要和主导需要具有重要的激励意义。

（三）激励-保健理论

20 世纪 50 年代美国心理学家弗雷德里克·赫兹伯格提出激励-保健理论，亦称双因素理论。他提出影响人们行为的因素主要有保健因素和激励因素两类。保健因素是指那些与人们的不满情绪有关的因素，如企业政策、工资水平、工作环境、劳动保护、人际关系、地位、安全等。这类因素处理得不好会引发人们对工作不满情绪的产生，处理得好则可预防或消除这种不满，但它不能起激励作用，只能起到保持人的积极性、维持工作现状的作用。激励因素是指能够促使人们产生工作满意感的一类因素，主要包括工作上的成就感，得到他人的认可，工作本身带来的愉快、晋升、成长、责任等。保健因素能消除员工的不满意，激励因素能使员工产生满意感。管理中首先要注意保健因素，防止员工的不满情绪带来的负激励，更要注意使激励因素真正发挥应有的作用，切忌把激励因素降低为保健因素。

（四）X 理论和 Y 理论

美国麻省理工学院心理学教授道格拉斯·麦格雷戈 1960 年在其所著《企业中人的方面》一书中提出该理论。麦格雷戈认为，管理人员的管理行为受其对人本性假设的影响。当管理人员持某一种关于人本性假设的观点时就会形成与之相应的管理方式。麦格雷戈提出两种人性假设以及相应的管理方式——X 理论和 Y 理论。

X 理论对人性的假设是多数人生来懒惰，不愿意负责任，只有少数人勤奋，有责任心；多数人工作是为了追求物质利益满足，企业主为获得最大利润，工人为追求最高报酬；个人目标与组织目标是相矛盾的。大多数人具有上述特点，只能是被管理者，只有少数人能克制自己，成为管理者。按照X理论进行管理的方式：组织管理的一切工作都是为了让工人提高工效，完成组织任务，为了克服人性的自私与懒惰的弱点，管理必须有严格的制度，实行标准化作业、程序化操作和规范化管理，以确保生产任务的完成，用金钱来刺激员工劳动的积极性，同时对消极怠工者采取严厉惩罚措施。

Y理论对人性的假设是“自我实现人”。该理论认为人充分发挥潜能做出成就会感到最大的满足，完成自我实现需求。此时才能更好地发挥人的积极性、主动性和创造性。基于Y理论的管理重点是要创造一种适宜的工作环境和工作条件，让员工能充分发挥自己的潜能满足自我实现的需要，实施目标管理与自主管理。

#### （五）系统管理理论

系统管理理论的代表人物是弗里蒙特·卡斯特和罗森茨韦克，其代表作是《系统理论与管理》。他们继承了“系统论”的思想方法，从系统的概念出发，建立起了企业管理的系统模式。他们认为系统观点、系统分析和系统管理都是以系统理论为指导的，三者之间既有区别，又有联系。系统管理理论的主要观点包括以下五个方面。

(1) 企业管理系统由人、资金、物、技术、时间和信息六个基本要素构成，它们在一定目标下组成一体化系统。其中，人是管理系统中的主体，其他各项要素在一定程度上均受人的控制与协调。

(2) 企业管理系统是一个由许多子系统组成的、开放的系统。

(3) 企业管理系统内部主要有四个基本子系统：第一是运行系统，即输入过程与输出过程；第二是控制系统，是指企业对各种有机要素的转化过程；第三是支持系统，是指企业内各后勤保证的过程；第四是信息系统，即信息的收集、分析、研究、处理、传递的过程。企业的系统管理强调以整体系统为中心，决策时强调整个系统的最优化。

(4) 企业管理分为作业层（即基层管理）、协调层（即中层管理）和战略层（即高层管理）三个层次。

(5) 运用系统理论实施管理，可以提高组织的整体效率。

#### （六）决策管理理论

决策管理理论的代表人物是赫伯特·西蒙和詹姆斯·马奇。西蒙的代表作有《管理决策的新科学》、《管理行为》等，因为对决策理论研究的贡献，1978年西蒙获得了诺贝尔经济学奖。决策管理理论的主要观点包括以下几个方面。

(1) 管理就是决策。计划、组织、领导、控制等管理职能都需要决策。

(2) 以“满意标准”代替传统的“最优标准”。

(3) 决策是一个复杂的过程，而不是“拍板”的一瞬间。决策的过程至少应该分为明确决策理由、制订可行方案、选定最优方案、实施与评价四个阶段。

(4) 决策可分为程序化决策和非程序化决策。程序化决策是指反复出现和例行的决策。非程序化决策是指那种从未出现过的或者其确切的性质和结构还不是很清楚或相当复杂的决策。解决这两类决策的方法一般不同。但程序化决策和非程序化决策的划分并不是严格，因为随着人们认识的深化，许多的非程序化决策将转变为程序化决策。

（七）权变管理理论

权变管理理论诞生于20世纪70年代，其代表人物主要有弗雷德·卢森斯、弗雷德·菲德勒和罗伯特·豪斯。权变管理理论的代表作是卢森斯的《管理导论——一种权变学说》。该理论认为，在企业管理中要根据企业所处的内外条件随机应变，没有什么一成不变、普遍适用的"最好的"管理理论与方法。管理应该根据不同的人、不同的环境采用不同的管理。

（八）文化管理理论

文化管理，是指组织文化提升、凝练，并将文化渗透于日常管理的全过程。企业文化管理就是将企业价值理念根植于心，在企业文化的引领下，将文化融入企业发展战略配置人力资源，贯穿于生产、经营和营销管理活动之中。文化管理的核心是以人为本的人本管理，实施文化管理，有效提升企业管理水平，文化成为凝聚力和创造力的源泉。

## 6.2 管理理论的演进：经验管理上升到文化管理

三次产业革命推进了产业的变迁，进而推进了产业管理理论的变迁。第一次产业革命以蒸汽机的发明和大规模应用为标志，企业靠产量和规模取得竞争优势。第二次产业革命以电力的应用为标志，开始依靠提高劳动生产率来提高产量和降低生产成本。第三次产业革命是以计算机的应用为标志的信息革命。产业革命推动了社会实践的发展，社会实践促进了管理理论的演进与升级，纵观当代管理理论与管理学派的形成与发展，管理思想与管理理论经历了传统经验管理、古典科学管理和行为科学管理三个阶段，日前，进入管理的第四阶段，即文化管理阶段。

一、传统经验管理阶段（18世纪末—19世纪末的传统管理阶段）

所谓传统管理，是指没有成型的管理规律，没有成文的管理制度可以遵循，完全按照经营者自己的设想跟着感觉走，凭经验、直觉去管理。在经验管理条件下，企业家的理念和经验决定了企业的兴衰成败。当企业规模比较小、产品品种不多、生产力水平低下的情况下，企业实行经验管理，此时对员工的管理前提是"机器人"假设，认为企业管理依照过去或他人的经验就行。这一阶段的具体特征表现为：

（1）缺乏规范的规章制度；

（2）没有严格的操作规程和标准；

（3）无长远的人力资源培育开发计划；

（4）管理干部任人唯亲；

（5）企业管理水平主要取决于管理者的经验和智慧。

二、古典科学管理阶段(20 世纪 20—30 年代)

当企业规模逐步扩大并达到一定规模时，靠管理者的经验管理难以达到目的，此时应该采用科学管理，由人治的经验管理变为依靠制度的法治管理。此时对人性的假设是以“经济人”假设为前提，靠规章制度来管理企业。理论依据是 20 世纪初形成的以弗雷德里克·温斯洛·泰罗、亨利·法约尔、马克斯·韦伯为代表的古典管理理论。泰罗、法约尔、韦伯从车间工人、办公室总经理和组织三个不同角度研究企业和社会组织的管理问题，倡导科学管理，以提高劳动生产率，在操作规程、工作定额、差别工资制度、职能分工、管理原则等方面进行规范管理。科学管理理论使企业管理从经验管理阶段上升到科学管理阶段，突出管理手段与管理方法的科学化。

三、行为科学管理阶段(20 世纪 40—80 年代)

行为科学产生于 20 世纪 20 年代，行为科学的发展可以分为前后两个阶段。前期以埃尔登·梅奥为代表创立了人际关系学说，行为科学管理学派的代表人物梅奥发现决定工作效率最重要的是人际关系和安全感，他在 1933 年出版的《工业文明中的人的问题》一书中提出了人际关系学说。后期亚伯拉罕·马斯洛的需要层次理论、弗雷德里克·赫兹伯格的激动-保健理论、道格拉斯·麦格雷戈的 X 理论和 Y 理论以及日裔美籍管理家威廉·大内的 Z 理论创立了行为科学理论。行为科学理论主张以人为中心进行管理，要求把企业员工看做是“社会人”，倡导研究人的需求、行为、动机、人际关系和激励等，主要通过各种方式激励人的积极性。行为科学理论以人与人之间的关系为中心研究管理问题，要求尊重人、关心人、满足人的需要，以调动人的积极性，企业除了为员工提供良好的工作环境和生活条件外，还要为员工创造良好的成长环境和发展环境，在此基础上指导他们的工作。行为科学理论有效地促进了僵化专制式管理向灵活激励管理方式的转变。

科技的进步、生产力水平的提高有效地推动了管理实践的发展，同时也促进了管理理论的快速发展，出现了所谓的“管理丛林理论”时代，主要包括人际关系学派、系统学派、决策理论学派、系统学派、管理科学学派、权变学派、管理过程学派和战略管理学派等。其中，影响较大、人们认同程度较高的是行为科学理论。

20 世纪 60 年代后期至 80 年代初①，管理学界开始重视企业战略管理，管理重点由基层向高层转移，由业务管理向战略管理转移。研究战略管理较早的是美国的安索夫，1965 年他撰写了《公司战略》一书，开创了战略管理的先河。安索夫认为战略管理是企业为了适应外部环境，对目前从事的和将来要从事的经营活动进行动态的、连续的完成从决策到实现的过程。其核心是根据环境的变化，明确目标和实现目标所采取的行动。1975 年，安索夫的《战略规划到战略管理》一书出版，标志着现代战略管理理论体系形成。该书将战略管理解释为“企业高层管理者为保证企业的持续生存和发展，通过对企业外部环境与内部条件的分析，对企业全部经营活动所进行的根本性和长远性的规划与指导”。其后，1980 年迈克尔·

① 杨文士，张瑾. 管理理论与思想的演进[J]. IT 经理世界，1999，(1).

波特出版的《竞争战略》一书可谓把战略管理的理论推向了高峰，书中的许多思想被视为“战略管理理论”的经典。

四、文化管理阶段(20 世纪 80 年代以后)

管理由早期传统的经验管理阶段发展到古典科学管理阶段、行为科学管理阶段到文化管理阶段是一个循序渐进的过程。文化管理是对科学管理思想内涵的丰富与推进。文化管理是以把人假设为自我实现的文化人为前提，重视感情和价值在管理中的运用，通过将企业的价值观灌输到每个员工的思想意识中，为他们提供宽松的发展空间，激发他们的主观能动性、对工作的热情和创造力，以实现超越制度管理的飞跃。进入文化管理阶段，不是说这个阶段没有了经验管理，不实施行为科学管理或不实行古典科学管理，事实上，文化管理的本质要求以人为本，人本管理是文化管理的核心，以人为本的企业精神实际上就是“行为科学理论”的升华，将人视为“社会人”，且重点考虑满足人的精神需求，特别是尊重与自我实现等高层次需求的满足，以促进人的全面发展。

实际上，经验管理、古典科学管理和行为科学管理是文化管理的基础，行为科学管理是实施文化管理的制度基础，行为科学管理是文化管理的社会学基础，四个管理阶段的管理方法相互结合共同作用于现代企业文化管理之中，只不过是进入文化管理时代，更多的是体现以人为本的人本管理。

## 6.3　企业文化管理

### 6.3.1　企业文化管理的内涵与特点

一、企业文化管理的内涵

20 世纪 80 年代，国外的学者开始研究企业文化，出版了一系列有关企业文化的著作，对企业文化的内涵作了不同的诠释，但是对企业文化的研究还是形成了一些基本共识。第一，企业文化是一种重视人、以人为中心的企业管理方式，是企业管理理论的新发展和新阶段，即企业文化管理是以人为中心的管理。第二，企业的价值观念和企业精神是企业文化的重点和核心。第三，企业文化是一个企业在长期的生产经营中形成的特定文化观念、价值体系、道德规范、传统、风格、习惯和与此相联系的生产观念，将其统一于共同指导思想和经营哲学之下。①

国外的许多学者称企业文化管理为“基于价值观的管理”，是一种以人为中心，以塑造共同价值观为手段的管理模式。企业文化管理以下列四部著作的诞生为标志，即美国管理学教授、美籍日裔学者威廉・大内的《Z 理论——美国企业怎样迎接日本的挑战》、美国哈佛大

① 苏朋. 和谐企业文化管理研究[D]. 大连：东北财经大学，2007.

学工商管理研究院和斯坦福大学商学研究院的理查德·帕斯卡和安东尼·阿索斯两位教授合著的《日本企业管理艺术》、美国哈佛大学教育研究院的教授特雷斯·迪尔和著名的麦肯锡咨询公司专家艾兰·肯尼迪合著的《企业文化——企业生存的习俗和礼仪》、美国企业问题专家托马斯·彼得斯和小罗伯特·H.沃特曼合著的《寻求优势——美国最成功公司的经验》。威廉·大内指出"一个公司的文化由其传统和风气所构成"。理查德·帕斯卡和安东尼·阿索斯认为"企业管理不仅是一门科学，还应是一种文化，即有它的价值观、信仰、工具和诺言的一种文化"。

美国哈佛大学教育研究院的教授特雷斯·迪尔和麦肯锡咨询公司顾问艾兰·肯尼迪在1981年出版的《企业文化——企业生存的习俗和礼仪》一书是企业文化理论诞生的标志性著作。作者提出了"杰出而成功的公司大都有强有力的企业文化"的著名论断。此后，国内外专家、学者对企业文化进行了大量的研究，分别从不同的角度诠释了企业文化的内涵。

综上所述，企业文化管理是指在企业文化建设的基础上，凝练企业精神，以价值观和方法论为哲学基础，把企业文化贯穿于企业各项管理活动之中，以实现管理目标的企业管理方式。企业文化管理是通过文化对企业生产经营活动进行管理，以人为本，重视人的作用，强调人力资源开发管理，把员工的个人价值、企业价值、企业发展与社会进步结合起来，将企业文化渗透、融入企业管理之中，是科学管理与文化管理结晶[①]。

## 二、企业文化管理的特征

根据文化管理的定义可以看出企业文化管理是管理理论的一次重大质变，实现了四个转变，用最简要的话可以这样概括文化管理的三个基本特征。

（1）从"以物为中心"到"以人为中心"。传统经验管理、古典科学管理把员工的人性假设为"机器人"和"经济人"，行为科学管理把员工的人性假设为"社会人"，但是还是比较低层次的社会需求。到了文化管理阶段，将把员工的人性假设为"自我实现人"，是促进实现人的全面发展的管理阶段，真正实现了从"以物为中心"到"以人为中心"。

（2）从理性的硬性制度管理和灌输式的思想教育到以企业价值观、企业精神为导向，营造一种积极、和谐、文明、向上的文化氛围，创造一种促进人的发展的工作环境、学习环境、生活环境，以企业文化引导、规范员工的行为，形成自我约束和自我激励的机制和文化。

（3）从传统的封闭式管理向现代的开放式管理转变。传统的企业管理侧重于企业内部运行管理，重在内部运作机制的建设与应用。而进入企业文化管理阶段后，则将企业视为开放系统，实现企业与环境、社会政治、经济和文化的联系与调适，在重视企业经济责任的同时强调企业社会责任，实现企业与社会的和谐发展。

结合厦门大学林擎国、中山大学夏书章、台湾学者张润书、美国著名管理学家雷恩等专家对管理阶段划分的观点[②]，本书提出管理四阶段理论，即传统经验管理、古典科学管理、行为科学管理和文化管理，由于不同时期生产力水平不同，社会发展程度不同，表现为不同的管理特点，具体内容参见表6-1。

① 吴刚虹. 企业文化管理是企业管理的最高形式[J]. 江南论坛，2005，(12)：25.

② 林擎国，王立. 企业实行文化管理的转变[D]. 厦门：厦门大学学报(哲学社会科学版)，2003.

**表 6-1　四个管理阶段的管理模式特点**

| 类　别 | 管理阶段 | | | |
|---|---|---|---|---|
| | 传统经验管理 | 古典科学管理 | 行为科学管理 | 文化管理 |
| 年代 | 1769—1910 年 | 1911—1933 年 | 1933—1960 年 | 1981 年以来 |
| 主要管理方式 | 人治 | 法治 | 情治 | 文治 |
| 人性假设 | 机器人 | 经济人 | 社会人 | 自我实现人 |
| 满足人的需要 | 生存、安全需要 | 生存、安全需要 | 社交、自尊需要 | 自我实现需要 |
| 主要组织形式 | 个人业主企业 | 正式组织 | 非正式组织 | 公司制企业 |
| 主要控制类型 | 外部控制 | 外部控制 | 情感控制 | 自我控制 |
| 主要领导类型 | 控制型 | 指挥型 | 引导型 | 育人型 |
| 管理中心 | 物 | 物 | 人的情感 | 人的思想 |
| 管理主要手段 | 管理经验 | 管理制度 | 人际关系与情感 | 企业文化 |
| 激励重点 | 外部激励 | 外部激励 | 教育和训练 | 内部激励 |
| 管理重点 | 行为 | 行为 | 情感 | 思想 |
| 管理主动性 | 被动管理 | 被动管理 | 主动管理 | 自觉管理 |

如表 6-1 所示，在知识经济时代，文化管理是企业管理思想的根本性转变，是管理理论的革命性变革。从人性假设、管理目标、管理方式、管理重点和管理手段等方面来看：经验管理把人看做是“机器人”，以过去的经验和当前的直觉为管理的重要手段，以短期的局部利益为直接目标；科学管理把人看做是“经济人”，以严格的纪律和规章制度作为管理的主要措施，以企业利润最大化为唯一目标；企业文化管理把人当作“自我实现人”，把企业价值观念、企业精神等核心文化作为管理的主要手段，通过提高员工的积极性、主动性和创造性来追求企业的整体利益和长远利益。管理理论从不同的人性假设体现了与时俱进的社会发展的特点，实现了机器人向经济人，再向社会人，最后到自我实现人的假设。从满足人的需要层次来看，需要层次不断递进，符合马斯洛的生理需要、安全需要、社交需要、尊重需要、自我实现需要五种层次需要，体现了人的需求从低到高不断攀升。主要管理方式由人治向法治，再向情治，最后发展到文治的进步。管理的中心实现了由物向人的转变。可见，企业文化管理是以现代企业制度为组织形式，以“自我实现人”的人性假设为逻辑起点，以企业文化诸要素为手段，以追求企业的整体利益和长远利益为目标的现代企业管理方式。西方学者的众多研究表明，成功企业关键在于企业文化。①

## 6.3.2　企业文化建设与企业文化管理的关系

在企业的生存与发展中，文化建设是基础，文化管理是关键。完整意义上的企业文化建设应当包括物质文化建设、制度文化建设、行为文化建设、精神文化建设以及学习型组织建设等方面。企业文化管理是一种全新的管理理论，是企业管理的新阶段，它以价值观管理为核心，涉及企业战略管理、人力资源管理、财务管理、市场管理、时间管理和信息管理等各方面。企业文化管理关注的焦点在企业价值的提升上，更关注企业管理业绩，重内涵渗透。要想使企业文化真正给企业带来价值，就必须把企业文化建设上升到企业文化管理。

① 史保金．现代企业文化管理的内涵与特征[D]．郑州：河南职业技术师范学院学报，2002．

企业文化建设侧重企业文化相关理念的形成、塑造、传播等过程，重在构建。企业文化管理是以核心价值观为主线来进行管理，是指企业文化的梳理、凝练、深植、提升，重在执行。

企业文化建设与企业文化管理的区别参见表6-2。

**表6-2 企业文化建设与企业文化管理的区别**

| 企业文化建设 | 企业文化管理 |
|---|---|
| 传播学、策划学 | 管理学(组织行为学) |
| 基于企业文化策划 | 基于持续价值和系统价值，基于管理 |
| 策划作为主体 | 管理作为主体 |
| 解决口号和企业表层问题 | 内外兼修、系统解决企业的深层次管理问题，解决问题背后的问题 |
| 关注企业文化的分层 | 注重管理者和管理团队的能力开发和提升 |
| 关注管理外部，策划活动 | 基于企业管理个性，内涵提升，规划管理活动 |
| 重在建设 | 重在管理 |
| 重宣传 | 重深植 |

企业文化建设是企业文化管理的基础，属于初级阶段。企业要发展，必须完成由文化建设到文化管理的升华，文化建设是基础，文化管理是关键。因为，企业文化建设关注的焦点在文化体系上，关注的是“企业文化工作本身”，重外延表现，企业文化管理的根本任务在于通过各种途径全面提高员工的综合素质，激发员工的工作热情，提高劳动生产率，促进企业经济效益的增长；企业文化管理是将企业文化真正深入到企业管理的各个方面，融入企业管理的行为之中，因此，必须实现文化建设到文化管理的飞跃，实施文化管理。企业文化管理是企业文化建设的升华，是将建设的企业文化渗透到企业各项管理活动之中，企业文化管理是企业管理的最新阶段。企业文化建设与企业文化管理相互包容、互促共赢、补充完善。

### 6.3.3 企业文化管理在企业生存发展中的作用

生物靠基因遗传，社会靠文化沿袭，企业靠文化传承，企业生存与发展靠以人为本的文化管理。企业文化管理是企业摒升核心竞争力的关键，是企业生存与发展的原动力。企业文化管理在企业的生存与发展中的作用主要体现在企业文化传承的重点是核心理念。其中，企业价值观是企业文化的核心，企业精神是企业文化的灵魂，可以激发员工的主观能动性、积极性和创造性，增强企业的凝聚力和战斗力，影响企业的生存发展。如海尔集团提出并坚持实施的“真诚到永远”的核心理念、“敬业报国，追求卓越”的企业精神为海尔集团走出国门、走向世界提供了强劲的精神动力。企业文化管理在企业的生存与发展中的作用主要体现在以下三个方面。

一、企业实施文化管理，可以凝聚企业合力，提升核心竞争力

企业文化管理坚持人本思想，以人为本，对内以员工为本，对外以客户为本、以投资者为本、以债权人为本，并以此作为企业管理的出发点和立足点，有利于凝聚企业合力。企业文化是企业用以凝聚员工的最有力黏合剂，企业文化可以比物质、行政等手段更有效地调动员工的积极性，塑造企业的形象，提升企业的核心竞争力，使企业在激烈的市场竞争中立于不败之地。

二、企业实施文化管理,可以提高员工的积极性、主动性和创造性

优秀的企业文化将企业经营理念、价值观、企业精神渗透到企业管理的全过程。除了物质激励外,企业也要重视精神激励,注重发挥企业文化对员工的导向作用,唤起员工的主体意识和自我意识,并对自己的人生、思想、心理和行为进行自我规约和管理,以此增强员工的责任感、使命感,提高员工工作的积极性、主动性和创造性。①

三、企业实施文化管理可以极大地提高管理水平

我国著名的经济学家于光远指出"国家的强盛在于经济,经济的繁荣在于企业,企业的兴旺在于管理,而管理的关键在于文化"。企业实施文化管理可以推进管理手段、管理体系的创新,实现管理的全面升级,以推动企业管理现代化。企业文化管理将人文关怀的"软管理"与制度约束的"硬管理"有机结合起来,通过以情感人、以文"化"人,软硬结合,提高企业的管理效率、管理效能和企业的管理水平。

### 6.3.4　企业实施文化管理的对策

从世界500强企业的发展历程和管理经验来看,企业文化管理是企业提升核心竞争力的根本途径,企业必须实现文化建设到文化管理的升级变迁。

一、建立现代企业制度——文化管理的制度保障

在产权明晰的基础上建立规范的现代企业制度是企业文化管理的制度保障。企业文化是建立在现代企业制度基础之上的,而产权明晰又是建立现代企业制度的基础,没有现代企业制度(产权清晰、权责明确、政企分开、管理科学),企业文化建设与企业文化管理就必然流于形式。企业文化管理需要建立必要的规章制度等手段实现对人的硬约束,其关键是提高员工的自律意识和自我控制、自我约束的能力,从根本上增强企业的活力,提高产品和服务质量,提高管理效率,增强企业的竞争力。因此,企业实施文化管理,必须建立规范的现代企业管理制度。

二、坚持以人为本——文化管理的核心

企业之间的竞争说到底是人才的竞争,是人才数量和质量的竞争,最关键是人才质量的竞争。实施文化管理有利于提高企业的竞争力。邓小平同志认为人才问题"是个战略问题,是决定我们命运的问题"。江泽民同志曾经指出"做好人才工作,首先要确立人才资源是第一资源的思想"。胡锦涛总书记提出"坚持以人为本,就是要以实现人的全面发展为目标,不断满足人民群众日益增长的物质文化需要"。从企业的角度来看,人是企业发展的根本,充分发挥人才第一资源的重要作用,尊重人、理解人、关心人,促进企业和员工的共同发展。企业文化管理以人为本包含以下两层意思。

---

① 杨承礼. 浅谈企业文化管理的特点与功能[D]. 黄石:黄石高等专科学校学报,2004.

（一）对内以员工为本

1. 满足员工的合理需求

企业内部管理是围绕员工的需要进行的，只有满足企业内部员工合理的物质文化需要与精神生活需要才能体现以员工为本。按照马斯洛的需要层次理论，人的需求层次中较高需求是有被尊重和自我实现的需要。

2. 实施民主管理

尊重员工的人格，员工尊重企业管理者的人格，人人受到尊重，彼此相互理解，共同为实现企业目标而努力工作。在企业管理中，企业要创造条件满足员工自我实现的愿望，并支持员工参与企业管理。企业要建立职代会，凡是涉及企业的重大改革事项和决策、员工收入分配等涉及员工切身利益的热点、难点问题可提交职代会审议，开展员工建议活动，建立总经理接待日等民主管理制度。员工在获得信任、被尊重和自我价值实现的激励后会更加热爱自己的企业，更加积极地投身企业的工作。如美国的沃马特公司的每一位经理都使用刻有“我们信任我们的员工”字样的纽扣，正是这种信任使沃马特公司的事业蒸蒸日上。

（二）对外以客户、投资者、债权人、社会等利益相关者为本

一个企业不仅要满足内部员工发展的需要，其根本任务是要生产客户需要的产品，满足市场和客户的需要，牢记“客户就是上帝”的宗旨，维护客户的合法权益，替客户着想，以维护客户的利益。如中国建设银行提出“时时保持敬业精神，处处维护客户利益”等理念体现了人本思想。对投资者而言，坚持以投资者为本，全面落实股东代表大会的决议，落实投资者重大事务决策权等权利，履行资本保值增值责任，维护客户和投资者的利益。对供应商而言，做到信守承诺，按期履行合同约定的责任。对债权人而言，企业保证按时履行还本付息的责任；企业以社会为本，维护国家利益，做到守法经营、节约资源、保护环境、积极参加社会福利事业。只有这样，企业才能做大、做强、做久。

三、弘扬企业精神——文化管理的灵魂

企业精神是企业在长期生产经营实践中逐步生长培育起来的，并为员工所认可的群体意识。企业精神一经形成就会产生强大的号召力和凝聚力，成为企业发展的动力源泉。加强企业文化管理，首先就要培育具有自身特色的企业精神，形成强大的精神支柱，统一员工的共同追求，激发员工的创业热情，凝聚成团结奋斗的合力。如浙江娃哈哈集团提出“经营小家，发展大家，报效国家”的经营哲学，提出“道相同，心相近，力相聚，情相融”的团队精神；浙江方太集团提出“创造精品，提升厂品，塑造人品”的企业精神等。这些企业经过长期培育形成了优秀的企业精神，为企业管理提供了精神食粮，且将文化管理贯穿到企业管理的全过程之中。

四、实施期权期股激励——文化管理的激励创新

为了调动员工的积极性，企业必须实施有效激励。激励包括正激励和负激励两个方面。进入知识经济时代，激励的重点是正激励，即满足人的高层次需求，促进人的全面发展。激

励方法也需要创新，采用期股期权激励有利于企业实施文化管理，体现员工的主人翁意识。员工拥有企业的股份，既是被管理者，也是管理主体，而且还是企业主人，这样有利于更好地调动他们工作的积极性、主动性和创造性。

期权期股激励可以借鉴美国英特尔公司对全球员工实施股票期权激励的办法，除了对企业管理者实施股票期权激励机制外，为了调动员工的积极性，还将企业期权计划延伸到全球的所有员工。通用电气公司1/3的固定员工拥有企业股票期权。雅虎网络公司预留了一定数量的股票作为将来员工期权奖励。联想集团将35%的分红权留给企业的员工，鼓励员工参与持股，使员工真正成为企业的主人，与此同时，联想集团在企业管理上尽可能做到人性化、人情化。

### 五、坚持文化渗透——文化管理的重要方法

文化渗透是实施文化管理的重要方法，必须长期坚持。文化渗透包括以下四个方面。

#### （一）时间渗透

企业以水滴石穿的精神长期对企业经营理念进行文化渗透，把企业的经营理念渗透到员工的心灵之中。

#### （二）空间渗透

企业无所不在、事事处处地把企业文化渗透到企业活动的一切场所、一切事件之中。

#### （三）精神渗透

企业将企业经营理念、企业精神与员工的切身利益作为载体进行潜移默化的渗透。

#### （四）行为渗透

企业把行为和理念密切结合，用经营理念统率经营行为，使经营行为规范化、模式化。

总之，文化渗透是企业实施文化管理的重要途径。

综上所述，企业的生存与发展，文化建设是基础，文化管理是关键，企业必须认真重视文化基础实施建设，在此基础上完善企业制度，坚持以人为本，弘扬企业精神，建立股票期权激励机制，坚持文化渗透，逐步实现由文化建设到文化管理的转变，使企业管理进入文化管理新阶段。

# 第七章　人 本 管 理

——企业文化管理的本质

世间一切事物中，人是第一个可宝贵的；一切物质因素只有通过人的因素，才能加以开发利用。

——毛泽东

企业最大的资产是人。

——日本松下集团创始人松下幸之助

现代企业的竞争，归根结底是人才的竞争，从这个角度来说，人才是企业之本。办公司就是办人。人才是利润最高的商品，能够经营好人才的企业才是最终的赢家。

——联想集团总裁柳传志

人是企业第一资源，以人为本的人本管理是现代企业管理之灵魂，现代企业管理就是以人为中心的人本管理。

——段维龙

## 7.1　人本管理理论

### 7.1.1　中外人本思想概略

一、中国人本思想概略

（一）中国古代人本思想概略

“以人为本”的文化管理虽然是由日本企业实践并由美国管理学者研究总结提出来的，

但是“以人为本”并不是舶来文化。根据史料记载，中国创造了最早的人本理论。据《尚书·盘庚》记载，早在公元前16世纪盘庚就说“古我前后，罔不惟民之承保，保后胥。以不浮于天”。意思是盘庚认识到保障民众的最低生活水平的重要性，即“民为邦本，本固邦宁”的道理，实质是体现了处理好领导者和被领导者关系的极端重要性。中国古代文化中的有关人本思想的源远流长，在诸子百家中具有丰富的人本思想的经典名句。我国最早明确提出“以人为本”的是春秋时期齐国名相管仲(公元前725年前后—前645年)。两千多年前，管仲在《管子》一书中说：“夫霸王之所始也，以人为本。本理则国固，本乱则国危。”意为霸王的事业之所以有良好的开端，也是以人民为根本的；否则，国家势必危亡。管仲所说的“以人为本”就是“以人民为本”。他还强调：“政之所行，在顺民心；政之所废，在逆民心。民恶忧劳，我佚乐之；民恶贫贱，我富贵之；民恶危坠，我存安之；民恶灭绝，我生育之……故从其四欲，则远者自亲；行其四恶，则近者叛之。故知予之为取者，政之宝也。”意思是说政策政令的好坏要以民心的向背这把尺子去衡量。如若顺从百姓的“富贵”、“存安”等愿望，边远的人也会自动前来。反之，做百姓厌恶的“忧劳”、“贫贱”等事情，则再亲近的人也会背叛。因此，管仲认为，靠刑罚和杀戮并不能使百姓恐惧和心服。只有懂得给百姓以好处，才能得到百姓的拥护。可见，“以人为本”的思想在我国有深厚的文化土壤和历史背景。①

以孔子为首的儒家思想最集中反映了中华民族的人本思想。孔子人本思想中的核心是“仁”。“仁者爱人”就是说有仁爱之心的人懂得爱惜别人。孔子提倡“仁”治，就是要求统治者“富民”、“教民”，取信于民，尊重民意，施行德政。孟子提出“民为贵，社稷次之，君为轻”的民本思想，“民为贵”也就是以人为本之意。荀子提出“不富，无以养民情；不教，无以理民性”、“君者舟也，庶人者水也；水则载舟，水则覆舟”等民本思想。关于用人，儒家认为要治理好天下首先必须得到优良的治国之才，即“争天下，必争于人”。孔子还提出“政在选臣”等人本理念。

儒家的“爱民、富民、教民、德治”思想体现了尊重人、承认人、肯定人、重视人的思想，儒家思想提出了管理者必须得到人民的拥护，最根本的就是得民心，满足人民的需要，重视人民群众的力量等人本思想内涵。

### （二）中国近代人本思想②

#### 1. 民为邦本思想

林则徐提出“朝廷之度支积出，无一不出于民，故下恤民声，正所以筹国计，所谓民为邦本也”。林则徐提出的“民为邦本”思想体现了民本思想。

#### 2. 不拘一格降人才思想

龚自珍提出“九州生气恃风雷，万马齐喑究可哀。我劝天公重抖擞，不拘一格降人才”，表明龚自珍热切地希望产生一代有真才实学的新人。李鸿章在洋务运动中提出的“用人最是急务，储才尤为运国”也表明其对人才的重视程度。

---

① 北纵. 塑造“以人为本”的文化管理[J]. 企业文化，2007，(6)：13.

② 文显新. 人本管理——中国企业发展大趋势[M]. 北京：中国民航出版社，1999.

3. 德才兼备思想

中国近代思想家、政治家依然将“德才兼备”作为识别人才、选拔人才、考察人才以及培育人才的标准。如清朝的曾国藩指出“德若水之源，才即其波澜；德若木之根，才即其枝叶。德无才以辅之，则近于愚人；才无德以主之，则近于小人”的德才兼备的人才思想。曾国藩一生治军为政之所以取得成功，就在于他知人善任、重视人才。他认为，在人才的选拔标准上要注重德才兼备，二者缺一不可，并将“德”放在第一位；在人才的培养方法上，他主张不拘一格地以选用人才，力争做到人尽其才、适其所用。

4. 民权思想

孙中山先生在《民权主义》中主张实现“直接民权”，即主张人民有直接选举权、罢官权、创制权和复制权。梁启超提出：“国之强弱悉，推原于民主，民主斯固然矣。君主者何？私而已矣。民主者何？公而已矣。”他还说：“大国也者，何物也？有土地，有人民，以居于其土地之人民，而治其所居之土地之事，自制法律而自守之；有主权，有服从，人人皆主权者，人人皆服从者。夫如是，斯谓之完全成立之国。”意思是说要使中国衰而复振、转弱为强，关键在于兴民权，建立民主制度，保障人民自主和自由。

（三）中国现代人本思想[①]

1. 毛泽东“人本思想”简略

(1)“人是第一宝贵”的思想。

1949 年，针对美国国务卿艾奇逊认为中国人口多，一直到现在没有一个政府解决了人民的吃饭问题这一谬论，毛泽东说：“世间一切事物中，人是第一个可宝贵的。在共产党领导下，只要有了人，什么人间奇迹也可以造出来”。1956 年，毛泽东提出“一切物质因素只有通过人的因素，才能加以开发利用”。

(2)“为人民服务”的思想。

毛泽东一贯以全心全意为人民服务为己任。1944 年，毛泽东在张思德同志牺牲追悼会上专门作了“为人民服务”的演讲，全面系统阐述了他的“为人民服务”的思想观点，明确指出“我们所做的一切都是为人民服务”的观点。

(3)“群众路线”的思想。

毛泽东指出“人民，只有人民，才是创造世界历史的动力”。同时毛泽东提出了我党“从群众中来，到群众中去”的群众路线。它的科学含义就是一切为了群众，一切依靠群众，从群众中来，到群众中去。其实质就是要建立密切的党群、干群关系，善于集中群众智慧，善于把党的思想、理论、计划和方针变为群众的实际行动，推动革命事业的发展。

上述三点人本思想是毛泽东思想的重要组成部分，毛泽东始终把人放在中心地位，把工作的重点放在充分调动人的积极性和协调人际关系上，坚持群众路线，坚持以人为本。

---

① 文显新. 人本管理——中国企业发展大趋势[M]. 北京：中国民航出版社，1999：38—39.

2. 邓小平人本思想简略

(1)“人民利益最高”的思想。

邓小平提出“中国共产党的含义或任务,如果用概括的语言来说,只有两句话:全心全意为人民服务,一切以人民利益作为每个党员的最高准绳”。邓小平指出“全党要始终把人民拥护不拥护、人民赞成不赞成、人民高兴不高兴、人民答应不答应作为党的一切工作的出发点和归宿点”的人本思想,邓小平要求全党必须坚持密切联系群众的群众路线,提出并践行“立党为公,执政为民”理念。

(2)“关键在人”的思想。

邓小平提出“一定要在党内造成一种空气:尊重知识,尊重人才”。[①] 他在“南巡”讲话中更加明确地指出“中国的事情能不能办好,社会主义和改革开放能不能坚持,经济能不能快一点发展起来,国家能不能长治久安,从一定意义上说,关键在人”。他要求全党全军和全国人民高度重视和努力解决人才问题。他强调“靠空讲不能实现现代化,必须有知识,有人才”,并提出干部“四化”标准,为党和国家培养和造就了大批人才。

(3)“教育优先发展”的思想。

邓小平高度重视教育和科学。1977 年,邓小平在科学和教育工作座谈会上提出“科教兴国”战略,邓小平指出“我们国家要赶一流世界先进水平从何着手呢？我想,要从科学和教育着手”。“抓科技必须同时抓教育”他特别强调“不抓科学、教育,四个现代化没有希望,就成为一句空话”。邓小平不仅从理论上确定了教育优先的战略地位,而且特别重视在实践中落实这种思想。

邓小平理论丰富和发展了毛泽东思想,邓小平“人本思想”也是对毛泽东“人本思想”的重要发展,邓小平人本理论体系十分丰富、博大精深,很重要的是提出并实施了教育先行思想,在全社会形成了尊重知识、尊重人才的良好社会氛围,为社会进步、国家繁荣、人的发展奠定了智力基础。

3. 江泽民人本思想简略

(1) 亲民思想。

江泽民重视与民众的关系。他在十五大报告中指出“我们领导干部在任何情况下,都要密切联系群众,努力帮助人民群众解决生产、生活中的实际问题。千万不要忘记群众,千万不要脱离群众。只要我们真心实意地同人民群众一起艰苦奋斗,我们的事业就会不断地从胜利走向胜利”。他还告诫说:“我们的各级干部要牢记自己是人民的公仆,一切工作都是为了群众,也必须依靠群众才能做好。”

(2) 执政为民思想。

江泽民在十六大上提出“立党为公,执政为民”思想,指出“我们党要承担起推动中国社会进步的历史责任,必须始终紧紧抓住发展这个执政兴国的第一要务,把坚持党的先进性和发挥社会主义制度的优越性,落实到发展先进生产力、发展先进文化、实现最广大人民的根本利益上来,推动社会全面进步,促进人的全面发展”。[②]

---

① 邓小平. 邓小平文选(第二卷)[M]. 北京:人民出版社,1994.

② 江泽民. 江泽民文选(第 3 卷)[C]. 北京:人民出版社,2006.

（3）“科教兴国”的思想。

江泽民发展了邓小平1977年提出的“科教兴国”思想。1992年，在中国共产党第十四届全国代表大会上，江泽民指出“必须把经济建转移到依靠科技进步和提高劳动者素质的轨道上来”。1995年5月江泽民指出“科教兴国，是指全面落实科学技术是第一生产力的思想，坚持教育为本，把科技和教育摆在经济、社会发展的重要位置，增强国家的科技实力及实现生产力转化的能力，提高全民族的科技文化素质”。

4. 胡锦涛人本思想简略

（1）科学发展思想。

胡锦涛在2007年6月25日指出“科学发展观，第一要义是发展，核心是以人为本，基本要求是全面协调可持续，根本方法是统筹兼顾”①。在党的十六届三中全会上，以胡锦涛为总书记的党中央正式提出了“坚持以人为本，树立全面协调可持续的发展观，促进经济社会和人的全面发展”的科学发展观理论。其中，全面发展，就是要以经济建设为中心，全面推进经济、政治、文化的建设，实现经济发展和社会全面进步。协调发展，就是要统筹城乡发展、统筹区域发展、统筹经济社会发展、统筹人与自然和谐发展、统筹国内发展和对外开放，推进生产力和生产关系、经济基础和上层建筑相协调，推进经济、政治、文化建设的各个环节和各个方面相协调。可持续发展，就是要促进人与自然的和谐，实现经济发展和人口、资源、环境相协调，坚持走生产发展、生活富裕、生态良好的文明发展道路，保证一代接一代地永续发展。所有这些都是为了最广大人民的根本利益。科学发展观的第一要义是发展，核心是以人为本，基本要求是全面协调可持续发展。

（2）民本思想。

胡锦涛提出“权为民所用，情为民所系，利为民所谋”的以人为本的思想观点。胡锦涛要求各级领导“要坚持把群众关心的热点难点问题作为我们工作的重点，认认真真访民情，诚诚恳恳听民意，实实在在帮民富，兢兢业业保民安，努力增强为人民服务的本领。要深入实际、深入基层、深入群众，倾听群众呼声，了解群众意愿，集中群众智慧，使我们做出的决策、采取的举措、推行的工作更加符合客观实际和规律，更加符合广大人民的愿望和利益”。中国共产党“坚持把立党为公、执政为民作为本质要求”。

（3）“人民利益至上”思想。

胡锦涛提出“坚持全心全意为人民服务，摆正同人民群众的关系，是坚持求真务实的根本准则”。要不要求真务实、是不是求真务实，根本上是与每一个党员干部的价值取向和目的动机联系在一起的。共产党只有坚持立党为公才能做到执政为民。同样，每一个党员干部只有具备时时事事以最广大人民的根本利益为重的人民利益至上思想。

（4）深入群众思想。

胡锦涛提出“要坚持把群众关心的热点难点问题作为我们工作的重点，认认真真访民情，诚诚恳恳听民意，实实在在帮民富，兢兢业业保民安，努力增强为人民服务的本领。要深入实际、深入基层、深入群众，倾听群众呼声，了解群众意愿，集中群众智慧，使我们做出的决策、采取的举措、推行的工作更加符合客观实际和规律，更加符合广大人民的愿望和利益”。

---

① 胡锦涛在中央党校省部级干部进修班发表的重要讲话[N]. 人民日报，2007.

要建立健全密切联系群众和实现好、维护好、发展好最广大人民根本利益的长效机制，为我们党始终保持同人民群众的血肉联系提供可靠的制度保证的深入群众的思想。

二、西方人本主义思想简述

人本思想最早是在欧洲文艺复兴运动时期提出来的一种哲学思想。欧洲的封建社会，人们信基督教，统治者以《圣经》来统治人们的思想，《圣经》就是真理，以神为本，即神本思想。后来科学家伽利略发现了地球和太阳的运动真理，人们开始怀疑《圣经》。不能以神为中心了，那么以谁为中心呢？西方人提出一个以人为中心思想，这是西方最早的人本思想。

西方近代"人本主义"在反对迷信、崇尚科学，反对专制、崇尚自由，反对神性、张扬人性的过程中对反对封建主义、推进人的解放起到了一定的积极作用。但西方近代"人本主义"对人的本质的认识强调的是脱离具体时代和各种社会关系的抽象的人，是所谓"感性的"、"个别的"主体，由于其缺乏社会实践性而陷入空谈。①

西方的人本管理思想追求的是如何发挥人的最大经济效益，具有强烈的功利主义思想。古希腊哲学家普罗泰戈拉（公元前 490—前 421 年）提出"人是万物的尺度，是存在的事物的惊讶，也是不存在的事物不存在的尺度"著名的论断，充溢着以人为本精神的哲理。

14—19 世纪，欧洲先后出现了人文主义、人道主义、人本主义思潮。人文主义意为对人的文明博爱，人道主义意为对人在道义上的援助，人本主义意为以人为根本的较为系统的思想观点。可见，人本主义就是以人为本、以人类为本的系统思想。西方的人文主义、人道主义和人本主义所体现的"以人为本"的思想极大地打击了中世纪宗教神学、神权和封建专制主义君权的统治，弘扬了人性与人权，推进了科学技术革命和资产阶级民主革命。然而，资本主义社会和资产阶级的统治建立起来之后实行的却是"以富人为本"，广大的无产者和劳苦大众依然处于贫穷无权状态。社会历史的发展要求建立新的"以人为本"观。② 1957 年，美国麻省理工学院社会心理学家道格拉斯·麦格雷戈提出"X 理论和 Y 理论"，对人的本性有了更深刻和更全面的理解，体现了人本管理思想的精髓。在"Y 理论"的基础之上，1970 年杰伊·洛希在《组织结构与设计》一书中提出了"超 Y 理论"，以权变管理思想进一步完善"X 理论和 Y 理论"。"超 Y 理论"是在"Y 理论"的基础上对人的本质的进一步发现和认识。人既不是纯粹的"经济人"，也不是完全的"社会人"。不同的人、不同的时期应采取不同的管理方法，即使是相同的人，由于周围环境的变化，在不同的时期也要采取不同的管理方式，即权变理论。这种理论完善了"Y 理论"中对"社会人"的假设。西蒙的"管理人"也是对"社会人"假设的发展。

20 世纪 30 年代，美国的梅奥教授在霍桑试验的基础上建立了"人际关系学说"，提出了"人是社会人"的观点。1943 年，美国人本主义心理学家亚伯拉罕·马斯洛提出的"需要层次理论"将人的需求分为五个层次，要求管理者按照员工不同的需求实施管理，这些理论一定程度上也体现了人本思想。

西方企业人本管理把人看做是生产力诸要素中最重要的要素，强调调动人的积极性，发挥人的聪明才智是搞好管理的核心。企业文化理论奠基作之一的《Z 理论——美国企业怎

① 李向国．胡锦涛"以人为本"的"民本位"思想[J]．中国党政干部论坛，2008，(1)：6．

② 高放，王琪．"以人为本"提法的由来[J]．中国科技术语，2009，(2)：24．

样迎接日本的挑战》一书认为“使工人关心企业是提高生产率的关键”。① 被誉为“1982 年以来美国工商管理的‘圣经’”，在全球销量已达 600 万册的《探索企业成功之路》一书认为“这些优秀公司都把普通职工当作提高质量和生产率的根本源泉”。②

### 7.1.2 人本管理理论

一、人本思想的定义与本质③

（一）人本思想的定义

所谓思想，是客观存在反映在人的意识中经过思维活动产生的结果。作为心智活动的产物，思想是对事物的反映、认识，是逻辑判断、思维活动过程与结果。实施人本管理，必须具备人本管理思想。人本管理思想产生于西方 20 世纪 30 年代，真正运用于企业管理是在 20 世纪六七十年代。人本管理思想是把员工作为企业最重要的资源，以员工的能力、特长、兴趣和心理状况等综合性情况科学地安排最适宜的工作，充分地调动员工的积极性、主动性和创造性，促进员工的发展，提高工作效率为企业发展作贡献，实现员工个人与企业共同发展，实现双赢目标。

党的十六届三中全会提出“坚持以人为本，树立全面、协调、可持续的发展观，促进经济社会和人的全面发展”的科学发展观理论，科学发展观成为中国共产党指导思想的重要组成部分，科学发展观的主要内容就是以人为本，全面、协调、可持续发展。“以人为本”是科学发展观的本质和核心。

综上所述，人本思想就是以人为本的思想，就是把人作为中心和核心，树立依靠全体员工、以员工为主体的思想，采用人性化管理方式，体现人文关怀，发挥员工的主观能动性，增强员工的归属感、责任感、奉献和忠诚精神，产生凝聚力、向心力和创造力，促进人的全面、协调、可持续发展的思想体系。

（二）人本思想的本质

人本思想的本质是以人为本。“以人为本”是科学发展观的价值基础，也是企业发展的出发点和落脚点。树立和全面落实科学发展观，必须坚持以人为本，贯彻以人为本的理念和要求，以实现人的全面发展为目标，从人民的根本利益出发谋发展、促发展，不断满足人民日益增长的物质文化需要，切实保障人民的经济权益、政治权益和文化权益，让发展的成果惠及全体人民。对企业来讲，就是惠及全体员工、全体顾客以及利益相关者。

---

① 〔美〕威廉·大内. Z 理论——美国企业怎样迎接日本的挑战[M]. 北京：中国社会科学出版社，1984.

② 〔美〕托马斯·彼得斯，小罗伯特·H. 沃特曼. 探索企业成功之路——美国优秀公司的管理经验[M]. 上海：上海翻译出版公司，1085.

③ 严世英. 人本管理与企业文化[J]. 辽宁广播电视大学学报，2008，(3)：44.

## 二、人本管理

### (一) 人本管理的定义

人本管理是以人为中心的管理理论与管理实践的总和。人本管理是相对于传统管理，坚持以人为中心的管理模式。它是与“以物为中心”的管理思想相对应的概念。关于人本管理的内涵与外延，我国的专家、学者进行了较为全面的研究，提出了不少观点，目前来看，大致有以下八种。

1. “3P管理”的观点

“3P管理”也就是of the people(企业即人)、by the people(企业靠人)、for the people(企业为人)。该理论认为企业是由人所组成的，人是企业最重要的资源，企业无人则企业不复存在。企业经营管理的主体是企业全体员工，办企业必须依靠全体员工的智慧和力量，企业是为了满足人的需要而存在的。基于此，有学者提出现代企业管理的三大任务是创造顾客、培养人才、满足员工需要，人自始至终位于企业管理的核心地位。①

2. “人的全面发展”的观点

在国内外颇享盛誉的经济学家、辽宁大学经济学教授张今声认为人本管理有以下三层含义。

(1) 依靠人，且重视开发人的潜能。

(2) 管理最主要的任务是尊重每一个人，企业最高的经营宗旨是塑造高素质的员工队伍。

(3) 人的全面发展是组织成功的基础：管理的终极目标凝聚人的合力，是组织有效运营的重要保证。他认为人本管理的精髓和最高宗旨是点亮人性的光辉，回归生命的价值，共创繁荣和幸福。②

3. “人性管理”的观点

该理论认为人本管理是指在人类社会任何有组织的活动中，从人性出发来分析问题，以人性为中心，按人性的基本状况来进行管理的一种较为普遍的管理方式。③

4. “以人为中心”的观点

该理论认为人本管理是把对人、对物、对事的管理紧密结合起来，做到以对人的管理为中心，关心人、尊重人、满足人的合理需求，以调动人的积极性。④

5. “满足人的需要”的观点

该理论认为人本管理就是将人的全面发展作为企业发展的目标之一，通过顺应人性的管理，凝聚人的合力管理和人的需要管理来实现人和企业的共同发展。⑤

① 兰邦华. 人本管理：以人为本的管理艺术[M]. 广州：广东经济出版社，2000.

② 张今声. 论人本管理[J]. 江西财经大学学报，2000，(1)：4—5.

③ 王承先. 人力资源管理学辅导[J]. 当代电大，2004，(3)：85—91.

④ 黄静. 以人为本的企业文化[M]. 武汉：武汉大学出版社，2003.

⑤ 曾建权. 论企业人本管理的理论与实践[J]. 华侨大学学报，1998(1)：38—42.

6.“人是主要资源”的观点

该理论认为人本管理就是把人作为管理的主要对象和企业重要的资源，通过企业文化建设，培育全体员工共同的价值观。人本管理要求尊重个人价值，运用各种激励手段，充分调动和发挥人的积极性和创造性，引导全体员工实现企业的经营目标，促进企业不断发展。①

7.“全员管理主体”的观点

该理论认为人本管理是一种把人作为管理活动的核心和组织最重要的资源，把组织全体成员作为管理的主体，围绕着如何充分利用和开发组织的人力资源，服务于组织内外的利益相关者，从而同时实现组织目标和组织成员个人目标的管理理论和管理实践的总和。②

8.“人的全面发展与共同进步”的观点

该理论认为人本管理就是将马克思主义理论运用于企业的管理理论与管理实践之中，在企业管理的过程中，树立整体人本观，既重视人的价值与自由，把满足人的需求和人的全面发展作为出发点和目的，又要充分发挥人的主动性和能动性，实现人的全面发展以及企业与社会的共同进步。③

还有其他的专家、学者把西方企业人本管理思想和关于人的全面发展的哲学思想结合起来对人本管理进行了研究，他们认为，人本管理有三层含义：一是以企业员工为本；二是以人民为本，即企业必须满足用户需求才能生存和发展；三是以人类为本，即企业必须时刻持续发展才能把局部利益与整体利益、眼前利益与长远利益最大限度地统一起来。

本书结合上述人本思想理论和人本管理研究成果后认为：人本管理是在管理过程中，坚持以人为本的人本思想，以人为中心，满足人的合理需求，激发人的潜能，调动人的主动性、积极性和创造性，以实现人的全面发展与企业协同发展的管理理论与管理实践活动的总称。简言之，人本管理就是以人为本。人本管理是文化管理的核心，人本管理的本质是以促进人的全面发展。人本管理可以从以下四个方面进行理解。

1. 为了人——人本管理的目的

这里“为了人”就是首先且主要是为了员工，其次为了顾客、为了竞争者、为了投资者、为了债权人、为了社会人等。“为了员工”就是企业发展与员工个人发展相一致，共同发展、协同发展。“为了顾客”就是提供满足顾客需要的质量合格、价格适宜的安全产品。“为了竞争者”就是避免恶性竞争，形成竞争性合作关系。“为了投资者”就是保证投资者的资本保值增值。“为了债权人”就是企业要做到按期偿还债务。“为了社会人”就是履行社会责任，保护环境，维护社会稳定，依法守法经营等。重点为了员工的发展，开发员工的潜能。管理的任务在于如何最大限度地调动人的积极性，释放潜能，燃烧激情，奉献热情。

2. 依靠人——人是第一资源

以物为中心的时代忽视人的核心作用。在知识经济时代，人是企业生存发展的决定力量。正如马克思所指出的“任何工作都应该以‘人’得到满足为目的”。④ 人是社会经济活动

① 葛素洁，杨洁. 现代企业管理学[M]. 北京：经济管理出版社，2001.

② 兰邦华. 人本管理以人为本的管理艺术[M]. 广州：广东经济出版社，2000：49—50.

③ 张友苏. 论制度管理与人本管理[J]. 江西财经大学学报，2000，(6)：9.

④ 中国人民大学. 马克思恩格斯论人性、人道主义和异化[M]. 北京：人民出版社，1984：265.

的主体，是一切资源中最重要的资源，是企业资源中第一资源，也是唯一活资源，其他的如财、物、时间、信息、技术等资源的利用均离不开人的作用，否则其他的资源不能发挥作用。因此，企业必须树立依靠人的经营理念，依靠人首先而且主要是依靠全体员工的共同努力去促进企业的发展。同时，由于企业是社会的一个主体之一，离不开社会其他人支持，因此，还必须树立依靠利益相关人的观念，如供货商、销售商等产业链相关人。

3. 尊重人——人本管理的基础

没有尊重人，就不可能做到理解人、信任人、关心人，更不可能实现人的全面发展目标，企业也就失去了以人为本的基础，就不可能调动人的积极性、主动性和创造性，也就失去了存在与发展的基础。所谓“尊重人”，是指在民主、平等的基础上形成的人与人之间的一种情感与态度。马克思说：“你希望别人怎样对待自己，你就怎么对待别人。”只有做到了尊重人才能做到关心人、爱护人、帮助人，才能为了人和发展人。这里尊重人首先是尊重全体员工，员工的人格受到尊重，意见和建议受到重视，工作得到认可。企业尊重员工的人格、爱好、习惯、基本权利、创新精神、劳动成果以及知情权、参与权、选择权和监督权等，让员工充分地发表意见，发挥自己的聪明才智。

4. 发展人——人本管理的本质

发展人是人的全面发展。人的全面发展是企业发展的本质和目标。发展人不仅是指物质上的发展，更主要的是精神上的发展，知识、能力和素质的提高①。本书认为发展人是人的全面发展，包括德、智、体全面发展。德，包括社会公德、职业道德、家庭美德及政治素养；智，包括知识以及将知识转化为生产力的能力等；体，包括身心素质、情商等。在知识经济时代，发展人是人的物质与精神全面发展，特别是人的自我实现等高层次精神需求的满足与发展。

总之，企业实施文化管理必须树立“人本管理”理念，强化“人本管理”意识，将“以人为本”的文化理念贯彻到企业的各项管理工作之中，让企业“人本精神”体现在企业管理实践之中，形成“以人为本”的文化氛围和机制。

### （二）人本管理的特征②

人是企业中最重要的资源，人是管理的核心。人本管理把人置于组织中最重要的资源的地位。这是人本管理与以“物”为中心的管理的最大区别，它意味着企业的一切管理活动都围绕如何识人、选人、用人、育人、留人而展开。人成为企业最核心的资源和竞争力的源泉，而企业的其他资源（如资金、技术、土地）都围绕着如何充分利用“人”这一核心资源、如何服务于人而展开。

人本管理的主体是企业的全体员工，体现人人是管理者的特点。人本管理是全员参与的管理，每位员工都是真正的主人，管理者和普通员工之间是一种合作分工的伙伴关系。在工作秩序上不是由上到下的控制导向的传统管理模式，而是鼓励全体员工都对工作进行思考，形成上下双向交流的自主工作秩序。企业管理者的工作重点是在组织结构重整之后，搞好授权与激励，让每位员工都能享受权利、信息、知识和酬劳，从而使人人都有授权赋能的感受。

---

① 刘焕荣，徐立梅．文化管理的本质特征和主要特点[J]．商业研究，2002，(6)．

② 兰邦华．管理学前沿 人本管理内涵与特征[J]．经济管理，2000，(7)：25．

人本管理的主要方式是开发人力资源,促进人的全面发展。由于人才已成为企业竞争力的源泉,成为企业兴衰成败的决定性因素,所以企业要想在竞争中取得优势,唯一的途径只有利用和开发本企业的人力资源。同时,因为知识更新的速度不断加快,企业需要不断追加对员工的人力资本投资。

人本管理活动的服务对象包括企业内外的利益相关者。现代管理赋予企业全体员工与企业物质资本所有者一样拥有控制企业、分享剩余权力。既然企业的全体员工是企业的所有者之一,就应该都是管理活动的服务对象。

人本管理是企业目标与个人目标的相容性。人本管理的企业,全体员工都成为管理活动的主体和服务的对象,管理活动成功的标志不但要看原有的组织经济目标是否实现,还要看组织成员的个人目标是否实现。只有将组织目标和员工的个人目标有效地结合,才能增强企业的凝聚力,充分发挥全体员工的主动性、积极性和创造性,使企业获得长久的发展。

人本管理是一种思想理论体系和管理实践活动的综合概念。人本管理首先是一种思想理论体系,它是一系列关于如何识人、选人、用人、育人、留人的思想理论的综合,企业在上述理论的指导下自发地或自觉地开展的管理实践活动。

## 7.2 人本管理实践

### 7.2.1 以人为本的文化管理理念

企业实施以人为本的文化管理,必须具有以下四个方面的理念①。

一、"以人为本"理念

以人为本的核心就是以人为根本。以人为本可以从两个方面来理解。首先,以人为本的"人"是相对于以神为本、以物为本的概念。人本思想主要是相对于物本思想而提出来的。其次是"本"这个概念。"本"包括"本原"、"根本"之意。以人为本的"本"不是"本原"的本,是"根本"的本。以人为本,回答在我们生活中什么是最重要的、什么是最根本的以及什么是最值得我们关注的。对企业而言,人是企业生存发展之本。

二、"双赢"理念

企业是企业与员工共同生存和发展的平台,企业的发展可以为个人的发展提供舞台,任何人,即使能力再强,也只有在企业这个平台上才能发挥自己应有的作用,离开了企业就没有用武之地。同时,企业也需要得到员工全方位的关爱,能够认识到"企盛我赢,企衰我损",从而自觉地关心企业,促进企业的发展壮大和个人的充分发展,形成利益共享的机制。

---

① 莫少颖. 知识管理对传统企业管理的变革[J]. 商业研究,2002.

三、"风险共担"理念

企业是制度共守、利益共享、风险共担的大家庭，这强调将企业的风险量化到个人，同时把企业的收益量化到个人。只有将企业的风险、收益和员工个人的风险、收益能有效地结合在一起的时候，企业才能形成一种风险共担、利益共享的抗风险力量和内在活力。

四、终身学习理念

企业是一所大学校，即学习型组织，员工在为企业作出奉献的同时，自身素质也会得到提高。所以，员工应树立不断学习、不断进步，掌握更多的专业技能和知识的理念，发自内心地爱护企业、维护企业、发展企业。

### 7.2.2　建立以人为本的人力资源开发管理机制

实施文化管理，核心是以人为本，主要落实在企业人力资源开发管理中必须建立起有体现人本文化的人力资源开发管理机制。

一、建立并实施以人为本的人力资源进口机制

（一）以文求才

建立符合企业特点的优秀的企业文化，以优秀的企业文化吸引人才。在人才引进工作中，按照企业发展规模、人才结构和人才储备要求等标准制定并有效执行人力资源规划。坚持以人为本，按照德才兼备的原则，将认同企业文化的人才引入企业，建立起良性人力资源进口机制。优秀的、以人为本的企业文化为招聘员工提供了规范和标准。在进行员工招聘时，企业根据企业文化的要求，深刻领会企业文化精神内涵，对应聘者的文化素养、价值观进行评估，从而选拔德才兼备的优秀人才，为企业的人力资源开发管理打下良好的基础。

（二）以诚求才

在科学技术迅猛发展的今天，人才的流动是必然的。面对人才不足和人才流动的局面，企业的领导者必须做到以诚求才。而要做到以诚求才，就必须有求才若渴、爱才如命之心；必须创造出吸引人才、留住人才的环境；必须关心人才的工作和生活，给他们以优厚的待遇。只有这样才能吸引人才，聚集起一支人才队伍，从而留住人才，使优秀的人才全力地为企业服务。特别是对于核心人才，企业要有刘备"三顾茅庐"的诚心，达到以诚求才的目的。

二、建立并实施以人为本的用人机制

优秀的企业文化是员工积极向上的精神基础，企业必须将企业文化渗透在人力资源开发管理之中。在用人方面，特别是在干部任用上，企业可以学习海尔集团的经验，树立人人是人才的观念，克服家族企业重血缘、地缘、论资排辈等弊端，杜绝任人唯亲，大胆启用"外人"，尊重员工，做到知人善任、量才使用、用人所长、人尽其才。

（一）知人善任

知人善任就是能够识别人才并善于使用人才，这是用人之道的根本原则。“知人”是“善任”的前提，只有“知人”才能“善任”，只有知人善任才能做到人才互补、配置适当、优化组合，最大限度地发挥人才的能量和潜力。“知人”包括两层含义。一是广知，即对所属单位的全部人员要全面了解和掌握。作为领导者，既要知身边的人，也要知边缘的人；既要知道那些善于发挥特长的人，也要知道有潜在素质正在成长的人。二是深知，即对应知对象的个体要有全面深入的了解。对人才的德、才、勤、绩和体等方面的情况都要掌握清楚，既要知道他们的优点和特长，也要知道他们的缺点和不足；既要知道他们的现实表现，也要知道他们的历史情况；既要知道他们的主观因素，也要知道客观条件对他们的影响；既知其然，又知其所以然。做到广知，选人用人才能做到全面衡量、好中选优；做到深知，选人用人才能根据他们的德才情况量才使用。

“善任”是关键。“知人”的目的在于“善任”，只有“善任”，才能使人才更好地发挥才能，做到人尽其才。“善任”就是能够使每个人的德才情况与拟任职位的才能需要相统一，使其达到最佳结合。这就要求企业管理者既要知道拟任职岗位需要何种人才，又要知道何人具备何种才能，做到既知人又知事，使客观需要与主观能力达到完美统一。[①] 作为现代企业的领导者既要有爱才之心，又要有识才之眼；既能正确判断人才，又能合理使用人才。

（二）用人所长

古人说：“金无足赤，人无完人。”每个人都有自己的长处，也有自己的短处，企业的领导者应多从长处看人，少从短处看人，重视人的长处，容忍人的短处，努力做到扬长避短、量才适用。在目前经济全球化、信息化知识爆炸的时代，一个人成为“通才”是不可能的，甚至同样的科学家可能对彼此的研究领域也不是十分了解，这是社会发展的必然结果。一个人越是发展，就越需要成为一个“专才”。在此背景下，不同的人有不同的专长，不同的人有不同的潜力，因此如何在不同的岗位上发挥才能就是一个关键的问题。只有用人所长才能更好地创造价值。

（三）用人不疑

用人不疑就是企业对所使用的人要充分信任、大胆使用，使他们最大限度地发挥自己的才能。这要求企业管理者胸怀宽广，对下属多信任、少怀疑，多放手、少牵制，多授权、少干预，多支持、少责备；要热心地为下属排忧解难，大力支持和帮助下属开展工作；对下属所取得的成绩给予充分的肯定和鼓励，对下属存在的缺点要给予热心的帮助和引导。只有这样才能使下属信心百倍，大胆工作，充分发挥自己的才能，努力做好本职工作，出色地完成所承担的任务。

---

① 余小云. 领导干部应具备知人善任的能力[N]. 西藏日报，2008-01-26.

### 三、建立以人为本的留人机制

#### （一）发展企业，事业留人

根据马斯洛的需要层次理论，我们知道每个人的需求是有差异的，同一个人在不同时期的需求亦不相同。进入知识经济时代，企业单凭薪资是留不住人才的，每个人的追求不同，不是花钱就能把他们留在企业的。特别是一些专业人才和一些管理人才，要给他们搭建一个事业舞台，使他们能够发挥自身的价值。所以，作为一个现代人，他们看中的并不是薪酬，而是发展，是一个企业能够为他们的发展所能拓展的空间。企业要想留住人才，就要给他们创造一个与自己的愿望相吻合的事业平台，让员工与企业一起成长，一起发展，增强企业凝聚力，最终留住人才。

#### （二）提高薪酬，待遇留人

增加薪酬、提高物质待遇是人们生存的基本条件和工作的重要动力，也是所有的企业吸引人才、留住人才的“硬件”。越有能力和经验的人员，他们获得的报酬也应当越高。薪酬是人才的价值体现，是员工发挥能力的物质动力。尽管薪酬不是决定员工留与否的唯一因素，但是大部分人都认为工资越高越吸引人。一套有效的薪酬系统可以不断地激励员工的工作积极性，创造好的业绩。建立一个奖惩分明的薪酬体制，留住员工，促进员工为企业做出更大的贡献。企业在提高员工薪酬待遇的绝对值的同时，还要注意薪酬待遇的“相对值”，以体现公平性原则，进而调动员工积极性、主动性和创造性。

#### （二）尊重人才，感情留人

尊重人才，就要转变观念，建立“人人是人才”的观念。尊重人才就是尊重每一个员工。为了调动员工的积极性，坚持以人为本，在尊重员工的基础上，首先尊重员工的劳动，重视员工绩效，建立合理的薪酬分配体系和公平有效的激励机制，吸引、留住人才，特别是制定特殊优惠政策，吸引并留住核心人才。如海尔集团的人才观念是“人人是人才，赛马不相马”。

企业是一个大家庭，建立良好的人际关系和团队精神，员工会相互帮助、相互促进，从而创造更高的工作效率。这就要求企业以情感人，满足员工自尊自爱的要求。俗话说“士为知己者死”，作为管理者应有意识地多了解下属的思想和感情，通过正式或非正式的渠道与员工多沟通，取得员工的理解与支持。如美国微软公司为了方便员工之间以及上下级之间的沟通，专门建立了一个四通八达的公司“内部电子邮件系统”，上至比尔·盖茨，下到每一个普通员工都有自己独立、公开的电子信箱，无论在什么地方、什么时间，员工根本用不着秘书的安排就可以通过“内部电子邮件系统”和公司里的任何一个内部成员进行联系与交谈，甚至向公司最高领导提出个人的意见和建议。这种最直接、最快捷、也最能体现尊重人性的工作沟通方式使员工深深地体验到一种真正的民主氛围，为保持人际关系的和谐畅通了渠道，为留住人才发挥了极大的作用。

#### （四）民主管理，环境留人

推进民主管理，在建立企业薪酬激励体系与分配等制度时，交由员工学习讨论，实现绩效管理与人文管理的有机结合，做到公开、公平、公正、民主、科学、人性化。民主管理要求做到以下三点。一是决策程序民主，广泛听取各方面的意见。特别是工资待遇等敏感问题决策要让广大员工参与讨论，为建立合理的薪酬标准打下基础。二是完善职代会制度，推行厂务公开制度，落实职代会民主管理职权，保障员工的知情权、参与权和监督权。三是拓宽民主管理渠道，通过座谈会、对话会、听证会、"总经理热线"、网上信箱和企业论坛等多种形式，了解员工的意见，以营造一种积极向上、团结和谐的人际关系和工作环境，让大家心情舒畅地工作。

四、建立以人为本的教育培训育人机制

优秀的企业文化有利于建立良好的育人机制。遵循马斯洛"生存"、"安全"、"社交"、"尊重"、"自我实现"需要由低向高不断递增的发展规律，在满足员工生存、安全、社交需要的基础上，制订教育培训计划，增加教育培训经费的投入，切实抓好员工的业务与企业文化等教育培训工作，并长期坚持下去，建立起学习型企业的教育培训育人机制，构建竞争拼搏、向上的育人机制。

五、建立以人为本的人力资源出口机制

成功的企业必须建立起科学的出口机制，避免出现人才危机甚至是管理危机。如某企业出口机制不畅，没有留住核心人才，致使人才被其他的企业挖走，加上鲁莽地开除或辞退员工，最终导致企业毁灭。因此，若企业想成为"百年老店"，企业文化就是留住人才的系统软件。与此同时，企业还要按照劳动法规建立、规范人性化出口机制，不能简单地一开了之，辞退员工时要提前告知事由，做到有理、有节、有情，使员工心服口服，且尽可能地做好安抚工作，以有利于企业的稳定发展。如美国通用电气公司实行10%末位淘汰，尽管很残酷，但是企业严格遵守，并尽可能为离职员工推荐就业单位，且欢迎他们在充实自己后再回来工作，这样就会减少员工的离职怨言和不和谐。正是在长期坚持渗透企业文化的进口机制、用人与育人机制的同时，坚持这种既严格又人性化的出口制度，才使通用电气公司发展成为拥有30万员工的企业王国，历经三个世纪长盛不衰。

### 7.2.3 创建学习型企业

未来的竞争是知识的竞争，知识的竞争主要体现在学习力竞争，学习力是企业创新的基础。一个企业要想生存发展，必须建立起学习型企业。美国学者彼得·圣吉所作的《第五项修炼》一书中首次将学习型企业理论化、系统化，并提出了自我超越、改善心智模式、建立共同愿景、团队学习、系统思考等五项修炼。彼得·圣吉指出企业应成为"学习型组织"。该理论认为，学习型组织的真谛在于能有一个富有前瞻性的远景，因为它提供了组织学习的动力；学习型组织的关键在于它具有持续扩展创造的能力。按照《哈佛商业周刊》的解释，学习型组织"是一个能熟练地创造、获取和传递知识的组织，同时也善于修正自身的行为，以适应新的知识"。所谓学习型企业，是通过培养组织学习气氛、充分发挥组织每一个成员的创造性思维能力而建立起来的一种有机的、高度柔性的、扁平的、符合人性的、能持续发展的企业。简单地说，就是能持续进行团队学习的组织。创建学习型企业应该做到以下四点。

## 一、树立学习理念

21 世纪，企业的核心竞争力根本在于人才。而人才的竞争力最终归结为学习力的竞争。未来，无论是企业的技术创新还是管理创新都已不能获得持久的竞争优势。企业未来唯一持久的竞争优势就是具备比竞争对手更快速的学习能力。因此，必须建立学习型企业。学习型企业具有树立“终身学习、持续学习、全员学习、全程学习、团队学习、创新学习、学习工作化，工作学习化、学习制度化”的理念，将学习与工作紧密结合起来。员工通过学习，在重新认识、提高自身素质的同时，推进企业创新，促进企业发展。

## 二、建立学习机制

企业加大对员工教育培训的经费投入，建立持续学习机制。企业按一定的比例计提教育经费，做到专款专用，用于改善学习条件；制定学历教育与非学历培训管理办法，在经费、时间以及晋级升职等方面给予政策支持。如摩托罗拉公司每年用于员工的教育培训费用超过 10 亿美元；西门子公司一贯奉行“人的能力是可以通过教育和不断的培训而提高”的理念，它在国内外共拥有 600 多个培训中心，开设了 50 余种专业培训，每年参加各种定期和不定期培训的员工多达 15 万人。高度重视员工的培训正是西门子公司成功的关键所在。建立学习培训制度，严格学习纪律，加强学习考核，建立学习考核和奖励机制，把学习培训工作与年度业绩考核、晋级晋升、评先评优结合起来，形成人人是学习的主人、处处是学习的场所、时时是学习的机会的良好氛围。

## 三、领导者带头学习

建立学习型企业，领导者是关键。企业领导者不仅是企业的管理者，而且还是企业的设计师和教师。企业管理者必须对企业资源进行优化配置，提高管理水平。但是企业要发展，企业领导者同时也必须是企业文化的设计者、学习型团队的打造者，更重要的他们还应是学习型企业建设的导师、教师和引领者，要主导制定促进建立学习型企业的制度和机制，且做到带头学习文化知识、经济知识、法律知识以及管理知识，学习现代信息技术知识与技能，学习业务知识等，努力提高个人和团队的整体素质，促进企业团队人人学习，建立学习型企业。如学习力成为美国通用电气公司长盛不衰的不竭动力，杰克·韦尔奇最重大的变革是把通用电气公司变成了一家全球化的学习公司。杰克·韦尔奇认为，一个企业真正的“核心实力”不是生产制造或售后服务，而是企业的学习能力。他担任通用电气公司的 CEO 后一直致力于在公司内培育、创造一种学习的氛围。他要求每个雇员都要学习新的知识、新的技能，不但内部要相互学习，而且要向外部公司学习，并且能够把学到的新知识、新经验和新做法在实践中加以运用。

## 四、加强五项修炼

学习型组织理论是一种新型的组织管理理论。学习型组织最初的构想源自于 1965 年佛睿斯特所撰写的文章《一种新型的公司设计》。他运用系统动力学的原理非常具体地构想出未来企业的思想组织形态——层次扁平化、组织资讯化、系统开放化，逐渐由从属关系转向工作伙伴关系,不断学习,不断重新调整结构关系。① 2002 年,美国哈佛大学商学院知名教授戴维·A.加尔文在《学习型组织行动纲领》一书中给出的定义是:学习型组织是指能熟练地创造、获取、解释、转移和保留知识,并根据这些新的知识和观点,自觉地调整自身行为的组织②。学习型组织与传统的"操作控制型组织"的一个根本区别是具有自我超越、改善心智模式、建立共同愿景、团队学习和系统思考的五项修炼特点。

(一)自我超越

自我超越是学习型组织的精神基础。自我超越要求个人从个人追求持续为起点,不断理清现状与愿望,并为自己的最高意愿而生存。真正了解自我超越的人能够不断地实现他们内心深处最想实现的愿望,他们对待生命的态度就如同艺术家对待艺术作品一样全身心地投入,不断创造和超越,是一种真正的终生学习,组织整体对于学习的愿景和能力植根于每个成员对于学习的意愿和能力。

(二)改善心智模式

心智模式根深蒂固于心中,影响我们如何了解世界,如何采取行动的许多假设、成见或图像、印象,是对于世界如何运作的既有认知。我们通常不易察觉自己的心智模式以及它对行为的影响。心智模式是一种思维定式,是指人们认识事物的方法和习惯。当我们的心智模式与认知事物发展的情况相符,能有效地指导行动;反之,当我们的心智模式与认知事物发展的情况不相符,就会使自己好的构想无法实现。因此,改善心智模式,加强心智模式的修炼,要求做到:(1)认清自己的心智模式;(2)有效表达自己的想法,再以开放的心灵容纳别人的想法;(3)注意培养企业多样化的心智模式;(4)不刻意追求成员看法一致性;(5)不抱先入为主的成见,主动探询他人的不同想法;(6)不把自己的好恶强加于人,尝试换一种立场和思路做进一步思考;(7)主动改善认知方面的缺失。

(三)建立共同愿景

所谓愿景(Vision),就是愿望的景象,是人们心中或脑海中所持有的意象或景象。所谓共同愿景,是指组织中人们所共同持有的、鼓励组织员工努力上进的意象或景象,即共同愿望和远景目标。建立共同愿景使组织孕育无限的生机和创造力,提供前进的动力,并会聚全体成员的力量。共同愿景由共同目标、价值观和使命感三个要素组成。共同愿景是组织内部个人愿景经过交流协同后的产物,建立共同愿景遵循的四个原则是:一是共同愿景要符合先进的价值观念和道德规范;二是共同愿景要结合行业特点、企业特点,突出个性特征;三是全体成员相互接纳、相互信任、相互沟通;四是共同愿景要与企业的其他理念相一致。

一般来说,共同愿景的建立过程可分为以下三个阶段。

1. 个人愿景提出阶段

彼得·圣吉认为共同愿景可以源自企业领导者的个人愿景,也可以源自非权力核心的

① [美]戴维·A.加尔文.学习型组织行动纲领[M].北京:机械工业出版社,2004.
② 王峻同志在创建学习型组织动员会上的讲话,http://www.yunhc.gov.cn/

其他阶层。本书认为此阶段个人愿景在考虑成员的普遍性的基础上，以管理干部为主，设想个人愿景。

2. 个人愿景分享阶段

在这一阶段，企业上下展开广泛深入的讨论交流，让各个愿景间相互激荡，从而互动成长，形成新的愿景。企业成员间要坦诚相待、互相宽容、用心聆听，让别人分享自己的愿景，也主动去分享别人的愿景并主动分析愿景形成的内部原因，分析其是否符合先进的价值观念和道德规范。

3. 共同愿景形成阶段

经历了前两个阶段后，企业已经可以形成自己独特的、全体成员共同追求的共同愿景。在此阶段需要做的工作有三项。一是公布共同愿景。对内公布，可以统一企业全体成员的思路和工作方向；对外公布，可以在社会公众的心中塑造一个鲜明的企业形象，也有利于企业的成长。二是维护共同愿景。共同愿景不是短期目标，一旦形成，就有一定的稳定性和权威性，不能朝三暮四、说改就改，也不能因为某位领导者的突发奇想就无疾而终。企业成员都要主动维护共同愿景。三是发展共同愿景。共同愿景也不是一成不变的。它随着环境的变化而发展。研究表明，共同愿景一般可以存在3～5年。这就要求企业成员始终保持敏感的心理，时刻注意观察环境的变化。在共同愿景已实现或不适应环境时，提议修改共同愿景。作为企业的领导者，此时就要审时度势，根据现实情况适时做出修改愿景的决策，以建立新的共同愿景。

（四）团队学习

关于团队的作用，杰克·韦尔奇曾经说过："我的成功，百分之十是靠我个人旺盛无比的进取心，而百分之九十全仗着我拥有的那支强有力的团队。"所谓团队，就是为了追求共同利益最大化，以相对稳定的组织关系结合的人群。团队学习则是为了发展团队成员整体协作及实现共同目标的能力，其主要内容有团队的内部协调、讨论和研究。合理的团队学习可以更有效地建立团队共同愿景，只有团队培育了共同愿景，团队成员之间才能达到有效的学习。改善心智模式、建立共同愿景、进行系统思考、实现自我超越等诸多目标都必须通过团队学习来实现。建立学习型企业，打造学习型团队，可以从以下六个方面着手。

1. 树立团队意识

企业团队意识，是指企业团队成员对团队的态度。企业团队意识包括理想、价值观、价值标准、工作态度等成分。团队意识是一个企业同心协力不断向上的原动力，它会让每位员工产生一种归属感，觉得为企业团队做贡献就是在为自己争荣誉。可以说，一个企业的团队意识越强，它的生命力就越旺盛、越长久。士气高扬、活力充沛的团队可以将整个企业牢牢地捆在一起，更好地提高企业的竞争力。

2. 明确团队目标

明确团队目标并使目标深入人心。目标是旗帜是方向，它指引着企业朝着共同的方向去努力、去拼搏，直至达到预期结果。目标主要是企业战略目标，可以细化为管理目标、生产目标，甚至是安全目标、质量目标、效率目标等。只要目标明确、可行，就必须让每位员工牢记在心，以便统一思想，达成共识，明确努力的方向，这样才能有目的、有计划地去实施企业管理。

3. 培育团队精神

团队精神又称士气，一般指团队成员“对某一团队感到满足，乐意成为该团队的一员，并协助达到团队目标的态度”。如果大部分团队成员获得较高的满足感时就会形成一种企业凝聚力。如果再加上科学严格的管理使团队精神和企业目标达成一致，就能大大提高企业绩效。

4. 执行团队规范

团队规范是团队成员意识中的行为标准，是一种思想观念性的产物。心理学家阿诺德和费尔曼认为，规范就是对群体活动行为提供某些指导的非正式规则，这些规则很少见诸文字，却可以坚固有力地调节成员的行为。强调规章制度的管理必须坚定不移地做到“有章可循，违章必纠”。但是，规章制度更多的是在正规工作上起作用，而且不可能完全覆盖全部领域。在许多可融入企业文化的内容中，规范更能起作用。

5. 坚持团队学习

在知识经济时代，企业要想成功就要靠知识，靠全体员工的创造力，这就要靠组织团队学习，开发整个团队的整体能力。《第五项修炼》的作者彼得·圣吉论述关于团队学习时提出：团队精神要靠团队学习来培养，团队是最佳的学习单位，而团队学习必须精于有效沟通，并应用深度会谈与技巧性讨论，才能达到共同提升的效果。这是一门高深的艺术，因而需要用心、刻苦的研习、修炼。团队学习就是开发团队的集体智力，发挥团队成员的合作精神和相互配合能力，将个人才智导向共同愿景的过程。

团队学习可以促进个人成长，利于提高团队的核心竞争力。团队学习的实施办法是：制定学习目标；培育学习文化；营造学习氛围；探索学习方法；拓展学习资源；开展集体学习；持续相互学习，并将所学应用于实践中，学习不是目的，学以致用才是目的。①

6. 建立和谐关系

企业管理者要以企业团队的利益为重，处理问题要公正、果断，不拖泥带水，让每个员工心服口服，才能在工作中发挥决策作用。管理者通过学习提高自己的知识、能力和素质，改进管理手段和管理方法，积累丰富的管理经验，建立和谐的干群关系，形成一定的管理权威，使员工自觉地服从管理、真诚合作，促进企业快速、持续、健康发展。

（五）系统思考

不同的人在不同的场合往往赋予“系统”不同的含义。一般定义为：系统是由一些相互联系、相互制约的若干组成部分结合而成的具有特定功能的一个有机整体（集合）。系统思考的管理观念是指管理主体自觉地运用系统理论和系统方法对管理要素、管理组织、管理过程进行系统分析，旨在优化管理的整体功能，取得较好的管理效果。彼得·圣吉把系统思考称为学习型组织的基石，如果没有系统思考，各项学习修炼到了实践阶段就失去了方法。

---

① 陈国权. 团队学习和学习型团队：概念、能力模型、测量及对团队绩效的影响[J]. 管理学报，2007，(5)：14.

系统思考是“看见整体”的一项修炼。系统思考有两个关键点：一是系统的观点；二是动态的观点。系统思考理论还强调认识系统主要在于认识系统的结构，不应被表象所迷惑，即应处理问题的“功态性”，力求找到处理问题的关键。

五项修炼之间具有正相关性，每一项修炼都和其他的修炼相关，都是一个学习和提高的过程，就和人修身养性一样，需要经过不断的学习和应用才能掌握，才有可能真正理解它的精髓。①

### 7.2.4　以人为本的人本管理的主要途径

一、转变思想观念是先导

思想是行动的先导，观念转变与否直接关系企业改革的进程。解放思想，更新观念，为企业转换经营机制创造必要的条件。实施以人为本的人本管理，最重要的一点就是要解放思想、更新观念，用文化的理念看待管理，用新思路解决问题，用文化管理企业，用文化提升企业实力。

二、建立学习型组织是条件

对一个企业而言，学习是创造能力和创新能力的源泉，是企业唯一持久的竞争力。学习型组织有利于提高员工的素质，注重企业和员工的协调发展，鼓励个人学习和自我超越，有利于建立一种形成共同价值观、改善心智模式、培养系统思考能力的企业文化，有利于提升企业的创新力，增强企业和员工的竞争力。

积极开发人力资源。人力资源开发是组织和个人发展的过程，其重点是提高人的能力，核心是开发人的潜能，人力资源开发贯穿于人力资源发展过程的始终。企业从事生产经营活动，需要具备两个基本的条件：一是占有资金；二是拥有掌握专业技能从事管理和操作的人员。二者之间，人的因素更为重要。人力资源的核心问题是开发人的智力，提高劳动者的素质。所以说，制定和实施人才战略，建立学习型组织，是企业实现文化管理的客观要求。

三、培育人本文化是基础

以人为本的管理中，企业文化建设有利于在企业中形成一种和谐进取、学习创新、品格高尚、团结协作的环境与氛围，使员工在这样的环境与氛围中可以充分发挥自己的聪明才智，完善自我，实现自身价值，同时促进企业的发展。

四、建立和谐的人际关系是重要人文环境

人际关系，是指人为了满足其生存和发展的需要在相互交往中形成的人与人之间的关系。人际关系影响着企业的凝聚力，影响着员工的身心健康。在一定的社会中生产和生活中，就必然要同其他人结成一定的关系，不同的人际关系会引起不同的情感体验。人际关系

① 兰邦华．人本管理：以人为本的管理艺术[M]．广州：广东经济出版社，2000.

会影响组织的凝聚力、工作效率、人的身心健康和个体行为。企业实行人本管理，就是为了建立没有矛盾和冲突的人际和谐，达成企业成员之间的目标一致性，以实现企业成员之间的目标相容性，以形成目标期望的相容从而建立和维持人与人之间的平等互信、融洽友好、文明有序、团结互助的和谐关系。

## 五、实施人本管理方法是手段

### （一）充分信任，目标管理

在一般意义上的目标管理的基础上更加强调企业目标与个人目标的协调，强调全体员工或员工代表参与企业重大问题的决策。在“以人为本”思想指导下的目标管理有以下四个突出的特点：(1) 强调个人与企业共同发展；(2) 体现民主参与管理；(3) 充分授权，实行自我管理；(4) 注重管理成效。

### （二）有效沟通，情感管理

和谐的人际关系是有效管理的先决条件，而融洽的情感是和谐人际关系的基础。管理者与员工不是单纯的命令发布者和命令实施者，应该还有以情感沟通为主的其他沟通。对员工情感进行有效管理，不仅可以缩短管理者与员工的心理距离，而且可以让管理者充分了解员工对工作的一些真实想法和了解员工在生活与个人发展上的需要。沟通，就是信息交流。以人为本的管理中的沟通是指人与人之间心灵的沟通交流。企业必须创造适合于员工间沟通的条件和环境，培养员工沟通的技能，以使沟通在企业内部尽可能无障碍地进行。

### （三）因人制宜，权变管理

20 世纪 70 年代，权变管理理论在美国成为一种管理理论。这一理论的核心就是力图研究组织的各子系统内部和各子系统之间的相互联系，以及组织和它所处的环境之间的联系，并确定各种变数的关系类型和结构类型。它强调在管理中要根据组织所处的内外部条件随机应变，针对不同的具体条件寻求不同的最合适的管理模式、管理方案或管理方法。权变管理，是指在企业管理方式上要充分尊重人、关心人，根据员工的个性差异以及相应的环境来实行因人制宜的管理，以克服由于工作任务或职权等方面的不利影响，取得好的管理效果。

### （四）合理授权，自我管理

管理与自我管理结合起来就能使人本管理成为全体企业成员共同实施的管理活动，企业全体成员成为管理主体，实现自我管理。所谓自我管理，是指企业成员对自己的思想和行为表现进行管理活动。员工通过自我管理可以主动而积极地参与到企业的一切工作中去，并在工作中发挥自身的作用，发挥自己的潜能。因此，自我管理是一种有效地体现人本管理宗旨的管理环节和管理方式，是员工从自身出发参与人本管理的活动。合理授权是实施以人为本的自主管理的核心。由于员工在自己的工作范围内有较大的决策权，所以员工的工作主动性会很高，并且能够承担相应的工作责任。

（五）参与决策，民主管理

人本管理要同时实现组织目标和员工个人发展的目标，仅仅局限于发布命令和对员工问寒问暖是不够的，更重要的是要发扬民主，让员工参与到管理中来。管理者应与员工一起讨论工作计划与工作目标，认真听取员工对工作的看法，积极采纳员工的合理化建议。

在现代企业人本管理中，民主管理是核心，脱离了民主管理，其他的管理也就不可能成功。企业只有实行民主管理，保证民主权利，才能做到使每个员工在自己的工作岗位上以主人翁的姿态工作，贡献出自己的智慧才能，才能使员工的积极性、主动性和创造性充分发挥出来。另外，实行民主管理有助于改进企业领导作风，克服领导者某些决策上的失误，密切人际关系，把企业管理推进到一个崭新阶段。因此，我们探索具有中国特色的社会主义现代企业制度下的人本管理模式就是推行民主管理。

### 7.2.5 人本管理案例

#### 案例一 “人本管理”的典范——惠普公司①

1992年美国《幸福》杂志500名最大工业企业排名中，美国惠普公司排名第42位。资产137亿美元，销售额164.3亿美元，利润为5.5亿美元。

惠普公司是世界最大的电子检测和测量仪器公司，微型计算机产量位居美国第二。

惠普公司取得的成功，在惠普公司自己的许多经理看来，靠的是它重视人的宗旨。惠普公司的这种重视人的宗旨不但源远流长，而且还不断地进行自我更新。

惠普公司坚持“人为本管理”的宗旨，具体体现是关心人。重视人、尊重人，就要关心人。而关心人要体现在领导者深入工作现场，进行现场管理、巡视管理，与员工进行面对面的非正式的口头形式的思想交流。创始人威廉·休利特和当了40年的研制开发部主任巴尼·奥利弗一样，经常到惠普公司的设计现场去。后来，虽然二人不再任职了，但公司的员工们却都有一种感觉，好像休利特和奥利弗随时都会走到他们的工作台前，对他们手上干的活提出问题。

关心人需要真心实意地把员工当作人来关怀。在惠普公司里，领导者总是同自己的下属打成一片，他们关心员工，鼓励员工，使员工们感到自己的工作成绩得到了承认，自己受到了重视。与此同时惠普公司也注重教育员工，该公司要求人们不要专门注意往上爬，而是鼓励他们把心思放在对生产、销售和产品服务扎扎实实地做出个人的贡献上面去。公司还教育员工要有高度的信心和责任感。对于个人的职位升迁问题，公司总是教育员工要在做好自己的本职工作上求发展。曾有一位惠普公司最老的制造部的中层经理，他以前管理着一个有50人的部门，在一年以后他开始考虑个人的前途问题了，因为他的许多在别的公司里工作的同学都已官高于他了。于是，他便把自己的心思告诉了自己的上级，并且问他自己怎样才能升上去。他的上级思索片刻，笑着说：“你干吗着急？在这儿想往上升，最好的办法就是干好你的本职工作。我知道需要一定时间才能习惯于我们这儿的做法，可是请信任我们，从现在起就注意好好干，高兴点儿！就这样能提升！”该中层经理感到在惠普公司工作很满

① 黎群，杨应胜．追忆“老惠普”的人本管理[J]．中外管理，2005，(4)：22.

意，因为他意识到他的上级总是不惜时机地给人们伸出帮助之手，而且他觉得似乎人人都知道他在干什么，他做出了什么贡献。

惠普公司信任人。惠普公司相信员工们都想有所创造，都是有事业心的人。这一点在该公司的一项政策里即“开放实验室备品库”表现得最为突出。

实验室备品库是该公司存放电气和机械零件的地方。工程师们可以随意地取用实验室备品库里的物品，不但这样，公司还鼓励他们拿回自己家里去供个人使用！这样做是因为惠普公司有一种信念，即不管工程师们拿这些设备所做的事是不是跟他们手头从事的工作有关，反正他们无论是在工作岗位上还是在自己的家里摆弄这些玩意，都总是能学到一些有用的东西的。曾经有一次，休利特在周末到一家分厂里去视察，他发现该分厂的实验室备品库门上上了锁。他很生气，马上就跑到维修组去，拿来一柄螺栓切割剪，把备品库门上的锁一下子给剪断了，然后扔得远远的。在星期一早上，人们上班的时候，就看到门上有一张条子，上面写着：“请勿再锁此门，谢谢。威廉。”惠普公司并不是像别的公司那样对这些设备器材严加控制，而是让它敞开大门，随你拿用，充分表明公司对员工们的信任程度。

惠普公司还有其不同于欧美企业的雇佣政策，那就是员工一经聘任，决不轻易地辞退。那还是在第二次世界大战中，该公司有一次很可能要得到一项利润丰厚的军事订货合同。但是，要接受这项合同，当时的员工数还不够，需要新增加雇佣 12 名职工。

创始人休利特就问公司的人事处长说：“这项合同完成以后，新雇的这些人能安排别的什么合适的工作吗?”该人事处长回答说：“已经没有什么可安排的合适工作了，只能辞退他们。”于是休利特就说：“那么咱们就不要这项订货合同了吧!”后来，考虑到新雇员工的利益，惠普公司硬是没有签订这项赚钱的合同。惠普公司不愿涉足于消费品市场，其中的一个重要的原因是这类消费品市场波动性太大，生意多了人手不够要新雇人，而生意少了又要裁减多余的人员，这有损于员工们的就业安定性。

既然终身聘用，那么对被聘用者就必须严格审核，这是自然之事。惠普公司也更是如此，惠普公司的员工多是工程技术人员，因而也是由工程技术人员来管理，这是其公司业务技术性强的原因造成的。公司的各级领导干部基本上是从内部员工中选拔录用，一般不外聘。从外部招聘的员工，通常多是直接从应届优秀的毕业生中挑选。公司每年都要派出既是技术内行又具领导经验的干部到各名牌大学物色“尖子”毕业生，与他们面谈，了解其经历、能力、愿望、理想和要求。回到公司后再斟酌筛选，选中者还要由公司出资，再次请到公司里去面谈，然后再决定是否正式聘用，以此来保证被聘用者的质量。

惠普公司重视员工培训。该公司重视员工培训可谓是不惜工本。仅在 1980 年，公司内部就举办过学制、内容、形式不同的各种训练班 1 700 多个，其中 4.7 万多员工中有 2.7 万名参加了这类培训。训练班有长有短，有业余有脱产，有工程性的也有管理性的。受训对象从工人到总经理，各种人员都有。训练方式有讲课、讨论、电影、录像、计算机模拟、案例分析、技巧实习、自学考核，直至师徒传授。公司要求各级领导亲自为下级讲课。除本身训练计划外，工程师还被派送到有关大学进行带薪脱产进修，公司给其报销路费，还发给住宿津贴；公司还鼓励优秀的年轻人员到邻近有关大学进行脱产选修有关课程，公司允许他们利用部分的工作时间，也给报销路费。受训人员虽然由公司资助受训，但却不对公司承担义务，学完后留去自便，公司并不干预。

惠普公司重视员工福利。公司的福利除基本生活福利、医疗保险、残废保险、退休金，两天一次的免费午间茶点，生日送礼以及新员工搬迁补贴外，还有两项特殊福利：一项是现金分红制度，即凡在公司任职达半年以上的员工，每年夏初及圣诞节，可得到一份额外收入，1983年左右此额约为年薪的8.35%；另一项特殊福利是股票购买制，即员工任职满10年后，公司还另赠10股。据一次全美调查，惠普公司是全美的最佳福利企业之一。

惠普公司提倡员工创新。惠普公司相信人人都有要搞好自己本职工作的愿望，因而，该公司总是力图给广大员工创造一个任人发展创新的工作环境。

惠普公司有一种关注创新的气氛，即每一个工程师都有放下手中设计项目做“候补队员”的时候。在惠普公司里，搞生产的可以停下手中的生产线，而让工程师们取走某些部件去进行创新测试。这在别的公司看来似乎是不可理解的，而在惠普公司，人们已非常习惯，认为这是一种很自然的事情。惠普公司里没有人会去阻挡工程师搞创新的道路。

惠普公司在管理上也考虑员工的自主创新。惠普公司很少用“指令性管理法”，而是多用“目标管理法”。实行目标管理法虽然在目标的确定上是由上下级共同讨论进行的，但下级在实现目标时所采用的具体方法有很大的灵活性。

综上所述，惠普公司以人为本的管理给人的感觉是：员工进了公司后，就像进了温暖的家。

## 案例二　海信集团：人才战略与人本管理

海信集团从最初成立于1969年的青岛无线电二厂，到青岛电视机厂、海信电器公司，先后涉足家电、通信、信息、商业、房地产、智能商用设备等领域，最终发展成为目前国内著名的大型高新技术企业集团。目前，海信集团在全国已成功搭建一个以家电、通信、信息为主导的产业平台。1999年，“海信”(HiSense)获中国驰名商标。海信集团于2001年荣获了首届“全国质量管理奖”。海信集团在国内外现拥有20多个分公司，净资产达48亿元，已经形成了年产1 000万台彩电、300万套空调、400万部CDMA手机、160万台冰箱、100万台计算机及防火墙、服务器等数码设备的强大产能。2012年海信集团实现销售收入810亿元，在中国电子信息百强企业中名列第6位。海信集团的成功得益于始终把人才作为企业发展的创业之本、竞争之本、发展之本，对员工提供全方位、多层次的人才培训体系，作为激励人才和留住人才的法宝。

一、强化实施人才战略

海信集团把人才战略视为海信第一战略。在海信，企业有三大资源：一是人力资源；二是经济资源；三是信息资源。其中，人力资源被认为是第一大资源。把人当作主体，把人当作目的，一切以人为中心。目前在海信集团的“敬人、敬业、创新、高效”企业精神中，“敬人”作为海信企业文化的核心，这反映了海信集团厚德载物的仁爱思想和人本主义。海信集团的“敬人”核心文化也不仅仅是口号，而是一种比较宽泛的企业内外界定的企业精神体现。“敬人”对内表现为尊重员工的人格与尊严，尊重员工创造的价值，提倡公平竞争，不断赋予员工有挑战性的工作目标和广阔的发展空间，达到企业和员工的双赢。对外表现为尊重外部公众的需求和经济利益，在研发上真正投入、设计上人性至上、制造上精益求精、服务上诚心诚意，宣传上实事求是。

为了确保“人才战略”的实施，海信集团确立了“人才为本、技术是根、创新是魂”的企业理念，将“人才工程”建设列为企业的第一工程。海信集团还将技术研发、市场营销、管理和制造等四个方面的人才队伍列为企业的“人才工程”的重点。海信集团认为胜任本职工作就是人才，创新开拓就是优秀人才。无论是博士、硕士及高级管理人员，还是战斗在生产、销售、科研、服务一线，用自己勤劳的双手，发挥自己聪明才智，不断开创海信事业的普通工人、管理人员、营销人员、普通科研工作者，都同样是海信集团不断发展、不可或缺的优秀人才。

二、高度重视人才培养

对于人才培养，海信集团认为企业竞争根本是人才竞争；企业的事业追求必须与个人的事业追求要统一，要让每个人在为企业工作的同时，使自己的"美梦"成真；企业和员工是一个利益共同体等。就是基于这些认识，海信集团逐渐变为"人本海信"，就是以人力战略为导向，海信集团确立了"五个人"的海信人才观，即求人、用人、育人、晋人与留人。在这"五个人"中，海信集团董事长周厚健认为"求人"只是第一步，"留人"比"求人"更重要。因为人才流动的成本，大约是人才培训成本的1.5～3倍。所以，海信集团不仅倾力吸纳、招聘人才，而且还采取多种措施来激励人才、留住人才，并且通过构筑全方位、多层次的人才培训体系，把海信集团打造成一个学习型企业，造就一批又一批与时俱进的现代新型国际人才。

海信集团一直以来比较重视人才的引进。1992年以来，每年都接受数百名大学生。海信员工中，本科以上学历3 000名，占集团总人数40%，管理人员和技术人员工更高，达到90%，博士(后)、博士研究生达300余名，技术研发人才1 000多名。海信集团认为"求财先求才，用人需育人"，并把育人作为人才战略能否切实落实的根本。海信集团意识到培训与教育是员工不断成长的动力和源泉，也是企业吸引人才、留住人才的重要条件。海信集团高度重视员工培训工作。

1. 强调针对性的精心培训

海信的培训具有较强的针对性，即针对不同的人，不同的层次，采取不同的培训。海信集团仅技术中心56人参加国内培训400多人次，与国内外技术交流300余次。技术中心的每位员工平均每年都有2～3次学习机会。信息技术中心每人年培训成本均超过8 000元(不含免费培训)。此外，海信集团还专门成立海信培训学院、建立教育培训基地、完善内部培训机制和加强外部合作等方式，构建海信全方位、多层次培训体系。

2. 成立海信培训学院

1998年，海信集团组建了海信学院，对海信所需要的各类人才进行定期培训，特别是对各级员工特别是骨干人员进行有计划、有针对性的培训，并且对管理、科技岗位的人才进行长期跟踪培养，为海信集团培养面向21世纪的大量具有超前意识、创新意识的创新人才。海信普通员工每年接受几小时培训，管理干部至少超过100小时。海信建立了集团、子公司、部门三级培训管理体系。海信学院每年用于教育培训的经费达1 000万元以上，每年培训的人次数都在5 000人次以上，对人才队伍的质量提高起到了极大的促进作用。每年用于员工培训费高达1 000多万。

3. 建立教育培训基地

海信集团把山东大学作为海信培养人才的重要基地，大多数中层以上管理人员，都受过山东大学管理课程的培训。

4. 完善内部培训机制

海信内部培训范围广泛，层次分明，目前已经形成比较完善、健全的培训机制。海信集团的培训体系大致分为集团级和直属子公司级两个级别。集团级培训直接和企业战略相关，关注核心人力资源群体，侧重在职干部的提升性培训、企业文化培训、经营管理知识培训、专业知识和技能培训、新员工培训和海外人才的国际化培训；直属子公司级培训直接和业务职能相关，侧重专项业务技能培训。

5. 加强外部合作培养

海信集团与高校、科研院所合作，培养自己的高层次人才；企业还与中国科学院、西安交通大学、天津大学等6家高校博士后流动站建立合作关系，40多位管理干部攻读MBA课程，50位研发人才攻读工程硕士。通过一系列的外部合作培养方式来提升员工整体素质。

## 案例三 株洲化工集团的人本管理①

株洲化工集团总经理龙兵、书记刘民带领办公室、人事部、财务部以及分厂碱厂厂长钟浩等到碱厂车间召开生产现场分析会。在工序会议室里，工序主任汇报着情况，正在笔记本上记着要点的刘书记一不留神，手上的笔掉到地上，滚落到身边的桌子底下。刘书记弯腰下去捡笔，工序主任怕书记没有记上暂停了汇报，刘书记在桌子下面摸索了半天才直起身来，手里拿着笔和一个烟头。众人大惊，了解情况的人都清楚，化工厂生产区是严禁吸烟的，上个月厂里开了会，号召全厂开展禁烟运动，今天刘书记就在这间会议室找到了一个新抽的烟头。龙经理怒道："公司开展禁烟运动，你们分厂就是这么执行下去的么？你们到底有没有把禁烟当作一回事来抓？马上派一个检查组，突击检查全厂隐形烟头！"检查组马上停止其他的检查事项，专查全厂各单位隐形烟头情况，结果下午就摆在了龙经理的办公桌上：全厂一共找到了623个烟头，都是在茶缸、方便面盒、易拉罐等地方发现的，其中在某车间操作室的一个茶缸内就发现110个烟头。龙经理大怒，下令全部按厂里的奖罚制度执行，每个烟头罚款50元，这下全厂上下炸开了锅。这罚款可不少，有的单位、车间罚下来的总数就相当于一个职工一个月的工资。职工们都说这规定太不合情理了。

化工产品具有高温高压、易燃易爆的特点，因此，化工企业对吸烟都制定了较严格的制度，株洲化工集团也不例外。但从多年来执行的情况来看，所有单位都没能完全杜绝违反制度的吸烟现象，其主要表现是有些工人在夜班时经常趁领导不在，单独或几个人躲在休息室吸烟聊天，以至于出现因空岗而出大事的情况。如2001年某化工分厂某操作室因值班工人后半夜瞌睡难熬，工作单调，寂寞孤独，集体到厂区专设的吸烟室抽烟聊天，岗位内无人照顾生产，造成成品罐冒顶而未发觉，大量物料越过罐存警戒线冲破视镜而着了大火，给国家财产造成了几十万元损失。2005年，某炼油厂又因为四名工人脱岗到隐蔽处吸烟聊天，长时间没有发现气罐泄漏，结果大量可燃气体外溢，造成了巨大的经济损失。为了杜绝此类事故重复发生，上级总公司下令，全国所有的化工生产厂家生产区一律禁止吸烟，取消吸烟室。此令如果能顺利推行，当然是保证安全生产的好事，然而人们多年的习惯一下子要改掉，其难度之大出乎领导们的预料，厂长们形容说："太难了，戒烟、禁烟比娘给孩子断奶还难！"

但是，军令如山，没有考虑的余地。为了贯彻落实上级的指令，株洲化工集团大张旗鼓进行了宣传教育工作，并且制定了一系列检查、奖罚措施。此外，为配合禁烟工作，厂里给每个吸烟者发了一盒戒烟灵。开始几天，执行情况还比较好，没有发现在厂内吸烟的迹象。但不久发现，中午在食堂就餐的人数突然减少了许多，经调查原因是：上白班的职工中爱吸烟

---

① 刘耀军，株洲化工集团的人本管理：http://media.openedu.com.cn/media_file/netcourse/jingpin/zzxwx/web/public/zhal/htm/05-3.html。

的人为了能吸支烟，宁可挤几站公共汽车或骑半小时自行车也要赶回家吃中午饭，借机抽烟，饭可以囫囵吞枣，对付即可，烟是不可不吸的。

在此期间，有不少职工向领导反映说，劳资部门在上班时对工人搜身检查，这和资本家有什么两样？这是厂里不相信工人觉悟的表现。这条意见在周末的厂长办公会上提上了议程，厂领导经讨论认为，进门搜身的做法不合适，决定改为只在门口宣传教育。

对于宣传教育的作用，领导们一直坚持的信条是，不能着急，潜移默化见成效。但不久有件事给某位领导敲了个警钟。那是在一次在市里召开的会议上，相邻一企业的领导对株洲化工集团的领导说："前几天路过你厂时，看到有的工人爬到厂围墙上，屁股朝里，脸朝外，嘴里出烟，这种吸烟方法，可真聪明……"这使得株洲化工集团的领导很难堪。

回到前面一幕，碱厂钟厂长回到厂里，不想回办公室，直接下车间巡视情况。在回办公室的路上，他发现几个工人窃窃私语地向厂门口走去，钟厂长见不到换班时间，便尾随着他们走向厂门。在厂门外的车棚里，他发现四五个工人正在过烟瘾，这使钟厂长心里直冒火。第二天，厂里下发两条规定：第一，劳资部门和厂经济警察增加检查范围和检查次数；第二，一线倒班职工实行临时出入证制度，上班把出入证交给班长保管，下班交于本人，上班期间无故一律不准请假外出，班长必须严格要求，随便准假要追究责任。这一招还真见效，过去令厂长发怒的现象"消失"了，这使钟厂长心里安慰了许多。

开始此事在全厂震动很大，厂里平静了一段时间，连续几天都没有查到吸烟的人，然而，事隔不久，安全部门和企管办、劳资料进行岗检时又发现厂内下水道中、电缆沟内、厂房顶上有不少烟头，有不少厕所内烟味很大。钟厂长为此又动了肝火，但又无可奈何。几天后，他和书记一起召开了一线倒班职工座谈会，请他们谈谈对厂内禁止吸烟的看法和做法。工人小张说："后半夜四五点钟是倒班工人最难熬的时候，眼皮打架腿发软，能吸一口烟就可以赶走瞌睡虫，驱走疲劳，不让吸烟只得趴桌上睡会儿。这可更危险，我们也知道不应该，但难受劲儿是白班职工永远也体会不到的。"

工人小李接着说："这个决定（厂内禁烟）也太机械了，食堂也在厂内，每天三顿饭加上夜班饭炊事点要做四次饭，要点几次火？难道就不怕爆炸吗？天天说我们是主人，其实我们都成被管制对象！"几个工人同时恳求说："恢复吸烟室吧！不自觉的只是少数，绝大多数还是好的！"

领导们对此犯难了，株洲化工集团有数百项规章制度，还没有任何一项制度像禁烟这样难贯彻。

怎么办？领导们商议后，决定亲自带队到兄弟厂取经。到相邻的化工企业了解情况，他们发现各厂领导也都在为此事发愁。各厂都采取了不少制裁措施，有的发现一次吸烟罚50元，有的下调一级工资，有的给行政处分，有的厂长还下了这样一个命令：在厂内吸烟者被发现，就罚他再抓10个吸烟者，在此期间按事假处理，工资、奖金及一切劳保福利待遇取消，直到抓满10个违纪吸烟者才能回原工作岗位，恢复一切待遇。即使如此"残酷"的制裁也没有完全杜绝厂内吸烟现象。

时至今日，上级总公司关于化工生产厂内一律严格禁止吸烟的指令下发已经四年了，株洲化工集团各生产厂区都作了大量的宣传教育及思想政治工作，采取了各种各样的禁烟措施，但禁烟成效仍然时好时坏，所有单位都没找到一个完全杜绝厂内吸烟的好办法，因吸烟引起的事故仍有发生，为此领导们十分苦恼。

第三篇

# 企业文化案例——中西方企业文化案例篇

# 第八章　中西方企业文化差异与典型案例

> 文化很可能开始于微弱的没有把握的摸索，而这种摸索到后来取得了很大的明确性和肯定性。
>
> ——美国学者菲利普·巴格
>
> 管理是一种任务，主要不在于知，而在于行。
>
> ——管理大师彼得·德鲁克
>
> 优质文化促进企业成功，劣质文化导致企业灭亡。
>
> ——段维龙

国家和民族环境是文化形成与发展的土壤。中西方文化形成的地理渊源和历史渊源不同，从而导致中西方文化存在差异，而中西方文化的差异又决定了中西方企业文化的差异。

## 8.1　美国文化的特点与典型企业文化案例

### 8.1.1　美国文化的特点

一、美国民族文化的特点

关于美国文化的特点，长期研究西方文化史的东北师范大学历史系博士研究生导师董小川总结美国文化的基本特征是：宗教文化与世俗文化的结合；本土文化与外来文化的融合；主流文化与边缘文化的磨合；传统文化与现代文化的汇合；阶级文化与种族文化的组合；精英文化与大众文化的弥合；外交文化与内政文化的配合；个人主义文化与民族主义文化的联合;熔炉文化与多元文化的整合。[①] 本书归纳其他的专家、学者的观点,认为美国文化具有以下三个主要特点。

### (一) 个人主义与独立性

美国是西方资本主义国家中最典型的崇尚个人主义的国家,是个人价值观念最强的国家。美国人相信,个人能靠单枪匹马不需要他人的帮助就可以取得成功,他们独立、自由和自信。由于美国没有经历封建社会而直接进入资本主义社会,没有封建社会"大家族"式的"群体意识",也没有农耕社会的血缘观念以及求稳定的保守性格,提倡个人至上、个人奋斗、个人独立,个人主义渗透到社会生活的方方面面。全社会都重视突出个人的作用,尊重和信任个人。

### (二) 多元性与融合性

由于美国是一个移民的多民族国家,种族多、宗教多,从而形成了其独特的发展历史,也形成了其多元性与融合性的文化特征。实际上,美国文化实质是以先进的欧洲文化为基础,整合并融合其他外来民族的文化形成的,以个人主义为中心,又崇尚科学理性与自由精神的,既讲求功利主义和实用主义,又富有冒险精神、开拓精神与创新精神,既尊重个人价值,又重视规章制度建设的融合性文化。

### (三) 规范性与责任性

美国立宪会议第一天讨论的就是立宪规则,即使在美国内战与"二战"时期,选举也照样进行,说明美国高度重视法制与法治,重视规则的制定与执行。如美国的一个小男孩在厕所里如厕,因为拉杆突然失灵,冲不下水,小男孩自己会设法修理水箱拉杆,因为这个小男孩认为,自己用过的厕所如果不冲干净,对不起下一个用厕的人,也有失自己的尊严,这就是美国责任意识的作用范例。

## 二、美国企业文化的特点

美国文化对美国企业文化的形成和发展具有决定作用。因此,美国企业文化强调个人奋斗,注重个人绩效,重视个人激励,关注个人利益。美国企业文化主要体现在以下七个方面。

### (一) 重视自我价值,突出企业家个人能力

责任和权力是一对孪生兄弟,要使员工对工作负责任,就必须尊重人、信任人,并给予实际的自主权,承认个人价值和个人能力。美国的个人英雄主义和自由主义文化决定了美国企业注重个人能力和企业家的作用。美国的企业家被称做"新美国英雄",美国哈佛大学的西尔弗教授在《企业家——美国人的英雄》一书中写道"现在美国人心目中的英雄已转移到企业家身上。企业家已成为美国社会新的英雄偶像",如原美国通用电气公司总裁杰克·韦

---

① 董小川. 美国文化特点综论[J]. 东北师大学报(哲学社会科学版),2002,(2):22.

尔奇、原微软公司总裁比尔·盖茨等。美国经济学家肯尼思·阿罗认为“有充分理由相信，企业家个人的才能比企业作为一个组织的作用大得多”。

（二）重视企业价值观构建，强调以个人奋斗为核心

企业的核心价值观为企业和员工确立了方向和目标。托马斯·彼得斯和小罗伯特·H. 沃特曼在《寻求卓越——美国最成功公司的经验》一书中指出：美国成功的企业均建立起与个人奋斗为核心的企业价值观，产生了强大的文化驱动力，以激励员工为了个人利益和企业的价值目标而拼搏和奋斗。如波音公司“以服务顾客为经营目标”，沃尔玛公司以“低价销售、保证满意”为经营宗旨，英特尔公司“永不停顿、不断创新”的企业理念，可口可乐公司以“热衷、奉献”为企业精神，希尔顿酒店集团等倡导“你今天对客人微笑了没有”的微笑服务理念，惠普公司“相信、尊重个人，尊重员工追求最高的成就，追求卓越做事情”的五个核心价值观等。这些核心价值观确保企业长盛不衰。

（三）重视契约规制，轻视情感关怀

作为一个全球多民族移民国家，美国形成了重视契约规制建设、轻视情感关怀的文化特征。美国人的亲情相对淡薄，对血亲关系的依赖程度小，血亲关系被严格地界定在一定范围之内。即使在血亲关系中，美国人构建的人际关系也是契约关系。

美国企业强调制度和秩序，建立了完善而严格的规章制度且赏罚分明，企业和员工的关系主要靠“契约”来维系。美国企业规章制度齐全，人们照章办事。这种理念充分体现了“重法治、轻情感”的特点。

（四）重视冒险与创新，宽容错误与失败

由于美国人敢于并乐于创新和冒险，所以美国企业形成了容忍失败的氛围环境，鼓励员工创新和冒险。如包容失败的思想几乎渗透到美国硅谷的每个企业、每位硅谷人的心中。

在一定意义上，创新即意味着冒险，既然存在冒险就存在失败，美国企业高度重视员工的创新意识，对失败抱以宽容的态度，并建立起一套支持创新的制度，成功者受到奖励，失败者不受处罚，形成了“要么创新，要么灭亡”的流行于美国商界的“圣经”。冒险与创新成为美国企业文化的灵魂。创新是企业的发动机，创新是企业生存之本，背弃创新意味着危机。如戴尔公司提出“要鼓励人们更具有创新精神，就必须让他们知道，失败了也没有关系。”又如美国杜邦公司成功的经验是发扬“不停顿”精神，不断开发新产品。美国明尼苏达矿务及制造业公司创建于 1902 年，成立之初其确立并坚持实施了“只有容忍错误，才能进行革新。过于苛求，只会扼杀人们的创造性”的座右铭，有效地促进了企业创新发展。

（五）重视员工权益，坚持利益共享

美国许多的企业实行股份制。通过员工持股，使其除工资收入外还能分到红利。此外，企业还增加了员工参与经营管理的权利，提高了他们的身份、地位和安全感。美国实行的雇员持股计划（Employee Stock Ownership Plans，ESOP）是在一系列法律规范下，鼓励企业雇员购买本企业股票的计划，是一项雇员福利计划。

（六）重视顾客利益，坚持以质取胜

顾客是上帝，顾客决定了企业的生死存亡，没有顾客也就没有了企业。因此，美国企业高度重视顾客利益，坚持“顾客至上”、“以顾客为中心”的理念，这已经成为美国企业界的至理名言。

在质量问题上，美国成功的企业一贯坚持的是以优质取胜原则。他们不把质量仅仅看做是一种技术性问题，而是高度重视质量，并且日复一日、年复一年地坚持这一理念。如麦当劳坚持实施“质量超群，服务优良，清洁卫生，货真价实”的质量理念。麦当劳的汉堡包出炉 10 分钟和法式炸土豆条炸妥后 7 分钟，若仍未能售出，则一律废弃。

（七）重视社会责任，支持社会公益

企业的社会责任包括依法缴纳税金、捍卫消费者权益、维护员工利益和保护自然环境、支持公益事业等以公众利益为核心的社会问题。美国企业把社会责任作为企业的重要责任，并严格履行。如美国联邦快递将企业担负的社会责任达成员工们的共识，提出构建并长期坚持“取之社会，用之社会，为社会的和谐发展作贡献”的社会承诺的企业文化。2011 年 5 月公布的福布斯“全球慈善家”排行榜，19 名捐赠金额超过 10 亿美元的慈善富翁上榜，19 名上榜慈善家中有 13 人来自美国，而且除了一位外，其余都是白手兴家的富豪。截至 2011 年 5 月，微软创始人比尔·盖茨累计捐款约合 1 820 亿美元，其中，2010 年，以 280 亿美元的捐款额蝉联慈善榜首位。

## 8.1.2　美国通用电气公司企业文化案例

美国通用电气公司始于 1878 年创办的爱迪生电灯公司，历经 130 多年，一直保持长盛不衰。通用电气公司是世界上最大的多元化服务性公司，同时也是高质量、高科技工业和消费产品的提供者。从飞机发动机、发电设备到金融服务，从医疗造影、电视节目到塑料，公司致力于通过多项技术和服务创造更美好的生活，在全世界 100 多个国家开展业务，在全球拥有员工近 30 万人。通用电气公司创造了全球跨国公司的奇迹，特别是在杰克·韦尔奇掌管公司以来，通用电气公司以每年 10%的速度增长。通用电气公司是美国也是世界上最大的电器和电子设备制造公司，它的产值占美国电工行业全部产值的 1/4 左右，其成功在很大程度上得益于企业管理变化的变革，取决于其优秀的企业文化。

（一）精简高效的行政机构

杰克·韦尔奇对官僚体制深恶痛绝。他一直希望通用电气公司能像那些规模只有自己十分之一甚至更小的公司一样灵活地运行，这样企业才更有竞争力。为此，他对组织机构进行大刀阔斧的改革，大大地减少公司的管理层次和繁文缛节，减少不必要的机构，这些措施极大地提高了通用电气公司的工作效率。在通用电气公司，有一个对员工的“360 度评估法”，就是每年对组织中的人进行考评，评出哪些人是属于最好的 20%，哪些人属于中间大头的 70%，哪些人属于最差的 10%，表现最差的员工通常都必须走人。

杰克·韦尔奇接手通用电气公司时认识到公司必须打破各个事业部门的战略模式，开创一个通行全球的“生存制胜”战略——“数一数二”战略。通用电气公司的“数一数二”战略不是某个事业部成为业界第一，而是通用电气公司旗下所有的事业部门都必须做到业界第一或第二。因为排名第一或第二的企业永远不会失去自己所占领的市场份额。通用电气公司市场领导者的地位使其能够领先采用更多、更为积极的策略，如全面成本领先策略等，其雄厚的实力还可以确保公司不断地研发并推出新产品。

（二）唯才是举的用人制度

在通用电气公司，合格的员工有两个条件：一是业绩良好；二是员工的价值观与公司的价值观相同。在招聘员工时，通用电气公司对毕业文凭并不看重，认为只有那些充满了热情、希望做点成绩的人才是最合适的人。他们精力充沛、信心勃勃，能坚定地向目标迈进。正是这种不论学历、不论专业甚至不论国籍的招聘方式使通用电气公司广聚人才，成千上万优秀的人才来到通用电气公司。通用电气公司认为只有把正确的人放到正确的位置上，对员工充分授权，才能发挥出员工的工作积极性。在通用电气公司，员工的升迁不是论资排辈，而是根据业绩和才能来决定。才华突出的人在通用电气公司里很容易找到自己的用武之地，一夜之间连升三级不是什么稀奇事。

（三）分级管理原则

杰克·韦尔奇认为领导者重要的是领导而不是管理，应该考虑主要的事情而不是事必躬亲。他经常强调管理越少越好。管理越少意味着各个部门的领导者不再受繁文缛节之累，而能够集中时间考虑更多的事情，也更有精力考虑创新和变革的问题，不时地还有能力帮助其他的部门解决问题。管理人员应该给员工尽可能多的自由，尽可能地充分授权，实施分级管理，充分调动下级的积极性、主动性和创造性。

（四）精益求精管理法则

在通用电气公司，人性化和制度二者得到了完美的结合。有人认为通用电气公司的企业文化是100多年来历史进程中各种力量的完美融合。在通用电气公司，这种融合不仅是依靠领导者的感染力来实现，而且还通过有效的、有力的途径以及制度化的方式来实现的。关于质量问题，实行6δ质量管理制度。6δ是一项以数据为基础，追求几乎完美的质量管理方法。6δ实际上是一个计量单位，用以衡量每百万个有效操作中的错误率，基本内涵是百万分之三点四的缺陷水平，即达到99.9997%合格率，倡导“第一次就把事情做好”，做到近乎完美程度。6δ可以应用于各个领域，而不是针对于生产制造而言。错误的次数越少，产品质量等级也就越高。通用电气公司在6δ的创新之处在于它不仅像其他的企业那样把6δ理论用于生产领域，还把这一理论应用于商业领域，应用于公司所经营的一切业务，从而全面提高生产水平和服务水平。在通用电气公司，几乎每一个员工都做6δ项目，所有的员工都养成了随时主动查找工作中的问题，随时改进工作流程而提高效率和质量的习惯。

### 8.1.3　惠普公司企业文化案例

1939年，在美国加利福尼亚州帕罗奥托城的一个车库中，美国斯坦福大学的比尔·惠利特与戴夫·帕卡德决定开创自己的事业，惠普公司由此诞生，初期生产的产品是比同类产品价格低、性能好的声波振荡器。惠普公司在长达70多年的经营中，其雄厚强大的企业文化系统在促进企业业绩增长方面起到了关键作用。惠普公司在20世纪五六十年代的纯收入就增加了107倍，仅1957—1967年公司的股票市场价格就增加了5.6倍，投资回报率高达15%。进入20世纪90年代，惠普公司重点发展计算机产品，时至今日，它已成为全球最大的电脑打印机制造商。2010年，惠普公司的服务器销售收入和发货量均名列全球第一。

（一）以科技创新为先导

创立之初，惠普公司的创立者们就明确了其经营宗旨：瞄准科学技术与工程技术市场，生产出高品质的创新性电子仪器。在这一经营宗旨上，比尔·惠利特与戴夫·帕卡德建立起了共同的价值观和经营理论。由于他们聘用与选拔员工也按这一价值观标准来进行，并对公司员工大力灌输这一思想，从而使这一价值观成为惠普公司的核心价值观，即：企业发展资金以自筹为主，提倡改革与创新，强调集体协作精神。在这一核心价值观的基础上，惠普公司逐渐形成了具有自己鲜明特色的企业文化。以创新精神与团队精神为价值取向的经营理念对惠普公司在多年经营过程中保持较强的市场竞争力发挥了重要作用。

（二）从真诚服务为宗旨

在惠普公司的企业文化系统中，其注重以真诚、公正的态度服务于公司的每一位利益相关人，提倡人人尊重与人人平等，注重对员工业绩的肯定，对员工表示出信任和尊敬；倡导顾客服务导向的经营观，以向顾客提供优质且技术含量高的产品为宗旨，有效解决顾客的实际困难；极力为公司股东服务，以追求利润最大化为目的，承诺不搞无利可图的业务，并逐渐形成了一套员工默认的准则，如家庭观准则、为人处世简朴准则等。融于每位员工思想之中的为顾客服务的价值观大大提高了惠普公司对市场经营环境的适应程度。

（三）从目标管理为手段

在经营管理策略上，惠普公司实行“走动式管理”和“目标管理”相结合的方式，从而形成了植根于公司企业文化之上的独特经营管理方式：提倡管理者“下基层走动”，随时了解一线情况，增进与员工的交流与沟通；普遍采取目标管理形式，在实际工作中，提倡自我管理、自我控制与成果管理，提倡温和变革，不轻易解雇员工，也不盲目扩张规模；坚持宽松自由的办公环境，努力培育公开、透明、民主的工作风格。惠普公司的企业文化及其在此之上所采用的经营管理方式极大地推进了企业的发展，有力促进了企业经营业绩的增长。

### 8.1.4　沃尔玛公司企业文化案例

沃尔玛公司在美国《财富》杂志公布的美国500强企业榜单中，自2002年起连续多年稳居第一名，在2008年全球经济危机情况下，收入增长了7%，达到4 056亿美元，仍然占据世界500强第二名。2010年，美国《财富》杂志的公布了2010年度全球500强企业排名，沃尔玛公司重新荣登榜首，营业收入达4 082.14亿美元。它以物美价廉、对顾客的优质服务著称于世。沃尔玛的创始人山姆·沃尔顿于1945年在小镇本顿威尔开始经营零售业，经过几十年的奋斗，沃尔玛公司成为世界首屈一指的零售业霸主。2013年，美国公司500强排行榜中，沃尔玛公司以4 692亿美元的营业收入成为美国营业收入最高的企业。沃尔玛公司由一个卖廉价衬衫和渔竿的摊贩成为美国最有实力的企业的成功奥秘只不过是它几十年如一日地恪守自己的经营法则，坚韧不拔，孜孜以求。沃尔玛公司优秀的企业文化是促使其成就斐然的主要原因。

（一）顾客第一，服务至上原则

“顾客第一，服务至上”是沃尔玛公司文化的精髓。沃尔玛公司的创始人山姆·沃尔顿曾说过：“我们的老板只有一个，那就是我们的顾客。是他付给我们每月的薪水，只有他有权解雇上至董事长的每一个人。道理很简单，只要他改变一下购物习惯，换到别家商店买东西就是了。”沃尔玛公司的营业场所总是醒目地写着其经营信条：“第一条：顾客永远是对的；第二条：如有疑问，请参照第一条。”

沃尔玛公司“顾客第一，服务至上”服务理念渗透到其经营服务行动之中。沃尔玛公司店铺内的通道、灯光设计都是为了令顾客更加舒适；收银员一律站立工作以示对顾客的尊敬；始终坚持“三米服务”原则，即当顾客距营业员3米（大概十步距离）的时候，营业员都必须面向顾客，面露微笑，主动打招呼，主动问询“有什么需要我效劳的吗”，并服务到客户满意为止，这一原则成为该公司企业文化的重要组成部分。

另外，沃尔玛公司还从顾客需求出发，提供多项特殊服务。

（1）实行免费停车。

（2）开展免费咨询。店内聘有专业人士为顾客免费咨询电脑、照相机、录像机及其相关用品的有关情况，有助于减少盲目购买带来的风险。

（3）设立商务中心。店内设有文件处理商务中心，可以为顾客提供包括彩色文件制作、复印、工程图纸放大缩小、高速文印在内的多项服务。

（4）坚持送货服务。一次购物满2 000元或以上，沃尔玛公司皆可提供送货服务，在指定范围内收取廉价的费用，因为商品价格中不含送货成本。①

（二）薄利多销原则

沃尔玛公司始终坚持“天天平价”的承诺。1962年沃尔玛公司的创始人山姆·沃尔顿在阿肯色州乡村创立第一家连锁店时靠的就是这一条。当年，山姆·沃尔顿对其商店的定位就是面对中下阶层，经营服装、饮食以及各种日常杂用品，最重要的是以低于别家商店的价格出售，因而吸引了众多顾客，连锁店越开越多，但“天天低价”的法则始终没有变。山姆·沃尔顿有句名言：“不管我们付出的代价多大，如果我们赚了很多，就应当转送给顾客。”他的“女裤理论”就是对沃尔玛公司营销策略的最好阐释：女裤的进价为0.80美元，售

① 曾贱吉．论沃尔玛公司的成功之道[J]．商场现代化，2008，(1)：92.

价为1.20美元。如果降价到1美元会少赚一半的钱，但却能卖出3倍的货，增加1/3的利润。在早期的经营生涯中，山姆·沃尔顿发现，如果每件商品进货是80美分的话，标价1美元卖出的货的数量是标价1.20美元卖出的货的数量的3倍。这时，虽然每件商品的利润可能会减少，但由于卖出的数量很多，因而整体利润要高很多。这个道理很简单，但蕴涵着折扣销售的精髓：降低价格，刺激销售量，进而提高整体盈利水平。

山姆·沃尔顿提出了一个响亮的口号："销售的商品总是最低的价格。"为了实现这一承诺，沃尔玛想尽一切办法，从进货渠道、分销方式、营销费用和行政开支等环节节省资金，把利润让给顾客，其主要措施包括以下两个方面。

1. 争取低廉进价

沃尔玛公司避开了一切中间环节，直接从工厂进货，其雄厚的经济实力使之具有强大的议价能力。更重要的是，沃尔玛公司并不因自身规模大、实力强而肆意损害供应商的利益来增加自身的利润，而是重视与供应商建立友好融洽的协作关系，保护供应商的利益。沃尔玛公司给予供应商的优惠远远超过同行。美国第三大零售商凯马特对供应的商品平均45天付款，而沃尔玛公司仅为平均29天付款，大大激发了供应商与沃尔玛公司建立业务的积极性，从而保证了沃尔玛公司商品的最优进价。

2. 完善的物流管理系统

沃尔玛公司被称为零售配送革命的领袖，其独特的配送体系大大降低了成本，加速了存货周转，成为"天天低价"的最有力的支持。沃尔玛公司注重发展信息技术，建立了著名的世界上最大的民用数据库——沃尔玛数据库。借助这一信息系统，沃尔玛公司与供应商建立了紧密联系，从在计算机上开出订单到商品上架，沃尔玛公司比竞争对手平均快3天，节省成本2.5%。从2010年开始，沃尔玛公司成为世界上雇员最多的企业，以营业额计算为全球最大的企业，连续3年在美国《财富》杂志全球500强企业中居首位。

### （三）日落原则

日落原则，是指在太阳下山，也就是下班之前把当天的问题解决，不要拖到第二天。即今日事今日毕，这成为沃尔玛公司的工作准则。日落原则起源于该公司的创始人山姆·沃尔顿的名言："如果你今天能够完成的工作为什么要把它拖到明天呢？"今天，日落原则已成为沃尔玛公司企业文化的重要部分，也是沃尔玛公司在顾客服务方面备受赞赏的重要原因。日落原则的核心就是立即服务，这一原则是与尊重个人、注重顾客服务以及精益求精的信念一脉相承。沃尔玛公司认为，他们的顾客生活在一个日益繁忙的世界里，每个人都在为各自的生计忙碌着，日落原则能够体现出沃尔玛公司时刻为顾客着想的经营宗旨。

### （四）力求完美原则

沃尔玛公司始终坚持"力求完美"的原则。在吸纳新的经营理念和创意的同时，沃尔玛公司紧跟时代步伐，利用新技术为自身发展服务。它曾投入4亿美元巨资，委托休斯公司发射商用卫星，实现了全球联网，为其高效的配送系统提供保证。据报道，通过全球网络，沃尔玛公司的总部可在一小时内对全球4 000多家分店每种商品的库存量、上架量和销售量全部盘点一遍。沃尔玛公司坚持微笑服务。公司规定每一位员工进店的第一天起就举手宣誓，保证顾客在走到离售货员3米时就要上前打招呼，笑脸相迎。为了培训员工，该公司还成立了沃尔顿研究院，尽可能地给员工最佳的培训。为了更好地促进完美服务，该公司开展了“给总经理写信”的运动，鼓励员工给总经理写信。这些都表明沃尔玛公司注意倾听来自基层的声音。因为沃尔玛公司的信条是“接触顾客的是第一线的员工，而不是坐在办公室里的官僚”。这种体制保证了信息的及时反馈，同时也促使员工提出了许多改善管理的卓有成效的建议。

（五）激励员工原则

沃尔玛公司的企业文化中崇尚“尊重个人”，有效地激发了员工的积极性、主动性和创造性。沃尔玛公司不只强调尊重顾客，提供一流的服务，而且还强调尊重公司的每一个人，凡事和同事商量。沃尔玛公司重视对员工的精神鼓励，在总部和各个商店的橱窗中都悬挂着先进员工的照片。该公司还对特别优秀的管理人员授予“山姆·沃尔顿企业家”的称号。沃尔玛公司商店经理的年薪为5万美元左右，收入同该店的销售业绩直接挂钩，业绩好的可以超过区域经理的收入。区域经理以上的管理人员的年薪为9万美元左右，同整个公司的业绩挂钩，工作特别出色的还有奖金和股权奖励。这种收入分配机制，既使得业绩好的店铺经理的收入可以超过高层管理人员的收入，又保证了高层管理人员在总体上收入高于基层管理者的收入，有利于调动各个层次员工的积极性。在沃尔玛公司的内部，虽然各级职员分工明确，但少有歧视现象。沃尔玛公司拥有近40万员工，员工不是被称为“雇员”，而是被称为“合作者”或“同事”。山姆·沃尔顿提出“关心自己的同事，他们就会关心你”，培养员工“爱公司如爱家”的精神。公司对员工利益的关心并不只是停留在口头上或是几条标语式的企业文化理论，而是有一套详细而具体的实施方案。公司将“员工是合伙人”或“同人”这一概念具体化的政策体现在以下六个方面，重点是利润分享计划、股票购买计划和损耗奖励计划。

1. 利润分享计划

沃尔玛公司保证每一个在公司工作了一年以上以及每年至少工作1 000小时以上的员工都有资格分享利润。沃尔玛公司把每个够格员工的工资按照百分比分享利润，员工们离开公司时可以现金或股票方式取走这个份额。

2. 股票购买计划

企业购买股票计划可以使员工更容易地进行股票投资并从中获利。沃尔玛公司规定员工可以选择在自己的工资中每次扣留固定的数额或者一次性付款来购买股票，还可以接受公司提供的资助来购买股票，其数额相当于员工可受资助额的15%。任何已达到其所在州成年年龄的全职员工或旺季聘用的员工都有资格参与这项计划。

3. 损耗奖励计划

因为损耗是零售业的大敌，沃尔玛公司控制这一纰漏的方法是与员工们共享公司因减少损耗而获得的盈利。如果某家商店将损耗控制在公司的目标之内，该店每个员工都可以获得奖金，最多可达200美元。结果，沃尔玛公司的损耗只是行业平均水平的1/2。而且，这样做还促使员工们彼此增加了信任感。

4. 员工购物折扣等福利制度

企业员工、员工配偶及其被赡养人在沃尔玛公司的连锁店、沃尔玛购物广场购物时，许多种正常价格的商品可以打10%的折扣。另外，对于那些在沃尔玛公司工作一年以上的员工，沃尔顿基金会向他们即将高中毕业的子女提供奖学金。即将高中毕业同时又为沃尔玛公司工作或者是还没有资格享受沃尔顿基金会所提供的奖学金的员工也会得到帮助。

5. 联谊晨会制度

沃尔玛公司把每周的例会定在星期六早晨。例会是探讨和辩论经营思想和管理战略的地方。在例会上大家可以提出建议，表扬先进，发现问题并讨论解决办法。这样发现的问题马上在周末就可以及时解决，而不必等到下星期。山姆·沃尔顿说，星期六晨会是沃尔玛文化的核心。它的基本目的是交流信息，减轻每个人的思想负担，团结队伍。公司经常在星期六晨会后举行联谊活动，喊口号、鼓劲、联欢，减轻每一个员工的负担，使员工身心得到愉悦，同时也增强了凝聚力。员工们很容易把星期六联欢所产生的欢娱气氛带到工作中去，而这正是沃尔玛公司所追求的"让商店保持轻松愉快的气氛"。

6. 深入基层服务

到了节假日的繁忙时节，沃尔玛公司管理层工作人员(如营运总监，财务、人力资源、市场等各部门的经理、主管等领导及所有的文职人员)都将放下手头的工作，换下笔挺的套装，奋不顾身地投入到繁忙的一线卖场中，开展上岗收银等工作。①

(六) 厉行节约原则

1. 降低营业成本

沃尔玛公司采取一切办法降低成本。如照明设施、空调设备等实行统一管理，办公公文用纸也厉行节约。公司没有专门用来复印的纸，用的都是废报告纸的背面，打印纸也是一样，除非非常重要的文件，否则一律使用的是废旧纸的背面，就连管理人员和员工日常办公所用的工作笔记本也都是用废报告纸裁成的。

沃尔玛公司明文规定，员工因工外出时，需两人住一个房间；公司的创始人沃尔玛百货公司董事长罗布森·沃尔顿率先带头节约，他每次出差都会坚持订条件一般的旅馆，一晚上的费用从未超过50美元。更为夸张的是，他还总是要求与人合住一间房，以便节约成本。沃尔玛公司的全体工作人员自上而下都要为削减成本而努力，大幅削减成本使得沃尔玛公司的经营成本大大低于其他的同行业竞争者。亿万富翁山姆·沃尔顿退休后还继续开着旧货车，他的继任者其子罗布森·沃尔顿即使成为世界首富也没有忘记父亲的教诲，同他的父亲一样也是一个非常俭朴的人。他深居简出，开老式拖车，就连剃头也要精打细算，每次出去理发都只花5美元，这几乎是当地理发价格的下限。

2. 简化办公条件

在沃尔玛公司的办公室里，没有豪华的装修，没有昂贵的家具，只有俭朴的办公桌。办公室面积小，设备简陋。沃尔玛百货公司董事长罗布森·沃尔顿的办公室也只有12平方

---

① 王利锋. 沃尔玛：成功没有秘诀[N]. 经济观察报，2002-05-23.

米，而且室内的陈设也都十分简单。又如沃尔玛大连店总经理的办公室，宽3～4米、长10米且形状不规则，对面是常务副总的桌子，文件柜另一边就是其他工作人员工作的地方。左右两边各有一排长长的桌子，两个秘书、两个行政部工作人员，还有四位副总经理全都挤在这片狭长的空间内。

### 8.1.5 IBM公司企业文化案例

美国国际商业机器公司(或称万国商业机器公司，International Business Machines Corporation)，其英文缩写为IBM，简称IBM公司。IBM公司是世界上最大的信息工业跨国公司和世界上最大的电子计算机制造销售公司。IBM公司的业务遍及160多个国家和地区，全球拥有雇员30多万人。IBM公司的前身是查尔斯·弗林特于1911年6月15日在纽约成立的计算制表记录公司(CRT)。在过去的一百多年里，世界经济不断发展，现代科学日新月异，IBM公司始终以超前的技术、出色的管理和独树一帜的产品领导着全球信息工业的发展，保证了世界范围内几乎所有行业用户对信息处理的全方位需求。1914年，托马斯·沃森加入CRT公司并担任总经理。1924年，托马斯·沃森宣布将公司改名为国际商业机器公司。2009年，IBM公司总营业收入为1 036亿美元，全球雇员为398 455人。2010年，IBM公司在《财富》排行榜中名列第48位。2011年，IBM公司的总收入为1 069亿美元，市值达到2 140亿美元，从而一举超越微软公司成为全球市值第二高的科技企业。2012年，IBM公司的总收入为1 045亿美元。

IBM公司的成就与企业文化分不开。该公司强调员工应具有相同的信念和价值观。员工之间讲究友善和民主。IBM公司的企业文化在美国被认为是企业文化的典范，有效地促进了公司的成功。

#### （一）坚持“沃森哲学—三准则”

“沃森哲学—三准则”是IBM公司企业文化的核心价值观。“沃森哲学—三准则”是：第一，尊重人、信任人，即尊重企业每一个人的尊严和权利并信任每一个人；第二，为顾客提供最优服务，即对顾客给予世界上最好的服务；第三，追求卓越的工作，即在各项工作中卓越地完成目标。“沃森哲学—三准则”是托马斯·沃森在创建IBM公司时设立的“行为准则”，他把这些价值观标准写出来以此作为公司的基石，任何为他工作的人都必须明白公司要求的是什么。托马斯·沃森在接任IBM公司的总裁后，把“沃森哲学—三准则”发扬光大，以致延续至今。IBM公司在运营中要求任何处于主管职位的人必须彻底明白“沃森哲学—三准则”，身体力行地遵循“沃森哲学—三准则”，带动员工实施“沃森哲学—三准则”。IBM公司在会议、内部刊物、备忘录以及集会中所规定的事项，或者在私人谈话中都可以发现“沃森哲学—三准则”贯彻在其中。“沃森哲学—三准则”一直牢记在IBM公司每位员工的心中，他们的任何一个行动和政策都直接受“沃森哲学—三准则”的影响和检验。“沃森哲学—三准则”对IBM公司的成功所贡献的力量比技术革新、市场销售技巧或庞大财力所贡献的力量更大。IBM公司的全体员工都知道，不仅是公司的成功，即使是个人的成功，也一样都是取决于员工对“沃森哲学—三准则”的遵循。托马斯·沃森创办了公司杂志《思考》，富有使命感地为该杂志撰稿；他还设立了IBM学校，为员工提供培训，他要求雇员在高唱“IBM之歌”中培养对企业的忠诚。

（二）强化人才培养

（1）对企业的经营管理给予明智的、可信赖的、有才干的指导。

（2）通过扩大工作职务的范围，提高员工的工作能力，并给予他们机会，使他们在工作中感到满意。

（3）重视员工需要安全感和职业保障的心理需求的满足。

（4）建立完善的教育制度。从经理到员工，每人每年必须接受40小时的正规培训。此外，IBM公司还准备了种类繁多的必读刊物直接送到员工的家中以便学习。

（三）坚持科技创新

IBM公司始终把研究开发作为企业的首要任务，公司将一定数量的利润用于研究开发。

（1）IBM公司将研究开发工作作为企业竞争的焦点。

（2）IBM公司积极研发新技术，改进产品和研制新产品。

（四）优化绩效激励

（1）IBM公司为所有的员工提供平等服务。

（2）报酬具有与付出劳动的对等性，具有很强的刺激性和鼓励性，IBM公司对作出特别贡献的员工给予重奖，既重视物质鼓励，又重视精神鼓励。工资要等于或高于一流企业的工资，并注重员工福利发放。

（3）对股东负责，提供适当的投资收益。

（五）重视售后服务

（1）契约服务。IBM公司与用户签订契约，包括产品和所有的服务项目。IBM公司倡导“服务至上”的理念，要求全体员工对用户提出的问题必须在24小时内给予落实或答复。

（2）IBM公司的管理者直接参与处理顾客投诉，主管及时对任何顾客的抱怨或疑难问题进行处理。

## 8.2　日本文化的特点与典型企业文化案例

日本是一个资源匮乏的国家，“二战”后可以说是一贫如洗，然而，在战后短短的几十年时间里日本发展成为世界上发达的工业国家之一，成为世界二号经济强国（持续到2010年6月被中国替代，屈居第三），许多技术达到了世界一流水平。包括美国在内的世界上的专家、学者研究日本的成功经验，认为日本成功的主要原因是日本的企业文化，是在传统文化思潮的影响下形成的具有日本民族文化特征的企业文化，是日本企业文化与企业管理有效对接的结果。

此前的一千多年的时间里，日本大量吸收了中国的大唐文化。到 19 世纪，1868 年德川政权崩溃、明治维新开始后，日本进入了“文明开化”时期，引进、吸收西方文明成果，并取得了巨大的成功，为建设现代化的日本奠定了坚实的基础。日本文化实际上是在日本传统文化的基础上选择、吸收、有机融合外来文化形成的一种混合文化。

### 8.2.1 日本文化的特点

一、日本民族文化的特点

（一）多元文化融合性

日本文化是外来文化与传统文化融合的结果。中国的儒家文化和佛教文化对日本文化的影响深刻，特别是儒家文化对日本人的思想和行为产生了深远影响。日本文化是在本土文化的基础上吸收中国的儒家文化、佛教文化和西方文化的精华，并将欧洲近代文化移植其中，形成了具有日本特色的民族文化。

（二）强烈的忠诚意识

日本企业的员工把对企业的忠诚、对企业主的忠诚作为基本的做人准则，对企业做到绝对真诚，在孝与忠产生矛盾时，无条件地服从忠诚，甚至可以牺牲自己的生命。人们总是服从统治者、侍奉父母、尊重兄长、顺从集体及多数派的意志，强调忠诚的绝对地位，并弘扬爱国主义和民族主义。

（三）浓厚的团队精神

团队精神的实质是日本武士道精神在企业中的渗透与延伸。日本的资本主义是在封建家族制的基础上发展而来的，封建家族和村社的群体意识深深地植根于日本传统文化之中。由于日本民族生存的地理环境和种族原因，使日本人带有强烈的民族自尊性，这种民族自尊性和自信心代代传承，也对日本历史的发展进程起了积极的作用。日本武士阶层具有强烈的民族意识，对日本文化具有深刻的影响。因此，日本文化的特点是以集团主义意识为中心，提倡亲和、团结和效忠精神，视劳动和忙碌为美德，整个民族渗透着一种特殊的家族精神。

（四）强烈的危机意识

日本人具有强烈的危机意识。俗话说：“天塌下来，个高的人顶着。”但日本人认为天塌下来的话，大家都得死。绝大多数日本人不希望外国人到日本旅游，认为外国人到日本旅游会破坏他们的生态环境，实际上就是他们环境污染危机意识作用的结果。日本每年缺少近 2 000 万劳动力，但是日本人认为外国人来了对自己国家的环境会造成破坏，并产生就业压力，因此至今仍未放开劳动力市场，实际上就是日本人生存危机意识影响的结果。

## 二、日本企业文化的特征

### (一) 终身雇佣的用工制度

终身雇佣制度起源于20世纪50年代，是劳资双方的一种不成文的默契。企业采用员工持有本公司股票的制度，坚持劳资双方相互保险机制，加强员工对企业的向心力。同时，日本企业采用年功序列制，即员工的工资每隔一定的期间提高一次，职位也每隔一定的期间晋升一次的惯例，以此留住员工。年功序列制是以终身雇佣制为前提的，也是终身雇佣制的配套工程。

### (二) 以人为本的企业价值观

日本企业在企业的经营管理中坚持以人为中心。日本文化的特质是重视义理、人情、和睦敬爱。因此，日本企业的员工对企业忠诚，企业主(包括企业经营者)非常重视员工的工作和生活，不断提高福利待遇以调动其生产积极性。

### (三) 民主参与的团队精神

团队精神是现代日本企业经营的指导思想，这种经营思想就是全员参加企业经营的"民主主义"思想。它把企业视为一个有机的共同体，主张企业经营和决定经营是团队行为，并依靠这种团队的力量完成企业的各种经营活动。日本团队精神主要具有三大特点：一是团队中每位成员有共同的目标，并围绕共同目标而努力奋斗；二是每位成员必须通过深入的、密切的沟通与交流，在确定目标、制订和执行工作计划以及培训计划等方面取得一致意见；三是团队总体专业技能全面，规模适中。

### (四) 内外协调的社会责任感

日本企业强调追求经济效益和产业报国双重价值目标。日本企业既是经济组织，又是社会组织，强调与外部环境保持协调，注重履行对各方面的责任。作为经济组织，日本企业以满足顾客为目标，首先强调对消费者的责任，以优良的品质和服务对消费者负责，追求顾客满足度最大化。其次，日本企业强调对交易合作者、股东的责任，即要公平地对待员工，共存共荣，结成命运共同体。作为社会组织，日本企业重视对本社区和社会的责任，把环境保护和减少公害作为企业生存和发展的前提条件。

### (五) 终身教育的学习型企业

日本提出"科教立国、贸易兴国"战略，为了贯彻这一战略，日本企业非常重视"育人"工程，把"育人"融入企业的经营过程中，并提出"经营即教育"的思想，建立起终身教育的学习型企业。日本企业长期重视员工的教育培训工作，以提高全体员工的素质。最早提出"经营即教育"思想的是松下电器公司的创始人松下幸之助，他说："我们公司的主要产品是人才，也生产电器。"丰田汽车公司提出"既要造车，又要造人"，不断地对员工进行企业文化教育，把企业的核心价值观贯彻到每一个员工的心中。同时，丰田公司还积极开展企业文化活动，以增进友谊和互相学习。

（六）重视血缘的家族式管理

日本企业实行的是家族式等级制度和家庭式温情管理方式。其家族式等级制度的核心并不是家长式独断，只是在人事安排方面，企业主个人说了算，在企业业务工作中要求各司其职。家庭式温情管理方式的主要内涵是指企业视员工为家庭成员，在工作和生活等方面给予照顾，包括为员工筹办婚礼、安排旅游度假、帮助解决家庭纠纷等，企业内部形成一种像家一样的气氛。

（七）全员关爱的情感激励

日本企业家重视、尊重与信任员工，非常注重对员工进行感情激励。如上班时企业领导者站在门口迎候员工，主动发出“您早啊！”等鼓励性问候。即使员工来迟了也不责备，而是说“今天早晨家里一定有什么紧要的事吧，没关系，有什么不方便尽管说出来好了”。下班后，企业领导者常常与员工聊天、下棋，参加各种文体活动以联络感情，员工结婚、过生日、生孩子或办丧事时，企业领导者会送去慰问信和礼品。员工取得成绩或晋升时，企业会召开庆功会并打电话向其家人表示祝贺，感谢他们对企业的支持。

（八）持续创新的危机管理

日本是一个岛国，人口密度大，资源匮乏，竞争激烈，由此形成了员工个人强烈的危机意识，也由此促进企业实施危机管理。日本企业向员工灌输危机意识，使员工产生强烈的危机感，激发员工的热情，增强企业团结，形成命运共同体。① 日本企业的强烈危机意识自然也推进了企业创新，包括思想创新、组织创新、技术创新和产品创新等。

### 8.2.2 松下电器企业文化案例

松下电器公司(Panasonic)的全称是松下电器产业株式会社，1918 年 3 月 7 日，由松下幸之助先生在日本大阪创立。松下电器公司最初的产品是电灯插座和灯泡等小商品，后来逐渐发展成为世界闻名的全球性电子厂商，成为从事各种电器产品的生产、销售等事业活动的大型跨国企业集团。松下电器公司是目前日本获利最高的企业，其营业额从“二战”后至今增加了 4 000 多倍以上。2010 年，松下电器公司的销售额为 8.9 万亿日元；2011 年，其营业额就达 5.965 3 万亿日元。松下电器公司的成功在于其完善的企业文化。自创立以来，松下电器公司通过提供高品质、高性能的商品和优质服务，以“为了使人们的生活变得更加丰富、更加舒适，并为了推动世界文化发展做出贡献”为经营理念，坚持不懈地开发新技术和新产品。这种企业文化突出地表现在以下三个方面。

一、报国与拼搏精神

产业报国是松下电器公司企业文化的精髓，拼搏精神成为其企业文化的重要组成部分。松下电器公司的创始人松下幸之助在 1929 年制定的关于企业集团的纲领中提出“贯彻产业

① 王成荣，周建波. 企业文化学[M]. 北京：经济管理出版社，2002：342.

人的本分，谋求社会生活的改善和提高，以期为世界文化的发展作贡献”的经营理念，指出企业的使命是“通过事业活动提高全世界人民的生活水平，促进社会发展”。为了加强企业文化建设，松下电器公司成为日本第一家拥有自己厂歌的企业。每天早晨8点钟，大家一起歌唱厂歌。此外，该公司还要求每个员工每隔一个月至少在其所属团体进行10分钟的讲演，说明企业精神与企业和社会的关系，在说服别人的同时提高自己，从而使员工受到企业精神的教育。

二、公平与公正精神

光明正大为人们处世之本，公平与公正也是松下电器公司的基本要求。企业管理者在整个企业形成了一个公平阳光的环境，有利于员工平等竞争，形成积极向上的工作环境与成长环境。

三、礼节与感恩精神

企业坚持礼节和感恩精神，有利于建设和谐企业，有效地促进形成良好的社会秩序和社会礼节。坚持友好感恩精神，可以为员工带来无限喜悦与活力，有利于克服种种困难，形成良好的人文环境，有利于吸引优秀人才，有利于发挥人才的积极性、主动性和创造性，以促进企业发展。

四、育人与学习精神

在进行总体企业文化的培育前提下，松下电器公司把培育人才作为企业人力资源开发的重点。松下幸之助有一段精彩的话是“松下电器公司是制造人才的地方，兼而制造电器产品”。他认为，事业是人为的，而人才的培育更是当务之急。为了建立一个有利于鼓励和推进员工学习的环境，1964年松下幸之助在大阪建起了占地14.2万平方米的大型培训中心，一年开支达40亿日元(占总销售额的0.1%)。全公司一年有1/3的人来这里接受培训。大规模的人员培训提高了松下人的整体素质和业务水平，保证了松下电器公司的新产品源源不断地涌向世界市场。

### 8.2.3　丰田汽车公司企业文化案例

1937年8月28日，日本丰田汽车公司正式成立，由当时的仅是丰田自动织布机公司的一个分部发展成为今天以汽车生产为主，业务涉及机械、电子和金融等行业的庞大工业集团。经历76年的快速发展，目前，公司员工6万余人，生产的产品主要是汽车部件，包括钢铁、有色制品、化纤制品、塑料制品、橡胶、玻璃和各种日用品用具等。丰田汽车公司2010年在全球范围内的汽车销量提高了8%，达到842万辆；2011年，其汽车销售量为735.2万辆。2012年，丰田汽车公司在全球的汽车销售总量上升了22.6%，达到975万辆。丰田的成功在于其优秀的企业文化。

一、产业报国，事业在人的丰田精神

丰田汽车公司形成了丰田纲领，其管理哲学的主要内容包括：事业在于人；上下同心协力，忠实于公司事业，以产业成果报效国家；潜心研究与创造，不断开拓，时刻站在时代潮流的最前端；切戒奢侈浮华，力求朴实稳健；发扬友爱精神，以公司为家，相亲相爱；心存感激，为报恩而生活。该纲领体现了丰田汽车公司的目标、信念、追求、哲学和价值观的总和，体现了该公司精神。该纲领已经牢固地树立在每个丰田人的心中，从而形成了全体丰田人统一的价值观、共同的生活信念和一致的人生目标。正是在这种企业精神的激励下，丰田人忠于职守、拼命工作，不断提高劳动生产率，创造出了惊人的成绩。

二、顾客至上，造福社会的经营宗旨

丰田汽车公司的经营宗旨是"通过生产汽车而为建立富有的社会做贡献"，为客户提供优质的产品和服务，具体体现在以下七个方面：

(1) 创造财富，贡献于社会；
(2) 以最低的成本生产质量最高的汽车；
(3) 对顾客负责，顾客是上帝；
(4) 下一道工序是上一道工序的用户，在每道工序里来创造质量，一切为用户服务；
(5) 杜绝不必要的多余；
(6) 重视员工的思想工作；
(7) 当你发现问题时，应当考虑如何处理，而不是开掉负有责任的人。

三、以人为本的经营理念

丰田汽车公司坚持以人为本的经营理念，并切实落实到企业的各项经营活动之中，具体体现在以下五个方面：

(1) 对客户——客户至上、服务至上；
(2) 对员工——以人为本；
(3) 对生产——以精简为手段，追求低成本；
(4) 对产品——以零缺陷为最终目标，追求高质量；
(5) 对社会——植根于当地的社会活动，为当地的经济、社会发展作贡献。

四、以人为中心的管理方式

丰田汽车公司的企业文化实现了"以人为本"的管理方式，避免了理性主义企业文化"经济人"的观念，突出了人的主体性和人的个性差异，使人的积极性得以充分发挥。

(一) 以员工为中心，重视员工教育

丰田汽车公司在人力资源管理中非常重视企业教育。丰田汽车公司的管理者认识到员工的教育水平和企业人才培训体系是企业乃至社会经济发展的基础。丰田汽车公司的总裁曾说："人事管理和文化教育的实质是，通过教育把每个人的干劲调动起来。"在实际工作中，丰田汽车公司对新参加公司工作的人员有计划地实施企业教育，把他们培养成为具有独立工作本领的人；使受教育者依次接受更高层次的教育，从而培养其高水平的技能。丰田汽车公司的企业教育不仅仅限于职业教育，而且还进一步深入到个人生活领域。

（二）以客户为中心，生产满足客户需求的产品

丰田汽车公司的成功是多方面的，包括其独特的生产方式、严格的质量及成本控制、稳固的供应商体系等。然而，真正保证丰田汽车公司成功的，还是其始终坚持以客户为中心的经营理念以及由此建立起来的产品管理体系、技术研发体系和销售管理体系等。丰田汽车公司的成功首先来自于生产满足客户需求的产品。从客户需求出发设计产品，并根据市场反馈不断地完善产品，这是丰田汽车公司一贯坚持的原则。丰田汽车公司的每一款产品都建立在严格的客户需求的分析基础之上，如20世纪70年代丰田汽车公司面对石油危机全力开发低油耗的小型车，90年代面对节约能源与环保的要求推出油电混合动力汽车，这些都是追随客户需求的体现。由于国内市场狭小，海外市场是丰田汽车公司的重要市场。为不同地区的市场设计符合客户需求的产品也是丰田汽车公司的一大特色。如凯美瑞和雷克萨斯就是针对美国市场设计的产品，而“Yaris”则是针对欧洲小型车流行的特点推出的产品。针对区域客户的市场需求开发产品保证了丰田汽车公司在全球市场的成功。

在技术研发上，丰田汽车公司始终以消费者需求为导向，并不过度追求技术的领先，而更关注技术的实用性。早在1935年丰田汽车公司即提出了“用户第一、销售商第二、客户第三”的销售原则，将用户和销售商放在重要的位置。为贯彻其销售方针，1950年丰田汽车公司实施产销分离，建立独立的销售公司，其目的在于使销售公司不偏重于厂商和销售商任何一方，本着促进销售的立场开展经营活动。为了保证销售商对客户的服务质量，丰田汽车公司视销售商为利益共同体，除了建立严格的销售商准入标准外，丰田汽车公司还为销售商提供一系列的支持，成立了企划支援室、改善支援室、经营支援室和培训支援室，帮助经销店更好地实施集客活动，指导新建立的经销店提高成交率。以客户为中心，关注客户的需求与利益，赢得了客户的信赖，造就了丰田。①

### 8.2.4 索尼公司企业文化案例

1946年5月，日本的盛田昭夫与他的合作者井深大创立了东京通讯工业株式会社。1953年，东京通讯工业株式会社正式改名为索尼公司（SONY Corporation）。索尼公司以发明随身听、单枪式彩色电视和8厘米手提摄录放影机在全球赢得声誉，是日本在全球创立的价值最高的品牌企业。20世纪六七十年代，索尼公司先后开发出具有世界水平的音响、录像机，确立了其在世界家用电器市场上的地位。2008年，索尼公司进入世界500强的第182名，在全世界同行业中处于领先地位。索尼公司是战后由资金只有19万日元的小企业，经过67年的时间，其年销售额2009财年达到320亿日元（约合3.45亿美元），2010财年实现2 000亿日元的营业利润，2011财年的销售额为6.49万亿日元，2012财年营业额同比增加5%达6.8万亿日元，成为日本的代表性企业。索尼公司不仅涉足电子工业领域，而且还扩展到化妆品以及生命保险等许多领域。

索尼公司主要文化特征包括以下四个方面。

① 吴树廷. 丰田企业文化及其对企业文化建设的启示[J]. 石油教育，2008，(6)：45.

## 一、创新精神

技术创新是经济增长的动力源泉，是企业生存发展的必由之路。面对全球化的严峻竞争态势，企业通过技术创新、技术进步，提高资源配置效率，挖掘生产潜力，对生产设备和生产工具进行脱胎换骨的技术改造，采用新的生产方式，开发和生产绿色产品，进行绿色经营，这样才能取得竞争优势和可持续发展。

技术创新使企业获取产品竞争优势。企业市场竞争集中表现在产品上。美国哈佛大学教授迈克尔·波特认为，竞争优势有两种基本类型，即成本领先和别具一格。这两种优势都要求采用新技术、新工艺、新材料、新设备、新经营理念的技术创新来研发、生产深受用户青睐、适销对路、又别具一格的有竞争力的产品。

索尼公司的创始人盛田昭夫和井深大定下了“绝不模仿他人”的原则。创新精神伴随索尼公司拼搏至今，开辟了索尼公司的天地，打造出索尼公司的金字招牌，满足了一代又一代消费者的需求。索尼公司坚持不断创新，并具备强大的技术开发能力。索尼公司是世界上民用/专业视听产品、游戏产品、通信产品和信息技术等领域的先导之一。它在音乐、影视、计算机娱乐以及在线业务方面的成就也使索尼公司成为全球领先的个人宽带娱乐公司。在企业发展的60余年时间里，索尼公司一直致力于通过创新为世界各地的人们带来优秀的产品和服务以及全新的生活方式，通过索尼公司的创新技术和优秀产品帮助人们实现享受更高品质的生活。目前，索尼公司在全球120多个国家和地区建立了分(子)公司和工厂，其70%的销售来自于日本以外的市场。索尼公司全球超过70%的员工是非日本籍员工，数以亿计的索尼用户遍布世界各地。

## 二、品牌战略

索尼公司的品牌目标是“成为任何电子消费品领域的全球性公司”。索尼公司在品牌管理方面出类拔萃，形成了世界级品牌标识和品牌形象。品牌标识使设计语言视觉化，并且选择各类不同的传播媒体以保持品牌一致性，使品牌价值不断增加。索尼公司内部有关建立品牌标识的某些描述如下：索尼公司从开始生产电视机的第一天起，就已经设计了商标字。当用户通过索尼电视机看电视时，索尼标识就一定会映入用户的眼帘；品牌形象将企业、产品的出众标识传递给消费者。实施品牌战略，使索尼公司形成了独特的品牌标识和品牌形象，走向了世界的领导地位。

## 三、人才战略

索尼公司的创始人盛田昭夫提出的“在索尼公司里有很多职工，然而每个人都有各自的技能。不要拘泥于僵化的电子工业厂家的工作。如有特殊的技能，可以调到合适的岗位上工作”的用人理念在索尼公司得到管理者的普遍认同。他们允许并鼓励科技人员根据自己的兴趣和特长，“毛遂自荐”去申请各种研究课题和开发项目；允许他们在各部门、各科研组之间自由流动，各部门的领导者不得加以阻拦，从而增强了科技队伍的活力。

索尼公司历来不拘一格使用人才。演员出身的大贺则卫被录用并提升为总裁的例子最为典型。大贺则卫充分发挥自己在声乐和经营方面的特长，9 年以后，终于使索尼公司成为日本著名的大公司。在记载索尼公司发展历程的《源流》一书中有这样一句名言："开拓者索尼把最大限度地发掘人才、信任人才、鼓励人才不断奋进视为自己的第一生命，让每一个人都尽其所能、百炼成钢、奋勇开拓。"索尼公司就是如此，用自由豁达的胸怀，成就着一代又一代索尼人的梦想。索尼公司的出发点是自己培养人才，在挑选人才上，索尼公司更看重的是人才日后的发展。索尼公司对员工的培养完全因人而异，有的员工的学习能力特别强，那么他可能很快就能得到更好的发展机会。进入索尼公司的新人在开始时其实都面临着相同的发展机会，这也是索尼公司的用人方针之一。

四、社会责任

索尼公司秉承以技术贡献社会的企业理念，通过创新在为社会提供优质产品和一流服务的同时，重视履行社会责任，积极投身各项社会公益活动，在教育、文化、艺术和环保等领域积极开展公益活动，投入了大量的精力与资金，以实际行动支持社会公益事业。索尼公司将企业社会责任(Corporate Social Responsibility，CSR)纳入自身可持续发展战略之中，并且成立了相关组织负责实施。该组织在全球范围内超过 100 人，主要负责推广 CSR 活动。据来自索尼公司的数据显示，索尼公司经常承担社会责任，仅就近几年来看，2011 年日本东北关东地区地震后，索尼日本总部捐款 3 亿日元，此外，公司还捐赠了 3 万台收音机、50 万个电池和 125 台电视机等物品，索尼中国向捐赠了 229 万元；2012 年，《财富》(中文版)发布中国企业社会责任 100 强排行榜，在外企方面，索尼公司力拔头筹，排名第一。2013 年，四川省雅安地震，索尼中国等索尼在华企业、投资机构、工厂及员工捐款 200 万元，此外，捐赠急难救助专用收音机 500 台。

索尼公司在产品设计及制造方面明确落实"环保政策"。自 2002 年 3 月起索尼公司在全球展开"绿色合作伙伴"(Green Partner)体系认证工作，目的就是要求其合作供货商同步执行，共同合作开发、生产符合环境保护规范的产品，检查及确认每件产品各个零件、装置及原物料不会对环境造成影响。根据该计划，索尼公司"绿色合作伙伴"成员必须经过索尼公司一系列有关工厂环境管理、业务管理与工程管理等系统的实地严格审查。内地已经有 1 000 多家供应商获得了索尼"绿色合作伙伴"认定。[①]

## 8.3　德国文化的特点与典型企业文化案例

德国位于欧洲中部，曾经是一个传统落后的农业国家。今天，德国成为一个发达的工业化国家。德国在"二战"后历经沧桑却重新崛起并迅速发展，这源于德意志民族文化的决定作用。

① 张娅. 索尼：把企业社会责任纳入管理[J]. 商务周刊，2007，(21)：28.

### 8.3.1 德国文化的特点

一、德国民族文化的特点

德意志联邦共和国(以下简称德国)位于北海、波罗的海和阿尔卑斯山(东段)之间,气候温和,雨水充沛,土地肥沃。德国人自信、精明、严肃而神秘,产生了如康德、马克思、恩格斯、尼采和黑格尔等许多令人仰慕的哲学家、政治家、科学家和艺术家。从19世纪后半叶起,德国在世界舞台上扮演越来越重要的角色,德国人用自己的不懈奋斗和不凡成就为人类历史的进步做出卓越贡献。由于欧洲文艺复兴运动和法国资产阶级大革命形成了德国的民主、自由等价值观,德国注重法制教育,强调依法治国,在市场经济条件下形成了完备的法律体系;德国宗教主张博爱、平等、勤俭和节制等价值观念;德国人形成了讲究信用、严谨、追求完美的行为习惯,渗透着严谨细致的工作作风,具体表现在以下五个方面。

（一）态度严谨重责任

德国人养成了严谨的工作态度,他们办事认真,而且时间观念很强。如果你在赴约时迟到了的话,德国人会对你不信任,产生厌恶心理,甚至当面指责你。德国人虽然严肃沉稳,待人接物也比较拘谨,但是态度诚恳。如果你在陌生的地方向德国人问路,那么他会热情地、不厌其烦地给你指点迷津。如果他自己也不熟悉路径,他就会替你再询问他人或者陪你走上一段很长的路,直到彻底弄明白为止。

（二）重视合同守信用

德国人思维缜密,考虑问题周到、有计划性,非常尊重契约,严格履行契约规定的条款。即使有时忘记了在协议上签字,但到了付款日期,他们也一定会如数地按时汇款给对方。德国人讲究信誉,忌讳用支票付款,他们习惯于在对方交货后30～40天之内付现金。如果你为了免除赊账的麻烦而要求他们开支票的话,那样反而会惹出不信任的更大麻烦。

（三）勤劳整洁重礼节

德国人具有勤劳整洁的生活习惯,一般人家总是黎明就起身忙着打扫庭院,起居室被整理得井然有序、一尘不染。早上7点钟左右,大街上已是车马如龙、人群熙攘了。食品店、小吃店、水果店和菜市场已开始营业,家庭主妇们一大早就买好了全天所需的鸡、鱼、肉、蛋和蔬菜。店员和职员们7点左右上班,擦拭门窗,整理货架,8点准时开门营业,直到下午6点才关门。小商店晚上一般不打烊,继续接待夜间的客人。大商店夜间休息,周六下午和周日全天通常都关门。德国人不喜欢赠送贵重的礼物,跟德国友人交往时不要赠送太过贵重的礼物,否则会使德国友人觉得很不安,送一份有纪念意义的小礼物是最好的选择。在德国,接受服务的时候给服务人员小费是一种礼貌的体现,几马克的小费就会使你得到热情周到的服务。

（四）讲究秩序重规范

德国是一个讲究秩序的国家。在德国,大到空间、土地、建筑物,小到家庭主妇外出购物都事先安排得井井有条。维持秩序的标志牌和禁令牌随处可见，事无巨细都有明文规定，并要求人们严格遵守。如商店的营业时间是有严格规定的，早上 8 点开门营业，下午 6 点关门。从星期六下午 2 时起，各商店停止营业，星期天关门休息。这一营业时间各商店都要严格遵守，不得超时营业。德国的公共交通以守时著称，公共汽车必须按点行驶，乘客也必须按规定购票乘车，如果违反，将受到严厉的罚款惩处。

（五）注重计划讲程序

德国人有一样东西总是随身携带的，那就是记事本。德国人凡事都记录在记事本上，他们的一个习惯性动作就是伸手掏记事本，一个习惯用语就是“请稍候，让我看看记事本”。记事本人人都有，大到公司经理，小到中学生、家庭主妇，人手一本。在德国办事务必提前预约方可成行。德国人做事必先制订计划，就是家庭主妇外出购物也都是先列一张购物单。如一对夫妇打算出国旅游，那么他们可能早在一年前就开始制订旅游计划。这对夫妇会先打电话向各旅游局询问报价、服务项目和游览日程等情况，然后进行比较。选择好委托的旅行社后，这对夫妇还要亲赴该旅行社详谈，直至一切准确无误，旅行计划输入电脑。接下来这对夫妇还要就所去的国家的人文地理、语言等做一番了解。这样一个一年后才付诸实行的旅游计划早早就被安排得井然有序。由此可见德国人办事的计划性及规范性。①

二、德国企业文化的特点

在国际市场上，德国制造和德国标准通常代表着高品质，是消费者可以完全信赖的。在这方面，就连一向以高品质取胜的日本人都不得不甘拜下风。对于这种现象，日本经济学家进行了潜心的研究。根据相关的研究成果，日本经济学家认为德国企业的高质量产品主要取决于德国企业高质量的文化。与其他国家的企业文化相比，德国的企业文化具有以下特点。

（一）以人为本重人力

德国企业强调以人为本，普遍重视员工的培训，不断提高员工的素质，这主要体现在人力资源开发上。德国企业（如大众汽车公司）在世界各地建立起许多的培训点对员工进行技术与知识培训。又如，西门子股份有限公司（以下简称西门子公司）一贯奉行的是“人的能力是可以通过教育和不断培训而提高的”理念，坚持“自己培养和造就人才”，戴姆勒-克莱斯勒公司认为“财富＝人才＋知识”，“人才就是资本，知识就是财富。知识是人才的内涵，是企业的无形财富；人才是知识的载体，是企业无法估量的资本”。所以，戴姆勒-克莱斯勒公司有一种好的传统，即选拔人才并不注重其社会地位的高低，而是注重本人的实际能力。

德国企业在管理人才选拔与培养方面也颇具特色。如西门子公司特别重视对管理人才的选拔和录用。他们聘用的管理者必须具备以下四个条件：一是具有较强的工作能力，特别是冲破障碍的能力；二是具有不屈不挠的精神和坚强的意志；三是具有老练的性格，能使下属信赖，富有人情味；四是具有与他人协作的能力。

---

① 王春风．德国文化民族主义理论特点探析[J]．内蒙古大学学报：人文·社会科学版，2007，(6)：13．

（二）强化责任求和谐

德国企业强化责任，除经济责任外，重视履行社会责任，包括企业的社会责任和员工责任。员工责任包括家庭责任、工作责任和社会责任。企业对员工强调的主要是工作责任，尤其是每一个人对所处的工作岗位或生产环节的责任。

德国企业十分注重人际关系，努力构建和谐、合作的文化氛围。如 1994 年受世界石油危机的影响，大众汽车公司在德国本土的公司面临经济困难，需要解雇 2 万多名员工。然而，公司的员工在参与企业决策时却表示：宁愿减少自己收入的 20%，把每周工作 5 天改为 4 天，也不要让那些人失业。如 2009 年，受到全球经济衰退的影响，大众汽车公司 1 月份销量下降 15%，公司全年销量下降 10%，为保障正式员工不被裁员，其首席执行官马丁·温特科恩接受德国《明镜》周刊采访时说，通过压缩工作时间，工作时间由每周 35 个小时缩减到 28.8 个小时，同时，通过限制产量，不裁减永久雇员，虽然工人工资减少了 10%，但保住了大约 2 万个就业岗位。

（三）民主决策重沟通

在尊重人格、强调民主的价值观指导下，德国企业普遍重视员工参与企业决策。德国企业十分重视企业兼并、重组过程中的文化整合。为了解决企业兼并、重组过程中的文化冲突，保持和谐的文化氛围，保证企业兼并、重组目标的实现，他们在企业并购、重组时十分注重企业文化的融合。如德国戴姆勒-奔驰公司与美国克莱斯勒公司合并后，为了解决两国企业在文化上的差异和冲突，成立了专门委员会，制订了 3 年工作计划，通过加强员工之间的联系与沟通成功地进行文化整合，较好地实现了文化融合。

（四）精益求精重质量

德国企业非常重视产品质量，强烈的质量意识已成为其企业文化的核心内容，深深植根于广大员工的心目之中。追求产品质量完美、提供一流服务已成为德国企业员工的自觉行动。如大众汽车公司在员工中树立了严格的质量意识，强调对员工进行职业道德熏陶，在企业中树立精益求精的质量理念。西门子公司以“以新取胜，以质取胜”为理念，使自己立于不败之地。戴姆勒-克莱斯勒公司认为高质量意识与员工的高素质是分不开的，因此十分注意培养具有专门技能和知识的员工队伍，千方百计地提高员工的质量意识。德国企业员工具有精工细作、一丝不苟和严肃认真的工作态度，把好质量关，建立严格的检查制度，做到层层把关、严格检查，确保产品质量与服务质量。

（五）创新研发求一流

长期以来，德国企业高度重视开展创新活动，并为此提供优越的条件，营造良好的氛围。目前，德国企业的研究经费占国民生产总值的 2.9%，位居世界前列。德国人始终相信一句话：“真正决定企业未来的前途命运的是研究与开发。”不管经济如何不景气，德国企业始终不削减研发费用。事实证明，德国企业的这种战略眼光确实是非常高远的。德国企业在研究中重视高度的独创性和高度的专业性，最大限度地发挥个人的创造潜力。正是由于这种创新机制与环境促成了德国大众汽车公司全球首次推出其新研制成功的百公里仅耗油1升的汽车。[①]

### 8.3.2 汉莎航空企业文化案例

德国汉莎航空公司(以下简称汉莎航空公司或德航)是德国于1926年4月6日创建的最大的一家大型国际型航空公司,也是德国的国家航空公司。如今,汉莎航空公司已经成为世界上著名的大航空公司之一,货运业务量排名世界第一。20世纪70年代,汉莎航空公司的航空网以法兰克福为中心辐射通向远方城市,如圣地亚哥、墨西哥城、洛杉矶、安克雷奇、东京、中国香港、悉尼、毛里求斯、约翰内斯堡以及欧洲、远东其他数十个航空站。目前,汉莎航空公司是国际航空业少有的将客运、地勤、飞机维修、航空餐食、旅游和IT服务等六个服务领域完整做下来的航空公司,除航空运输外,汉莎航空公司力求为客户提供一系列的整体服务方案。汉莎航空公司面对世界航空业的激烈竞争和行业的不景气环境,特别是航空成本居高不下、整个航空业面临巨大挑战的情况下实现了企业腾飞,靠的是建立并一贯秉承的"为客人提供安全、可信、守时、高品质、极具技术竞争力和灵活创新的服务"为核心理念的优秀企业文化。

一、客户第一,服务至上

汉莎航空公司坚持"客户第一,服务至上"的理念,全方位为客户提供细致的服务。如汉莎航空公司是全世界第一家在飞机上推出宽带互联网服务的航空公司;为了解决长途飞行乘客的困乏,汉莎航空公司在飞机上引进了新的坐椅,这种坐椅可调制成2米长的睡床,乘客能找到理想的睡眠姿势,在长途飞行中好好地睡一觉。考虑到中国人对数字"4"的敏感性,汉莎航空公司在2009年3月开通的广州直飞法兰克福的航线上特地把原定的航班号从744、745改为了中国人眼中吉利的788和789。虽然这些都是小细节,但是汉莎人一点都不马虎,不怕麻烦。正如汉莎航空公司中国区首席代表文德所述:"比起汉莎的战略制定,细节才是乘客选择汉莎的理由。"汉莎航空公司目前已有100多家子公司。这些公司不仅为本国的航空公司提供与航空业有关的各种服务,而且也为国际上的其他客户提供同样的服务。为了给顾客提供周到的全球性服务,汉莎航空公司与国际上多家航空公司签订了合作协议,其中包括美国联合航空公司、泰国航空公司、巴西瓦利格航空公司、北欧航空公司和南非航空公司等。为了巩固汉莎航空公司在国际上的领先地位,保持长期盈利和竞争优势,公司把服务重点集中在顾客利益上,把它作为寻求联合时最为重要的考虑因素。

二、精益求精、细致周到

汉莎的标识是一只"鹤",这鹤出自于神话,象征财富与长寿。汉莎航空公司中国区首席代表文德诠释汉莎的品质追求是"将飞行做到完美,一切精益求精"。正是德国人的严谨文化特征造就了汉莎航空公司保持了连续87年没有飞机事故的纪录。

汉莎航空公司推出为中国乘客量身订制的"汉莎在线导游"互动性网页,以生动的语音和画面介绍汉莎从中国出发飞往欧洲的航班选择和网络,以及中国航线上的特色产品和服

① 朱雪宝. 独特的德国企业文化[J]. 中外企业文化,1998,(2):12.

务，为中国客人了解和选乘汉莎航空公司的航班提供更多的便利。在“汉莎在线导游”网页上，中国籍空乘人员“莉莉”以普通话向浏览者逐一介绍汉莎航空公司的机上和地面服务、旅客奖励计划、机队组成、机上餐饮服务和机舱娱乐节目，以及抵达德国法兰克福机场和慕尼黑机场后的中文迎宾服务等。“汉莎在线导游”网页使中国客人在线预订和购买汉莎航空公司的机票更加简便易行。浏览者可以快捷获取从中国北京、上海、广州和香港出发飞往欧洲15个主要目的地城市的最短路线和航班信息。在观赏网页的同时，浏览者只要点击“预订机票”按键就可以直接进入汉莎官方网站的订票网页。

为了更好地服务乘客，减少换票的不便，有效降低成本，汉莎航空公司开创了联合发展的道路，通过代码共享，即汉莎航空公司的飞机来中国，除北京、上海、广州和香港外，航线还能到达西安、成都、大连和杭州等7个城市，这意味着乘客凭借一本机票就可以到达中国内地。

早在20世纪90年代，汉莎航空公司就看出了航空公司只有联合才能找到出路。1997年，汉莎航空公司与其他四家世界顶级航空公司成立了全球第一个航空联盟——星空联盟，形成了全球飞行网络。汉莎航空公司不仅为乘客提供了顺畅便捷的飞行服务，也带给乘客灵活的旅行选择。汉莎航空公司的售票系统已经实现了电脑化，通过信息公路24小时售票，还推出了电子机票等服务。

三、服务基层、团队协作

在汉莎航空公司，从董事长于尔根·韦贝尔到各个部门的管理者在一年之内至少有一次（时间至少为一周）下到为乘客服务的第一线，他们要亲自做各项具体工作，如检票、预订机票和为机上乘客送葡萄酒等饮料。这种做法体现了汉莎航空公司“团结一致、齐心合力、共同奋斗”的团队精神。

这种团队精神始终渗透在企业的管理思想和各种制度、管理方法和工作习惯之中，使企业的全体员工结成命运共同体。员工对企业忠诚，共同实现企业目标。[①]

### 8.3.3 大众汽车企业文化案例

德国大众汽车公司的德文“Volkswagenwerk”，意为大众使用的汽车，表示大众汽车公司及其产品“必胜-必胜-必胜”。大众汽车公司的总部设在德国沃尔夫斯堡，是当今世界排名第五的跨国大型汽车工业公司，在美国《财富》杂志按营业额评选的世界500强中排名前30位，大众汽车公司是德国最年轻同时也是德国最大的汽车生产厂家。大众汽车公司的产品甲壳虫、马球、高尔夫、奥迪、帕萨特和桑塔纳等畅销全世界。大众汽车公司在我国的一汽大众汽车有限公司（以下简称一汽大众）和上海大众汽车有限公司分别占有49%的股份。

大众汽车公司将企业文化融入企业管理之中，形成了规范、和谐、负责的企业文化。“规范”就是依法治理，树立遵纪守法的意识和行为，杜绝随意性和灵活性。“和谐”就是管理体制的顺畅，人际关系的和谐。“负责”就是一种企业与员工双方互有的责任心，即员工对企业

① 周家高．德国汉莎航空公司改进服务[J]．中外企业文化，1999，(6)：11．
德国汉莎航空公司经营理念[J]．2007，(7)：14．

负责任，企业对员工负责任，企业与员工共同对社会负责任，坚持以精湛的技术、务实的态度、严谨的作风和忠诚的敬业的精神进行经营，具体体现在以下四个方面。

一、员工参与管理

大众汽车公司的人力资源管理成功的核心是员工参与管理。第一是主人翁意识强，个人才能得到充分发挥，人尽其才。让员工提出合理化建议，参与企业管理，员工工作时间有灵活的安排，最大限度地激发员工的积极性和创造力；防止辞退现象，保证位置的存在，要做到公司不景气时不发生辞退现象，不能遇到困难就辞退员工了事；促进每个员工获得成功。第二是员工与企业成为命运共同体，积极工作，在员工实现自身价值的同时，最大限度地保证企业成功，使企业创造出一流的业绩，企业像雪球一样越滚越大，实现了企业的成功。

二、薪酬体系合理

为了增强激励的针对性和效果，大众汽车公司实行以岗位工资为主的工资制度，并建立了科学合理的薪酬体系。薪酬体系包括基本报酬、员工参与性退休金、奖金、时间有价证券、员工持股计划、企业补充养老保险和职位消费等七项。

（一）基本报酬

基本报酬相对稳定，体现劳动力的基本价值，以保证员工家庭的基本生活。

（二）员工参与性退休金

员工参与性退休金于1996年建立，员工自费缴纳费用，相当于基本报酬的2%，滞后纳税，交由基金机构运作，确保增值。员工参与性退休金属于员工自我补充保险。

（三）奖金

给予工作有贡献者以奖励，根据员工业绩和企业效益建立奖金制度。按照劳资协定，蓝领工人的绩效奖金约占工资总额（基本报酬＋奖金）的10%，白领的绩效奖金约占工资总额的30%～40%，高级管理人员的绩效奖金约占工资总额的40%～50%。如1997年建立的双重奖金制度：一是平均奖金，每个员工都能得到，起保底奖励作用；二是绩效奖金，起进一步增强激励的作用，使员工能分享企业的新增效益和发展成果。

（四）时间有价证券

1998年，大众汽车公司建立“时间有价证券”计划，鼓励员工利用时间和资金参与这一计划，并挑选资本投资公司对“时间有价证券”基金进行专业性管理，以谋求“时间有价证券”达到大大超过个人储蓄的增值。员工持有“时间有价证券”可以灵活地进行消费，既可以通过使用增值的“时间有价证券”增加退休后的养老保险待遇，也可以将“时间有价证券”增值的资金转换成时间，用来缩短一生的工作时间，并得到免除工作的工资收入，其标准是按兑现时其本人的工资水平发放免于工作时间的报酬。

（五）员工持股计划

1999年，大众汽车公司建立员工持股计划，从而体现员工的股东价值。

（六）企业补充养老保险

2001年，大众汽车公司建立设立补充养老基金，企业补充养老保险相当于基本报酬的5%。

（七）职位消费

大众汽车公司有一套严格的职位消费管理办法，根据职位的高低，管理层人员有金额不等的职位消费权利。职位消费包括签单权和车旅费报销等。如二级经理的签单权为一年5万马克等，国外子公司的副总经理拥有专机，基层科长有2部车等。

三、以人为本，重人力资源开发

大众汽车公司积极开发人力资源，以人为本，注重员工教育，重视员工培训，致力于提高员工素质。大众汽车公司在世界各地建立起许多的培训机构，这些培训机构主要进行两方面的培训：一是使新进企业的人员成为熟练技工；二是使在岗熟练技工紧跟世界先进技术，不断提高知识技能。大众汽车公司除最高决策层之外，拥有各方面优秀的管理人才和科研专家，公司为他们提供高薪，并为其发挥才能提供广阔的空间，使他们产生一种自豪感，形成凝聚力和向心力，并坚持同舟共济、克服困难。

大众汽车公司长期坚持员工培训教育工作，如中国的一汽大众坚持开展跨文化、外语、财务、技术、领导技能和业务管理多种培训；在员工中，组织多种培训，并通过岗位练兵，达到提高技能、锻炼人才的目的；在新工人入厂培训中，企业文化成为必不可少的内容。大众汽车公司的人才培育选拔任用体系逐步成熟，为企业的发展提供智力支撑。

四、追求卓越、质量第一

如中国的一汽大众汽车是由中国第一汽车集团公司和德国大众汽车公司、奥迪汽车股份公司及大众汽车(中国)投资有限公司合资经营的大型轿车生产企业，是我国第一个按经济规模起步建设的现代化轿车工业基地。公司确立了“追求卓越、永争第一”的核心理念，融合了力争上游的进取精神和精益求精的工作作风。这一理念在企业运作过程中的全面贯彻成为企业不断发展的原动力，由此大众汽车在用户的眼里成为“安全、可靠、价值”的代名词。创新是企业可持续发展的根本。坚持实践“追求卓越品质，真诚面向用户”的理念，为用户提供一流的产品，为用户提供温馨的服务，以卓越的品质赢得用户，用真诚赢得用户。大众汽车推行“市场导向、管理创新、质量至上、技术领先”的方针，把用户的满意和期望作为企业始终不渝的追求，将严格的质量控制、标准的操作工艺和高尚的职业道德贯穿于生产经营管理过程之中。

### 8.3.4 西门子企业文化案例

西门子公司的前身是1847年创建于柏林的西门子哈尔斯克电报机制造公司。1897年，西门子哈尔斯克电报机制造公司改为股份公司；1966 年，其正式取名为西门子公司。西门子公司是德国一家大型的、国际著名的电子产品公司，至今已 160 多年的历史。西门子公司全球的销售额，2011 财年为 733 亿欧元；2012 年在 2011 年的基础上增长 7%，达到 783 亿欧元。今天，西门子公司在中国拥有超过 3 万名员工。西门子公司的主要业务集中于医疗、能源和工业服务业务，涵盖信息通信、自动化控制、电力、交通、医疗系统、水处理和照明等行业。西门子公司优秀的企业文化是其发展和扩张的重要原因，具体表现在以下五个方面。

一、以人为本，民主管理

西门子公司把员工看做是企业真正的主人，让员工参与企业的决策，为员工施展才华创造机会，让员工体会到企业主人的感觉，从而实现了企业与员工的互利共赢，员工的才能得到发挥、受到提升，企业发展了，员工的收入增加了，同时，企业也得到了人才，为企业创造了利润，也就促进了企业的发展。

二、人才开发，终身教育

西门子公司与高等院校建立了紧密联系，广泛猎取企业需要的人才。西门子公司通过报纸等媒体招聘、人才招聘会招聘、猎头公司“猎取”和企业自己招聘等多种渠道选聘人才。特别值得一提的是，西门子公司为每个优秀的员工提供良好的发展空间，并为工作勤奋、不断进取、工作能力较强的员工提供晋升机会。在人才标准上，西门子公司对招聘的人才提出的基本要求是：良好的考试成绩；丰富的语言知识；实习好、工作好。此外，西门子公司还要求员工有广泛的兴趣，有好奇心，有改进工作的愿望以及在紧急情况下的冷静沉着和坚毅顽强。西门子公司内部设有“管理人员培训部”，负责对工作人员进行观察，并且定期同他们及其上司进行谈话，最后提出对工作人员是否继续使用的建议。西门子公司还特地设置了一个干部培训中心和 13 个基层管理培训中心。每年约有 80 名公司管理人员参加培训。在培养管理人才方面，西门子公司针对三种能力（专业技术能力、激发和调动个人及团结力量的人事能力、将内部利益和外部利益协调统一为企业整体利益的能力）进行培训。前两种培训主要针对基层管理者和中层管理者，第三种培训则是针对高层管理者。这些培训内容和培训方法极大地增强了管理干部的素质和能力。此外，西门子公司每年举行一次圆桌会议，参加人员包括公司的管理人员和员工，进行员工对话，进行直接沟通。员工对话的内容涉及员工职能及责任范围、业绩回顾及未达到预期结果的原因分析、潜能预测、未来任务及目标设定、员工完成目前职能要求及未来任务的能力评估、员工本人对职业发展的看法、双方共同商定的发展措施等。

三、社会责任，提升价值

西门子公司在对外宣传的企业文化中提出“壮大我们的客户——增强其竞争力，推动创新——塑造未来，提升公司价值——拓展新机遇，充分赋予员工权力——创一流的业绩，我们责无旁贷——推动社会发展进程”的宗旨，积极履行社会责任，有效提高了企业的知名度和社会美誉度。

四、坚持创新，追求卓越

166年来，“西门子”几乎成了科技创新的代名词，在它创新的纪念碑上镌刻着像指针式电报机、发电机、第一辆电力机车和高纯硅这样划时代的发明。西门子公司在中国拥有超过3万名员工，建立了17个研发中心、并在北京、上海、武汉设有三个研发基地。2011财年，西门子公司在全球投入研发的经费近40亿欧元，全球专利数量再创新高，达5.73万项；2012财年西门子公司共提交了约4 600项专利申请，同比增长了7%。

西门子公司为了满足中国客户的需要专门设计了一个既符合中国人的生活条件，又体现德国家居简洁明快特点的西门子厨房，用它来倡导现代化厨房的陈列法则。在这间厨房里，西门子公司生产的洗衣机、冰箱、抽油烟机和洗碗机以其典雅流畅的外形融于其中，深刻体现出西门子公司的文化底蕴。西门子公司为中国提供了经济、高效和环保的能源，快速、安全、舒适的公交系统，可靠、高速、成本低廉的通信系统，快速、精确和有效的诊断与治疗设备，以及能够帮助各个工业领域提高生产力、效益和竞争力的自动化解决方案等。目前，中国正在使用的一些最先进的技术都出自西门子公司。

五、团队精神，共同发展

这是西门子公司人才开发的一个最大特点。西门子公司的管理者认为，企业的未来在很大程度上取决于人才资源的开发，企业主应当通过与员工的真诚合作来增加自身的价值，要爱护自己的员工，在创造一个人就业机会的同时创造一个人的发展机会，努力培养员工对本企业的归属意识，把个人的发展同企业的命运紧密地联系在一起。在西门子公司，企业主与员工的伙伴关系体现得非常充分。当外界问及西门子公司的员工在哪儿工作时，回答近乎异口同声：“在西门子公司”。这回答听起来似乎很平常，但就在这平常之中却展现出西门子公司的员工热爱企业、视厂为家的主人翁责任感，这就是西门子文化所培养出来的西门子人，是西门子文化给企业不断地注入了活力，使企业发展始终充满着生机。①

## 8.4 中国文化特点与典型企业文化案例

中国是一个具有五千年历史的文明古国，中华民族具有优秀的文化传统。儒家文化是中华民族文化的主流，道家文化、法家文化和兵家文化也占有一定的地位。中华民族文化有部分文化缺憾，存在一定的消极因素，如由于中国古代家国天下不分，存在人治大于法治，高度集权，臣民过分依赖并服从国君，整体意志代替个体意志，个体必须服从整体，扼杀了个体的个性发挥等部分文化糟粕。但中华民族文化更多的是文化精华，具有许多的积极因素，如“国家兴亡，匹夫有责，以天下为己任”的民族责任感，“以民为本”的民本思想，“勤奋好学、严于律己、敬业乐群、勤俭节约”的道德规范，“仁爱之心，重人情、守信用”的处世之道等民族文

① 梁秀璟. 探寻西门子成功之道 西门子企业价值观的典范[J]. 自动化博览，2009，(1)：11.

化精髓，对我国的经济发展和社会进步、对企业管理和企业发展均具有重要指导价值。[①]

### 8.4.1　中国文化的特点

一、中国古代主流文化的基本思想

（一）儒家的基本思想

儒家文化的创始人孔子在政治、经济、哲学、伦理、教育和艺术等方面提出的主张构成了中华传统文化的基础。儒家文化的精髓是“仁、义、礼、智、信”。作为中国传统文化的主干，儒家文化对于中华民族精神的形成和发展做出了重大贡献。

1. 仁

“仁”即“爱人”，以仁爱之心对待他人，提倡“爱民”、“养民”、“惠民”、“裕民”。人是最根本的，在人的管理上，必须施以“仁爱”。

“仁”是儒家文化的核心。孔子把“仁”上升到理论的高度，作为哲学的重要范畴来使用，提出了“见利思义”、“义然后取”的思想。子曰：“富与贵，是人之所欲也，不以其道得之，不处也。贫与贱，是人之所恶也，不以其道得之，不去也。君子去仁，恶乎成名。君子无终食之间违仁，造次必于是，颠沛必于是。”[②]也就是说，富和贵，人人向往，不能以正当的方法得到的，不要享受；贫和贱，人人厌恶，不能以正当方法摆脱的，不要逃避。“仁”在儒家文化中具有政治实用性和社会规范性。君主必须做到“为政以德”，坚持反战、禁暴、重民、举贤。孔子由“仁”推出了“德政”思想，以德治国才能长治久安。君子应该做到“己与达而达仁”，“己所不欲，勿施于人”，“仁”是中国传统道德“五常”之首，是百善之源。它要求人们善良厚道。孔子曰：“仁者爱人。”孟子也强调一个国、一个家乃至一个普通人的存废兴衰都在于仁与不仁。经商为贾者的得失兴衰也在于“仁”与不仁。经商者只有以仁爱之心去对待客户和消费者才能得人心，从而也才能得到市场，生意兴隆。反之，如果用坑、蒙、拐、骗等手段坑害客户和消费者，到头来势必失去信任，失掉客户和消费者，最终企业只能退出市场。

2. 义

所谓“义”，是指适宜、应当、合理的意思。孔子说：“君子喻于义，小人喻于利。”孟子说：“生亦我所欲也，义亦我所欲也，二者不可得兼，舍生而取义者也。”陆九渊说得更明白：“君子义以为质，得义则重，失义则轻，由义为荣，背义为辱。”意思是说，君子以道义为重，得到道义的人就受到尊敬，丧失道义的人就不值一提；遵循道义是光荣，背离道义则是耻辱。儒家思想提倡人们依据道德义务来确立自身追求的价值目标，在处理义和利的关系时应坚持“义以为先”、“义以为上”、“以义制利”，在生与利发生矛盾、不可兼得之时要勇于舍生取义。而“舍生取义”、“杀身成仁”则为儒家求荣的最高境界。

3. 礼

所谓“礼”，是指用以严格区别亲疏、长幼、贵贱、尊卑、上下、男女的宗法制度、贵族制度、

① 杨志等. 人本管理[M]. 东营：石油大学出版社，1998.

② 《论语·里仁》。

财产分配原则和伦理道德规范。“礼”泛指各类典章制度和道德规范。相对内在的道德感情和伦理思想的“仁”而言，“礼”是外在的伦理行为与社会制度，它起到调节人际关系，达到社会和谐安宁的作用。孔子说：“不学礼、无以立。”不懂得“礼”就不懂得协调人际关系的行为规范，就不能立身处世，就不可能获得事业的发展和进步。从政治上讲，“礼”强调等级制；从社会规范和道德上讲，“礼”强调以血缘关系为纽带的宗法制度，“君君臣臣父父子子”是其最简练的概括。“礼”既是基本的社会行为准则，又是个人修养的重要内容。儒家主张以礼待人、讲求信用和尊重别人，促进人际关系的协调，主张上级对下属应宽厚谦和，而下属则应忠于职守。孔子说：“恭而无礼则劳，慎而无礼则葸，勇而无礼则乱，直而无礼则绞。”意思是说，注意态度的恭敬庄重却不懂礼，就会劳累；只知谨慎小心处世却不知礼，便会畏惧害怕；只靠勇敢有胆量却不知礼，就会犯上作乱；心直口快却不懂理，便会尖刻刺人。在“礼”的引导、制约下，大家互相尊重、彼此谦让，社会就会秩序井然、安宁和谐。

4. 智

所谓“智”，是指知识和理性，即对社会道德规范的理解和认同。孟子说：“是非之心，智也”、“无是非之心，非人也”。儒家要求人们掌握道德知识，增强道德理性，具有区分善恶、明辨是非的能力。孟子说：“学不厌，智也；教不倦，仁也。仁用适时人子既圣矣。”在儒家看来，“智”是人为“仁”或“利仁”的基本条件。“仁且智”即强调“成仁”还需有“智”。孔子说：“仁都安仁，智者利仁。”可见，智者更明了为仁之理或成仁之利，从而更加努力地求仁为仁。这启示我们要重视智慧，注重学习，崇尚美德，加强文化修养、人文素养和道德修养。

5. 信

所谓“信”，是指守承诺、不欺诈、不虚伪。作为道德规范的“信”，它要求人们在人际交往中要真实无妄，不欺人欺己。孔子说：“言必信，行必果”、“民无信不立”、“人而无信，不知其可也”。孟子说：“诚者，天之道也；思诚者，人之道也。”这些都说明诚实守信是立身之本、发展之道。不守信，如何交往，人与人之间又怎么可能有正常的关系，社会又怎么可能有正常的秩序？孔子说：“巧言令色，锄头矣仁。”意思是说，满口说着花言巧语，满脸装着和善的样子讨好别人，这样的人具有的“仁德”是很少的。《论语·学而》说：“信近于义，言可复也；恭近于礼，远耻辱也。”诚信、有礼，自然就远离耻辱了。反过来说，不讲信誉、无礼，就会自取其辱。①

6. 中庸

“中庸之道”是孔子晚年提出修身、处世的理论原则。按照孔子以及后世儒家的解释，“中庸”的“中”有中正、中和、不偏不倚等义；“庸”是“用”的意思，“中庸”即“中用”的意思。“不偏之谓中，不易之谓庸；中者，天下之正道，庸者，天下之定理。”儒家以中庸为道德的最高标准。“中”是指矛盾双方相互依存所表现出的“度”，即事物变化中的量的规定性，就是把握矛盾相互依存或相互渗透所遵循的量的规定性，使矛盾双方各在一定限度内发展，从而保持统一体的和谐与统一。“中庸”既是一种思想观念，又是一种思想方法。在处理人与人之间的关系和自身修养上，“中庸”思想认为“过”与“不及”都是不对的，都会产生有害的后果。正

① 屈卫东. 浅议儒家的道德观与和谐思想[J]. 法制与社会，2008，(23)：186.

确的方法应该是“执两用中”，即把握事物的两个极限而取其中点，既要做到“勿过”，又要防止“不及”才是最优秀的。

（二）道家的基本思想

“道”的原始含义是指道路、坦途，以后逐渐发展为道理，用以表达事物的规律性。道家文化是以“道”为最高哲学范畴。“道”既是宇宙万物的本原，又是宇宙万物赖以生存的依据。道家以“道”来探究自然、社会和人生的关系。这里道家所主张的“道”，是指天地万物的本质及其自然循环的规律。道家的主要代表人物有老子、庄子。道家在政治上主张“无为而治”。老子所有为人处世、治国用兵无不贯穿着自然与无为的思想，以无为而无不为。

1．道法自然

道家道法自然的自然观的核心是“道”，老子认为，“道”是天地万物的本原和人类观念形成的总法则。老子《道德经・四十二章》中说：“道生一，一生二，二生三，三生万物，万物负阴而抱阳，冲气以为和。”[①]这是老子对宇宙生成演化过程的一种推测。“道”的本质是“自然”、“无为”，也就是宇宙的自然性：“人法地，地法天，天法道，道法自然。”自然是道的终极本质和最高原则，由自然而引出“无为”，这是道家思想的核心。

（1）“道”作为宇宙的根本，先于天地而存在。

老子认为，天地万物都由“道”而生，宇宙间的一切事物都是由道派生出来的。他说：“有物混成，先天地生。寂兮寥兮，独立而不改，周行而不殆，可以为天下母。吾不知其名，字之曰‘道’，强为之名曰‘大’。大曰逝，逝曰远，远曰反。”[②]生成万物乃是以自然无为的方式进行的。

（2）“道”是世界普遍法则。

老子认为“道常无为而无不为”，“道”永远是顺其自然、无为的，然而却又没有一件事不是它所为的。“莫之命而常自然”，就是不干涉万物而任其自然而然；“善利万物而不争”，利于万物而不与万物相争。它不强制、不干预万物的生长，顺其自然，经常向事物的相反状态运动，以静制动，以柔弱胜刚强。这种自然本性构成道家思想的实质和理论基础。

2．道家养生理论

道家思想认为自然界的万物处于经常运动变化之中，道即是其基本法则。《道德经》中说“人法地，地法天，天法道，道法自然”，就是关于“道”的具体阐述。《老子》第一章就开宗明义说道：“道，可道，非常道。名，可名，非常名。无，名天地之始。有，名万物之母。”联系起来的意思是：“道”，可以给一个定义。但它不是普通的道，而是包容宇宙万物的本源和运行规律的非平凡“大道”；也可以给它取一个名字，但它不是一般的名字，而是一个非常特殊的名字。它包容了宇宙的本源、万物的生成原理以及人与社会的运动规律。道家思想如何从宇宙形成之初演绎到自然万物和人类社会，这是道家思想的全部内容，也是其精髓所在。所以，人的生命活动符合自然规律，才能够养生长寿。养生理论是道家学说的重要组成部分。道家对人生价值是从人的生命价值和个体价值两个方面来考察。生命价值主要体现为人与

---

① 老子.《道德经・四十二章》。

② 《老子》二十五章。

自然的关系，个体价值主要体现为人与社会的关系。在人的生命价值的肯定上，道家和儒家都高度肯定人在自然中的地位，具有卓越的价值。道家通过对传统天命观念的扬弃和对鬼神观念的改造推崇“道”的至上性，高扬“道”的价值。在人、物关系上，道家通过揭示人与物的统一与联系，高扬人类存在的意义与价值。在人的个体价值与社会价值关系上，道家并不看重人的社会价值，而是着力凸显个体价值的至上性，认为只要每个人的自我价值顺利而充分地得以体现，社会价值就相应自然地体现出来，体现了二者内在统一的关系。

### （三）墨家的基本思想

#### 1. 墨子的哲学思想

墨子在哲学上的主要贡献集中在认识论方面。他认为认识来源于人的“耳目之实”，根据事物的实际情况明了客观事物的原因或行动的目的。他举例说，盲人之所以不知黑白，并不是他不知黑白之名，而是他不知黑白之实。墨子提出了著名的“三表”，也就是检验真理的三条标准：第一条是推究来历，看言论与历史经验是否一致；第二条是考察实际情况，看言论与百姓耳目见闻是否一致；第三条是检查言论的实际效用，依照理论制定刑罚教令加以实行，看它的社会效果如何。

#### 2. 墨子的政治思想

墨子在政治上主张“兼爱”、“非攻”、“尚同”、“尚贤”。“兼爱”是墨子整个学说的基础，也是其政治思想的核心。墨子反对儒家的“爱有差等”，提出“爱无差等”。他提倡人人相爱，普遍相爱，爱人若爱己，不分远近亲疏。但是，在等级存在的前提下，这只能是一种善良的愿望和企图超脱残酷现实的幻想。墨子的“兼相爱”是以“交相利”为条件的。“兼爱”就是“仁”，“仁”必须和“利”结合，爱人就必须利人，“仁”不离“利”。因而墨子注意生产、提倡节用。把兼爱原则推广到用人治国方面，墨子主张要“尚贤”、“尚同”，实行贤人政治，由“贤良之士”来治理国家。

### （四）法家的基本思想

#### 1. 韩非的哲学思想

韩非的哲学思想中第一次提出了“理”这个哲学概念。“理”就是事物的特殊规律。既然事物都有自己的发展规律，因此办事必须尊重客观规律。韩非又强调要发挥人的主观能动性，一切听从自然是不行的，必须利用工具或创造工具去改造自然，使之为人服务。

#### 2. 强调改革创新

法家反对保守的复古思想，主张锐意改革。他们认为历史是向前发展的，一切的法律和制度都要随历史的发展而发展，既不能复古倒退，也不能因循守旧。商鞅明确地提出了“不法古，不循今”的主张。韩非则更进一步发展了商鞅的主张，提出“时移而治不易者乱”，他把守旧的儒家讽刺为守株待兔的愚蠢之人。

#### 3. “法、术、势”结合

商鞅、慎到和申不害三人分别提倡重法、重术、重势并各有特点。到了法家思想的集大成者韩非时，韩非提出了将三者紧密结合的思想。“法”是指健全法制。“术”是指驾驭群臣、掌握政权、推行法令的策略和手段，主要是察觉、防止犯上作乱，维护君主地位的作用。“势”是指君主的权势，要独掌军政大权。

二、中国传统文化的核心内容

中国古代形成了博大精深的中华文化，主体精神是优秀的，归纳起来，中国传统文化的核心内容主要体现在以下六个方面。

（一）爱国主义

爱国主义是中华民族的光荣传统，是推动中国社会前进的巨大力量，是各族人民共同的精神支柱。发扬爱国主义精神对振兴中华、实现祖国统一，建设繁荣昌盛的社会主义强国，至今乃至将来仍有十分重要的指导作用。

（二）自强不息

中国传统文化历来关注现实人生。孔子说：“未知生，焉知死。”并说：“天行健，君子以自强不息。”正是这种人生哲学培育了中华民族敢于向一切自然与社会的危害和灾难进行顽强抗争的精神。中国人自古以来就有不信邪、不怕“鬼”的精神，强调人生幸福靠自己去创造。国家强盛、民族振兴、企业发展、个人成长，这种自信自尊的精神是决不可少的。

（三）知行合一

中国传统文化所讲的“力行近于仁”在一定程度上体现了“行重知轻”的认识论思想，这与实践品格具有某种一致性。实践是认识的源泉，我国企业建设有中国特色的企业文化就不能仅仅限于理论上的探索，而是应在理论的指导下，通过实践探索建设具有我国特色、符合本企业特点的企业文化。

（四）至诚守信

诚信是中国儒家的传统道德，也是儒家伦理思想的重要内容。诚信被儒家视为“进德修业之本”、“立人之道”、“立政之本”。“信”是“五常”要求之一。“信，诚也”，“与人忠”。孔子的弟了曾子讲“为人谋而不忠乎”[①]，这里讲的“忠”是指为人办事尽心尽力和诚恳的意思。孔子及其弟子还讲，与朋友交，言而有信，“人而无信，不知其可也”[②]。儒家崇尚“信”这种品德，认为“信”是一个人必须具备的德行，做人如果不讲信用就无法立身处世。

（五）仁爱和谐

仁爱和谐是中国传统文化的重要内核，反映了人民群众对美好生活的追求，体现了中华民族热爱和平、追求和谐的精神。如儒家提出“仁者爱人”、“礼之用，和为贵”、“天时不如地利，地利不如人和”、“己所不欲，勿施于人”以及“老吾老以及人之老，幼吾幼以及人之幼”，道家讲“知和日常”，墨家提倡“非攻”、“兼爱”，法家主张制定和实施法律以维护社会稳定等。

---

① 《论语·学而》。
② 《论语·为政》。

### （六）中庸之道

作为儒家最推崇的为人处世之道，中庸之道一直贯穿于整个中国古代的传统观念之中。所以，“中庸”意即把两个极端统一起来，采取适度的中间立场，既不能过，也不能不及。作为一种根本的处世之道，中庸之道使人们普遍认识到自己的行为态度要适度，从而避免过激行为的出现，这使得中国社会有某种特殊的稳定性，这是它积极的一面。但另一方面，它也为折中主义、明哲保身的处世哲学提供了理论土壤，这又在一定程度上阻碍了社会的前进步伐。

对于中庸之道文化，一方面我们应该吸收其积极的一面，就是做事情不能做过头，保持一定的弹性范围，也就是说有一定的余地，把握事物一定的度。另一方面，要克服中庸之道缺乏创新与冒险精神，重视创新与拼搏精神的培育。

## 三、中国企业文化的内涵

在中国优秀传统文化的土壤中建立的企业文化充分吸收了中华文化的精华，在市场经济条件下，借鉴西方文化的优点，形成了具有中国特色的企业文化，具体内涵如下。

### （一）以义生利，义利合一

以义生利、义利合一是中国传统文化的基本价值思想。这里所说的“义”是指道义，而“利”则是指利益，一般多为物质利益。从先秦开始，中国古代思想家们就纷纷对“义”和“利”的关系问题发表自己的看法，以孔孟为代表的儒家主张重义轻利。如孔子就说：“君子喻于义，小人喻于利。”孔子虽然并没有否定“利”，但他反对见利忘义。在孔子看来，“民”利“大”利就是义，应该使个人私利、“小”利与“义”合起来，“利”从属于“义”。因此，儒家讲究“财自道生，利缘义起”、“君子爱财，取之有道”的商业道德。如我国的同仁堂至今仍然坚持“以义制利，以义为先”的儒家道德精神，并加以发扬光大。

### （二）以和为贵，和气生财

中国是礼仪之邦，历来倡导“和为贵”、“和气生财”的伦理道德。这些传统的伦理道德观念渗透到企业中，成为企业文化的重要内容。企业以和为贵，可以化解企业内部的各种矛盾，增强企业的凝聚力；以和为贵，可以密切企业与社会、企业与消费者、企业与合作者之间的关系，精诚合作，和气生财，也体现了群体意识、大局意识、竞争与合作意识、和谐共生意识。如荣事达集团提炼出了“和”商理念，坚持“倡导互相尊重、互相平等、互惠互利、共同发展、诚信至上、文明经营，以义生利、以德兴企”的道德规范和企业自律准则。

### （三）以人为本，德才兼备

儒家文化是以人为中心的文化，重视人际关系，强调人的作用。一方面，注重个人的德行，即修身养性，认为人的德行是第一位的。因此，在考察、提拔干部时，企业既要看其才，又要看其德，但要以德为先。良好的德行是前提。另一方面，重视人的作用，主要不是指个人能力的发挥，而更多的是强调群体的作用，注意处理好人际关系，以求社会和谐。

人才是企业兴衰的关键，也是市场竞争的关键。企业内部人际关系的和谐、企业与外部人际关系的和谐有利于减少摩擦、提高工作效率。

（四）重视亲情，忽视规范

中国的传统社会是以血缘关系为纽带，依靠伦理道德而不是依靠法律来维系人与人之间、人与社会之间的关系，因此，整个社会形成了人治大于法治、人情大于制度的文化氛围。企业正确地把握这个特征，在企业的经营管理中，注重人情关系的维系，注重感情投资，更多地体恤员工的疾苦，更多地关心员工的生活与工作，唤起员工的亲情意识，在依法依规的基础上将人情关系的力量转化为企业的凝聚力和创造力。如联想集团总裁杨元庆明确提出了“平等、信任、欣赏、亲情”的亲情文化。

（五）善思勤劳，拼搏创新

企业稳定、快速的发展得益于儒家文化的注重学习与思考的思想和勤劳的传统，“学而不思则罔，思而不学则怠”、“勤能补拙”。总体来讲，员工勤于学习，学以致用，不断学习新技术、开发新产品、开拓新市场，企业的管理水平就会不断提高。

创新是企业发展的动力，企业只有在不断的拼搏创新中才能成长、壮大，才能立于不败之地，也才能实现百年老店的梦想。国内成功的企业无不是通过不断地进行管理创新、技术创新、产品创新、市场创新和文化创新使企业不断地发展壮大，不断地增强竞争力，延长企业的生命周期。如康佳集团的核心价值观“创造生活每一天”体现了现代市场经济的不断创新理念。同时康佳集团重视搞好顾客服务工作。企业逐步形成了“顾客就是上帝，用户是衣食父母，精诚为顾客服务”的理念。创新成为企业发展的推动力，使康佳集团战胜洋品牌，在国内市场上不断创新，提升品牌形象，取得电器行业的重要市场份额。

（六）社会责任

在中国的传统文化中，家庭是社会的细胞，而家族、宗族和国家是家庭的延伸，因而国家的责任、宗族的责任和家族的责任就是每个人的责任。坚持传统文化“先天下之忧而忧，后天下之乐而乐”、“国家兴亡，匹夫有责”、“舍小家、保大家”等思想，以及“个人利益服从集体利益，集体利益服从国家利益”的整体利益观，增强企业社会责任感，履行社会责任。如百年老店张裕集团是由著名的爱国华侨张弼士先生创建的。张裕集团的企业精神是“爱国、敬业、优质、争雄”，这体现了张弼士先生“实业兴邦”思想。张裕集团历经百年而不衰，并成为出国内八大名酒之一，靠的就是以爱国为首的张裕精神。

### 8.4.2　海尔企业文化案例

海尔集团创立于1984年，是在青岛电冰箱总厂的基础上发展起来的。通过技术开发，精细化管理、资本运营，兼并控股及国际化，海尔集团实现了跨越式发展。在海尔集团总裁张瑞敏提出的“名牌战略”思想指导下使一个亏空147万元的集体小厂迅速成长为中国最具价值的品牌。海尔集团由创业初期的1个产品、员工不到800人，发展到现在成为世界第四大白色家电制造商，在全球建立了29个制造基地、8个综合研发中心、19个海外贸易公司，全球员工总数超过5万人，成为大规模的跨国企业集团。

海尔集团创业以来先后实施了名牌战略、多元化战略和国际化战略。2005年年底，海尔集团进入第四个战略阶段——全球化品牌战略阶段。2012年9月17日，第18届中国品牌价值研究结果在英国伦敦揭晓。海尔集团以962.8亿元人民币的品牌价值位居榜首，连续11年蝉联中国最有价值品牌排行榜。海尔品牌旗下的冰箱、空调、洗衣机、电视机、热水器、电脑、手机和家居集成等19个产品被评为中国名牌，其中海尔冰箱、洗衣机还被国家质检总局评为首批中国世界名牌。海尔集团已跻身世界级品牌行列，其影响力正随着全球市场的扩张而快速上升。据世界权威市场调查机构欧睿国际（Euromonitor）发布最新全球家电市场调查报告：海尔集团大型家用电器2012年品牌零售量占全球市场的8.6%，第四次蝉联全球第一。其中，海尔集团在白色家电市场上遥遥领先，在智能家居集成、网络家电、数字化、大规模集成电路、新材料等技术领域也处于世界领先水平。据海尔集团网介绍：2011年，实现全球营业额1 509亿元，是1984年创业时的4万倍；利税总额122亿元，其中利润总额75.2亿元。2012年，海尔集团全球营业额实现1 631亿元，海尔品牌价值962.8亿元。海尔集团成功的关键是企业建立了一套适于企业特点的优秀企业文化。

（一）坚持创新是海尔成功的灵魂

海尔文化的核心是创新。海尔创新文化以观念创新为先导，以战略创新为方向，以组织创新为保障，以技术创新为手段，以市场创新为目标。

海尔创新文化促进了海尔产品的研究与开发。海尔集团在改革开放初期通过引进国外先进的技术，走高起点、高嫁接、创名牌之路，占据了技术的制高点，以高技术和高质量开创名牌。同时又充分利用先进技术来降低原材料消耗和产品成本，提高劳动生产率，提高设备利用率，从而进一步提高了名牌产品的质量和市场承受能力。海尔集团坚持不断地否定自己的过去，不断创新，截止到2012年9月，海尔集团累计申请专利达到14 015项，获得专利授权9 237项。其中，国外专利申请527项，国内发明申请4 538项，国内外观设计4 886项。海尔集团已经提报80项IEC国际标准提案，其中无粉洗涤技术、防电墙等27项提案正式发布成为国际标准。海尔集团累计参与国家和行业标准317项，其中281项已经发布，是国内主导国家行业标准最多的家电企业。

在创新实践中，海尔集团探索实施的OEC管理、市场链管理以及人单合一管理模式。其中，OEC管理是一种使企业利润倍增的"思维国际化、行动本土化"的管理模式，一种使全员全过程有效执行的中国式管理工具。OEC管理提倡的"日事日毕，日清日高"、"事事都经营，人人都创新"、"管事凭效果，管人凭考核"、"即时纠偏、即时激励"、"解决问题在现场"、"抓反复、反复抓"、"事前计划，事中控制，事后检查，事完评价"、"责任到人"等思想。目前，已有美国的哈佛大学、南加州大学，瑞士的IMD国际管理学院，法国的欧洲管理学院，日本的神户大学等商学院专门对此进行案例研究，海尔市场链管理还被纳入欧盟案例库。

（二）人才战略是海尔成功的保障

海尔集团坚持实施人才战略，把人力资源作为第一资源，高度重视人的作用。从产品研发、产品生产、产品销售到企业管理的方方面面均坚持人才战略。海尔集团总裁张瑞敏在谈到关于人才对企业发展的作用时说："从某种意义上说，企业就是人；因此企业应有灵魂，否则无异于行尸走肉。"张瑞敏还说："海尔质量观念——高标准，精细化，零缺陷；优秀的产品是优秀的人干出来的。”为了实施人才战略，建立学习型组织，张瑞敏带头学习，他除了工作就是学习。他当工人的时候是高中文化，后来上电大，获得专科证书，以后又到中国科技大学干部管理学院攻读本科，后攻读硕士、博士学位。他经常出差带着随身听学英语、日语。此外，他还要求各级领导要不断地学习，不断地提高自己、完善自己。海尔集团实施人才战略，建立了快出人才的机制，对海尔集团建立学习型组织起到了主导作用。

海尔集团认为管理者的责任就是要通过搭建“赛马场”，为每个员工营造发展空间，使每个员工成为自主经营的战略事业单元。海尔集团建立的赛马机制包含三条原则：一是公平竞争，任人唯贤；二是职适其能，人尽其才；三是合理流动，动态管理。在用工制度上，实行一套优秀员工、合格员工、试用员工“三工并存，动态转换”的机制。在干部制度上，海尔集团对中层干部分类考核，每一位干部的职位都不是固定的，届满轮换。海尔集团人力资源开发和管理的要义是充分发挥每个人的潜在能力，让每个人每天都能感到来自企业内部和市场的竞争压力，又能够将压力转换成竞争的动力，这就是企业持续发展的秘诀。

（三）质量战略是海尔成功的基础

质量是企业的生命线，质量又是用户的根本需要。关于产品质量问题，张瑞敏说：“有缺陷的产品就是不合格产品。”1985 年 4 月，张瑞敏收到一封用户的投诉信，说海尔冰箱的质量有问题。张瑞敏把仓库的 400 多台冰箱全部进行检查，发现 76 台不合格。张瑞敏很恼火，问检查部：“这批冰箱怎么办?”检查部的同志说：“既然已经这样，就内部处理了算了。”当时，检查部的每个人家里都没有冰箱。张瑞敏说：“如果这样的话，就是以后还允许再生产这样的冰箱。这么办吧，你们检查部门搞一个劣质产品展览会。”检查部搞了两个大展室展览了劣质零部件和不合格的 76 台冰箱，让全厂员工都来参观。参观完以后，张瑞敏把生产这些冰箱的责任者和中层领导留下，问他们：“你们看怎么办?”大多数人的意见是处理掉算了。张瑞敏说：“这些冰箱我们就地销毁。”他拿了一把大锤，照着一只冰箱咣咣就砸了过去，把这台冰箱砸的稀巴烂，然后把大锤交给了责任者，把 76 台冰箱全都销毁了。当时在场的人都流泪了，当时一台冰箱 800 多元钱，但是，工人月工资才 40 多元钱，一台冰箱是他们两年的工资。砸了冰箱以后张瑞敏说：“这些冰箱的责任是我造成的，因为我没有使全员的质量意识得到提高。”他自己罚了自己工资的 100%，副厂长杨绵绵罚了 80%的工资。张瑞敏说：“从现在开始，我们要确立质量方面的一种理念‘有缺陷的产品就是废品’。以后我们的产品不能再分一等品、二等品、三等品、等外品了。我们的产品就分合格品、非合格产品。市场只有合格品，非合格品就不能进入市场，要再进入市场，就追究生产者的责任。”他还说：“从现在开始，我们要完善质量管理制度，以后谁再生产了这样的冰箱，责任由自己负。”砸冰箱事件给海尔集团全体员工的思想产生了强烈的震撼，使员工的质量意识有了普遍的提高，从而建立了全面质量管理体系。

（四）品牌战略是海尔成功的保证

积极开拓和培育名牌，实施品牌战略促进了海尔集团的成功。海尔集团每年都花费巨资在中央电视台黄金时间播放产品广告，以“海尔，中国造”树立民族品牌形象。同时，海尔集团与中央电视台联手制作了以“海尔兄弟”助人为乐为主题的 106 集动画片，对孩子的成长十分有利，它启动了无数孩子成为科学家的梦想，在儿童心里树立了“海尔”的良好形象。

人们在对“海尔兄弟”智慧认同的同时，也对海尔集团的企业文化产生了良好印象，为其树立百年品牌打下基础。在名牌产品创立之后，海尔集团居安思危，强化名牌产品的内在支撑力，实现在动态过程中不断稳固、强大。为此，在管理上，海尔集团坚持抓好生产管理、经营管理、质量管理和成本管理，保持产品质量，扩大品牌知名度，扩大市场覆盖面，创造出名牌产品的规模效益。

（五）国际化战略是海尔成功的重要条件

海尔集团从1998年至今进入国际化战略实施阶段，海尔国际化的标志主要有三点。一是市场国际化。海尔集团生产的产品批量销往全球主要经济区域。二是营销国际化。海尔集团拥有自己的海外经销商网络与售后服务网络来为企业的名牌产品服务。三是产品国际化。国际化战略的实施使海尔集团提高了知名度、信誉度与美誉度。在实际运作中，海尔集团运用了“先难后易”、“出口创牌而不单纯创汇”的国际化战略，先到要求最严格的国家去，后到发展中国家去。其实，海尔集团还在发展的第一个阶段就开始了国际化的起步。它从德国引进技术，又反过来向德国出口产品，靠的不是低价格而是靠当地消费者对品牌的认同，目的不仅是为了创汇，同时还为了在国际上创造驰名品牌，抢得一块国际市场份额。“先难后易”的意义在于：将海外发展的目标定位于世界经济发展的发达国家，一旦在发达国家站稳脚跟，便可以易如反掌地进入发展中国家。而在国外建厂时却又“先易后难”，1996年海尔集团开始在印尼、菲律宾和马来西亚投资建厂，而其国际化的真正重心则是在美国，经过在发展中国家的“试点”取得经验以后，海尔集团于1999年在美国南卡罗来纳州设立了一个工厂，在洛杉矶设立设计中心，按照美国本土化的要求进行设计，在纽约设立营销中心。海尔集团的目标是实现国际化的海尔，即让世界上每一个海尔的用户都感觉到海尔是“自己”的海尔，而不是“中国青岛”的海尔，设在中国的总部也不再仅仅是向全世界出口的一个产品基地。国际化的海尔是三位一体的海尔（设计中心、营销中心、制造中心），是一个具备在当地融资、融智功能的本土化的海尔。

随着海尔国际化战略的推进，海尔集团与国际著名大公司之间也从竞争向多边竞合关系发展。2002年1月8日和2月20日海尔集团分别与日本三洋公司和台湾声宝集团建立竞合关系，实现优势互补、互换市场、资源共享、双赢发展。2002年3月4日，海尔集团在美国纽约中城百老汇购买原格林尼治银行大厦这座标志性建筑作为其在北美的总部，此举标志着海尔集团的“三位一体本土化”战略又上升到新的阶段。2012年，海尔集团出口创汇10多亿美元，是中国家电行业出口创汇最多的企业。

（六）文化战略是海尔成功的关键

海尔企业精神由第一阶段（第一个十年）的“无私奉献，追求卓越”发展到第二阶段（第二个十年）“敬业报国，追求卓越”，进入第三阶段（第三个十年）调整为“创造资源，美誉全球”。“敬业报国”要求员工热爱企业，企业爱护员工，员工敬业。“敬业报国”讲究对工作的态度，讲究对国家的回报。“追求卓越”就是持续创新争第一。海尔集团从无到有、从小到大、从大到强、从中国走向世界，其企业文化也在不断创新和发展。员工的普遍认同、主动参与是海尔集团企业文化的最大特色。

海尔集团“敬业报国，追求卓越”的企业精神不仅是一种理念，而且这种理念渗透到每个员工的言行之中。海尔集团的成长和发展从一开始就采取“企业文化先行”战略。他们首先向新企业派主要领导，依靠注入海尔文化理念和 OEC 管理来给企业激发活力。张瑞敏认为，用无形资产来盘活有形资产是通过人来实现的。只有先盘活人，才能盘活资产，而盘活人的关键是文化先行，文化力先行，用文化力去盘活有形资产。这是海尔集团成长壮大的最根本的文化战略。

### 8.4.3　冠捷科技企业文化案例

冠捷科技集团的前身是台湾艾德蒙海外股份有限公司(1967—1982 年)，其标志“AOC”即为艾德蒙海外股份有限公司的英文缩写(Admiral Overseas Corporation)。艾德蒙海外股份有限公司曾经是台湾地区最大的彩色电视机外销厂商，1987 年转型开发及生产电脑显示器。1990 年 12 月，由台湾潘氏集团和印尼林氏集团共同投资近 8 000 万美元，在福建省福清市经济技术开发区创立冠捷电子(福建)有限公司，主要从事电脑显示器的研发、制造和销售，1992 年正式生产彩色电脑显示器，注册资本 4 000 万美元，资产总值逾 4 亿美元，占地面积 26.6 万平方米，现有员工近 9 400 人。1997 年 8 月，冠捷科技集团在北京合资成立北京东方冠捷电子有限公司，总投资 2 993 万美元，注册资本 2 650 万美元，该生产基地占地面积 4 万平方米，员工数量 2 800 人。2004 年 6 月，冠捷科技集团再次投资 3 500 万美元在武汉成立冠捷显示科技(武汉)有限公司，产品包括 CRT 显示器和 LCD 显示器以及 LCD-TV，投产后员工总数也将达到 2 000 人左右。2008 年 3 月 17 日，冠捷科技集团投资注册资本 1.2 亿元在武汉蔡甸经济开发区成立武汉艾德蒙科技股份有限公司。2004 年 5 月，冠捷科技集团宣布介入 IT 和消费电子业务。同年 12 月冠捷科技集团与飞利浦签署了意向书，这项合作除了奠定冠捷科技集团在显示器制造方面稳坐第一的领导地位外，亦加速企业在研发、生产液晶及等离子数字电视的发展进程，使冠捷科技集团成为全球最大的电脑显示器制造商。

冠捷科技集团旗下已有 AOC、Envision、Topview、A-Mark 和 Maya 等五大自有品牌显示器产品，拥有员工近 3 万人，在国内设立了 35 个售后服务站，为用户提供优质的服务，受到用户的广泛好评。2005 年冠捷科技集团成功地坐上全球最大的显示器制造商的宝座。冠捷科技集团成为香港、新加坡上市企业，在全球建立了庞大的工厂制造体系，在南美洲、捷克、波兰、巴西、德国、荷兰和印度等全球各大洲均建有工厂。在中国内地形成了北京、福建、武汉、苏州和东莞五大工厂的强大生产供应链。2007 年，美国《福布斯》杂志最新公布的“2006 亚洲企业 50 强”排行榜上，冠捷科技集团作为香港上市企业入选亚洲 50 强。据有关部门统计，以产量计算，冠捷科技集团不仅在中国显示器市场占据多数份额，同样也是全球最大的显示器制造商。全世界每 10 台电脑显示器中有 4.5 台出自冠捷科技集团。这些成绩的取得重要原因是其建立了优秀的企业文化。

一、创新是核心

在发展日新月异、产品生命周期短的信息产业中，冠捷科技集团能够有今日的成就，主要归功于其加强研发能力，重视对产品的创新研究。冠捷科技集团始终坚持以市场为导向，以创新研究产品开发为龙头，在生产流程中，积极推行产品与制度创新。1967—1982 年的 16 年间，冠捷科技集团成为台湾地区最大的彩色电视机外销厂商。1990—2003 年的 14 年间，冠捷科技集团成为全球第二大显示器制造商。从彩电、彩色显示器到液晶显示器、液晶电视与等离子电视，冠捷科技集团形成了自有系列品牌，从根本上讲，这是企业不断创新的结果。

为了加强自身的研发能力，冠捷科技集团大幅扩编研发队伍，包括软硬件设计及技术支援的专业人员总数达160多名，加上在台北逾50位的研发工程师，共同致力改进现有产品功能及新产品研究，迎合市场需求。如冠捷科技集团生产的显示器的功能不断优化，具备数码控制、屏幕显示、功率因素校正、TCO验证标准、显示功率控制系统、多媒体及飞梭控制等功能。屏幕尺寸方面包含14～19寸液晶显示器及纯平影像管显示器等。

二、质量是生命

冠捷科技集团坚持“客户第一，全员品管”的品质观念，建立了完善的质量管理体系，确立了规范的品质保证制度，这是冠捷的产量和产值迅速增长的强有力保障。冠捷科技集团在每个关键制造过程都实行质量监控，保证了冠捷产品的不良率不到1%，冠捷科技集团分别于1993年和1994年取得ISO9002及ISO9001品质认证。在电脑显示器行业，冠捷科技集团成为首家通过ISO14000环保体系认证的企业，从而确保了产品质量。

三、坚持社会责任

冠捷科技集团一直奉行“自身发展兼善天下”的理念，以回报社会为己任，积极赞助社会公益事业，致力于推动企业与员工、客户以及社会的共同发展。冠捷科技集团先后关注教育、捐建“希望小学”，设立“贫困生基金”；积极参加抗震救灾、台风、海啸等自然灾害救助捐款等社会公益活动。2009年4月28日，冠捷科技集团先后多次启动“彩虹计划”，面向甘肃贫困县推出系列公益助学活动。据了解，数年来冠捷科技集团已通过“温暖行动”、“观奥行动”、“智远工程”等一系列的慈善活动为灾区和贫困边区输送了大量的善款与物资。

与此同时，冠捷科技集团注重自然资源保护和环境保护。如企业积极研发超低功耗、绿色节能产品等。在产品功能设计上，与市场上的一些显示器品牌相比，绿色环保是其产品最大的特色。如“绿宝”液晶显示器拥有超低功耗，其中20寸液晶显示器2036S功耗仅为25W，远远低于普通20寸宽屏液晶显示器49W的标准功耗值；设置了定时关机功能，用户可以根据需要随意设计关机时间，以达到节约能源的目标。与此同时，“绿宝”液晶显示器还具备OSD菜单调节功能，用户可以设置节能模式，节约显示器能耗高达50%。

四、品牌战略

在走过代理品牌的历程之后，冠捷科技集团实施品牌策略，开始进入自主品牌的创建历程，制定并实施品牌战略，逐步形成了自有品牌。

品牌战略规划是“致远战略”，即将通过产品创意、模式创新、流程再造、成本结构、价值提升、形象工程等六大核心指导工作，带领AOC品牌走向更大、更强、更富、更久，成就一个全球化的华人显示品牌。面向未来，冠捷科技集团正以崭新的形象，以创新为动力，以市场为导向，以专注、专业和专精的态度来经营产品，并将持续地致力于社会公益事业，以及善尽社会责任，借以回馈社会，从而实现旗下品牌的永恒发展。

在机遇与挑战并存的世界市场中，冠捷科技集团将会持续加强研发能力，并善用管理团队的专业才能与经验，在市场争取更多的商机，使经营绩效更加完美，并透过加强销售市场推广部门的努力，扩大分销能力，保持现有市场的优势，开拓更多的新兴市场，令客户基础更加均衡，继续努力，再创佳绩。①

### 8.4.4　联想集团企业文化案例

1984 年，联想集团的前身由中国科学院计算所投资 20 万元人民币、11 名科技人员创办，命名为中国科学院计算所新技术发展公司。1985 年，中国科学院计算所新技术发展公司推出第一款具有联想功能的汉卡产品“联想式汉卡”，“联想”品牌由此问世。1988 年，香港联想开业，采用英文名称“Legend”。1989 年，北京联想计算机集团公司成立，第一次在国内把“联想”作为企业及集团名称。2004 年 4 月 1 日，联想做第三次标识更换，采用“Lenovo”。“Lenovo”是个混成词，“Le”来自“Legend”，“-novo”是一个假的拉丁语词，从“新的（nova）”而来。在国内，联想使用“英文‘Lenovo’＋中文‘联想’”标识；在海外则单独使用英文“Lenovo”标识。联想集团主要生产台式电脑、服务器、笔记本电脑、打印机、掌上电脑、主机板和手机等商品。从 1996 年开始，联想电脑的销量位居国内市场首位。

目前，联想集团在全球 66 个国家拥有分支机构，在 166 个国家开展业务，在全球拥有超过 2.5 万名员工，年营业额达 146 亿美元。作为全球个人电脑市场的领导企业，联想集团从事开发、制造并销售最可靠的、安全易用的技术产品及优质专业的服务，帮助全球客户和合作伙伴取得成功。从 2011 年开始，联想集团开始一跃占据世界电脑销售量第二的宝座。2012 年 10 月 11 日，联想电脑销量居世界第一。联想集团成功的密码是其优秀的企业文化。

一、敢于创新

联想集团的重要使命是为客户利益而努力创新，创造世界最优秀、最具创新性的产品。联想集团的口号是“高科技的联想，服务的联想，国际化的联想”。联想集团从创办之日起就锐意创新与追求卓越，始终坚持并实践创新理念，把创新作为企业文化的核心，构建研发体系，不断加大技术研发投入，把创新渗透到企业的方方面面。目前，联想集团的研发中心分布北京、深圳、厦门、成都和上海，日本的东京以及美国北卡罗来纳州等世界各地。

目前，联想集团已形成具有自主知识产权的核心技术体系，拥有包括众多世界级技术专家在内的一流研发人才，拥有 2 000 多项专利，开创了诸多业界第一。仅 2002 年 4 月 1 日至 2003 年 3 月 31 日，联想集团共申请国家专利 572 件，其中发明专利占到 50％以上。2002 年 8 月 27 日，联想集团自主研发每秒运算速度达 1.027 万亿次的联想“深腾 1800”计算机。2003 年，联想集团成功研制出每秒运算速度超过 4 万亿次的“深腾 6800”超级计算机，运算速度位居全球第 14 位，这也是迄今为止中国超级计算机在这一排名中取得的最好成绩。2012 年 7 月，在 2012 年美国《财富》世界 500 强中联想集团的排名提升了 80 位至第 370 位。

---

① 段维龙. 供应链“零库存”管理理论在企业人力资源开发中的应用研究——以冠捷电子股份公司企校订单培养合作办学为例[J]. 中国高新技术企业，2007，(9)：19.

在企业的发展过程中，联想集团勇于创新，实现了许多的重大技术突破，其中包括研制成功可将英文操作系统翻译成中文的联想式汉卡，开发出可一键上网的个人电脑，并于2003年推出完全创新的关联应用技术，从而确立了联想在3C时代的重要地位。凭借这些技术领先的个人电脑产品，联想集团登上了中国IT业的顶峰，2004年联想集团已然连续八年占据中国市场份额第一的位置。

二、持续学习

联想集团成功的原因是多方面的，但学习型组织的建立是企业成功的重要法宝。

1. 向合作者学习

联想集团善于在合作中学习，先后与惠普、英特尔、微软、东芝等企业开展技术交流合作，在合作中学习技术、产品开发、市场运作、渠道建设、生产管理、组织管理方法与经验，并创造性地加以运用，以提高自身的经营管理水平。

2. 向竞争对手学习

联想集团重视从竞争对手、本行业或其他行业的优秀企业以及顾客等各种途径学习，还包括学习他人的成功经验，总结别人的失败教训，以此提高企业的免疫力。正如联想董事局主席柳传志所说："联想今天能与国外厂商竞争到这种程度，确实反复研究过人家的管理方法。"

3. 向先进企业学习

联想集团本着海纳百川的宽广胸怀和谦虚好学的态度积极向同行的先进企业学习。同时，联想集团也放远眼光向不同行业的企业学习。如联想集团在向著名的家电企业海尔集团学习的基础上提出了"五心服务"，即"让用户买得放心、用得开心、咨询后舒心、服务到家省心、公司和用户心连心"的口号，极大地拓宽了服务范围，改善了服务质量，在计算机界刮起了一股"服务热"。

4. 向顾客学习

1997年10月，联想集团首家推出对方付费电话热线咨询服务，它能够解决联想电脑售前的机型、售价以及售后服务内容等用户常见的问题。联想热线开通了一个联想集团与用户相连的窗口，每天都有上万位用户打进热线，咨询有关电脑售前、售后的各种问题。另外，联想集团还专门设立技术支持服务电话，负责解答用户在使用电脑中出现的各种问题，能当时解决的问题当时解决，不能马上解决的问题及时转到有关技术部门进行妥善处理。另外，联想热线既接进来，也打出去，经常主动电话回访用户，了解市场需求，发现问题，并将用户无序的问题综合归纳，以求对电脑市场的重要问题有的放矢、对症下药。联想集团回访用户、了解用户的需求，既是一种服务，更是学习的对象。此外，联想集团也是一个非常善于从自己过去的经验中学习的企业。

三、人才开发战略

联想集团重视人才开发，积极开展全员、全方位、全过程的教育培训。从新员工培训到高级干部研讨班及管理培训班，从专业技能培训到理论务虚研讨，每年都坚持不懈地开展。

通过教育与培训，联想集团已经培养了一支稳定的、高素质的，对企业目标、企业文化有着强烈认同感和归属感的核心员工队伍，造就了一批善于建班子、定战略、带队伍并忠实于联想事业的干部队伍，为企业实现长远的发展目标奠定了坚实的人才基础和组织基础。联想集团实施“入模子”工程，即新员工进入公司实施为期5天集中联想企业文化培训，主要是让新员工了解联想、了解联想的企业文化。此外还包括联想式的沟通技巧、团队协作等。之后还会有一个“指导人计划”，即为每一个新员工在联想集团内部配备一个“指导人”，这些指导人都是联想集团在业绩方面(特别是对联想企业文化的理解上)突出的老员工，以使新员工进来之后立即遭遇到一次“洗脑”的过程，要他们认同联想的价值观，被联想的企业文化所同化，以联想的思维方式思考并解决问题。

四、诚信为本精神

诚信成为联想企业文化的基本准则。从创立之日起，联想集团确立了“取信于客户，取信于同事，取信于合作伙伴”的企业信条。1987年，联想集团作为国外品牌的代理卖给陕西的客户一台服务器，后来这台机器坏了，客户要求退修，但由于进出口的限制，联想集团做不到，加上刚开始办企业，对相关的规则也不清楚，就没有给对方回复。到了1989年，一个很偶然的机会这件事又反映到公司，联想集团就主动找到这个客户向他退赔了2万元。这对当时的联想来说是一笔不小的数字，但为了维护企业的诚信，联想集团还是咬牙付了。诚信已经成为联想企业文化的核心价值观。

五、品牌战略

联想集团的发展史实际上是其品牌建设与发展的历史。联想品牌战略经历了三个阶段：第一阶段(打基础阶段，1984—1990年)，第一代联想人用诚信和实际行动为联想品牌的建设打下了坚实的基础；第二阶段(树形象阶段，1990—2000年)，这期间联想集团赢得了良好的社会声誉，成功地创立并打响了自有品牌。目前，联想品牌建设进入第三阶段(2001年开始至今)，即品牌升级阶段。联想集团的业务范围更趋广泛，产品和服务体系日趋完善。如2004年4月28日，联想集团实施品牌切换工程取得成功，国内启用“lenovo联想”标识，国外启用“lenovo”标识。

2005年12月8日，联想集团以12.5亿美元的价格并购了IBM公司的全球个人电脑业务，联想集团将在5年内无偿使用IBM品牌。联想的品牌形象更加清晰，为联想集团树立起良好的社会形象。联想集团通过联想科技巡展等方式在全国范围内推广新的品牌标识及关联应用战略；伴随着“神舟5号”飞船顺利发射这样一个全民族共庆的喜事，联想集团推出新的“只要你想”为主题的形象广告，“人类用想法改变世界，只要您想”这是联想集团对飞船成功发射的致贺，也是鼓舞人们前行的口号。“只要你想”代表创新和超越，代表科技创造自由。联想集团将大力宣传自有品牌，目标是“Lenovo”品牌最终将取代IBM品牌。①

① 杨年东. 解析联想集团的企业文化[J]. 石油政工研究，2008，(4)：34.

六、社会责任

确立企业对社会的责任,培养个人对企业的责任是联想企业文化的重要内容。联想集团董事局主席柳传志说:“联想集团之所以能获得一些成功,根本的一点在于联想人是用了船主的责任感在当船长,说到底就是联想负责任,有使命感。“负责任,重承诺,讲信誉”是联想企业文化的重要标志。联想集团的使命概括为“四负责”。一是对客户负责,即为客户提供信息技术、工具和服务,使人们的生活和工作更加简便、高效、丰富多彩。二是对员工负责,即创造发展空间,提升员工价值,提高工作生活质量。三是对股东负责,即保值、增值,回报股东的长远利益。四是对社会负责,即服务社会文明进步。柳传志一贯强调“办公司就是办人”。联想集团坚持开展联想责任文化教育,要求公司员工要堂堂正正做事、认认真真履责、清清白白做人、勤勤恳恳劳动、理直气壮挣钱。

联想集团坚信企业是社会的一个重要部分,并致力于与员工和当地社会一道改善人们的工作质量和生活质量。联想集团积极参与社会公益事业,履行社会责任。

### 8.4.5 娃哈哈集团企业文化案例①

1987年,杭州娃哈哈集团有限公司(以下简称娃哈哈集团)的前身——杭州市上城区校办企业经销部成立,从事食品饮料的开发、生产和销售,主要生产含乳饮料、瓶装水、碳酸饮料、茶饮料、果汁饮料、罐头食品、医药保健品和休闲食品等八大类近100个品种产品的生产和销售。当年,企业创始人宗庆后带领2名退休老师,怀揣14万元借款,靠代销别人生产的汽水、棒冰及文具纸张赚一分一厘钱起家,开始了创业历程。第二年为别人加工口服液。第三年成立杭州娃哈哈营养食品厂,开发生产娃哈哈儿童营养口服液,产品一炮打响,走红全国。1990年,娃哈哈的产值已突破亿元大关。经过26年的发展,目前,娃哈哈集团总资产达300亿元,成为我国最大的食品饮料生产企业,全球第五大饮料生产企业。

娃哈哈集团在资产规模、产量、销售收入、利润、利税等指标上已连续11年位居中国饮料行业首位,成为目前中国最大、效益最好、最具发展潜力的食品饮料企业。2010年,全国民企500强排名第8位。2012年,娃哈哈集团实现营业收入636.31亿元,实现利税139.34亿,同比增长12.97%,上缴税金58.76亿元,同比增长7.96%。截至2012年,各项经济指标蝉联中国饮料行业榜首地位。在全国27个省市建有100余家合资控股、参股公司,在全国除台湾地区外的所有省、自治区、直辖市均建立了销售分支机构,并在全球范围内享有广泛声誉。娃哈哈集团飞速发展,二十几年来,其平均增长速度在70%以上,这有赖于国家改革开放政策和环境、各级政府领导的关心和支持,企业自身管理水平的提升、市场机遇的把握等,但其成功本质上得益于娃哈哈集团发展过程中形成的优秀企业文化。正如企业创始人宗庆后所说:“企业是树,文化是根;企业是大厦,文化是地基;企业是躯体,文化是灵魂。正是娃哈哈培育、建设的优秀企业文化,鼓舞着娃哈哈人克服前困难,形成企业强大动力。可以说优秀的企业文化是娃哈哈成功的核心”①娃哈哈集团的企业文化主要体现的是以“家

① 张一青.娃哈哈集团的企业文化及其启示[J].人才开发,2005,(4):36—38.

文化”即“凝聚小家、发展大家、报效国家”为主体的文化，①娃哈哈集团提出的“家文化”的理念包括以下五个方面。

一、艰苦奋斗，自强不息

娃哈哈集团在创业发展的过程中形成并坚持“励精图治，艰苦奋斗，勇于开拓，自强不息”的企业精神。娃哈哈的创业是在一无资金、二无技术、三无人员的艰难条件下开始的。创办之初，企业负债经营，开始了艰辛的创业历程。企业创始人宗庆后一年365天没有休息日，主动及时送货上门，坚持做到有求必应、优质服务，创业当年即盈利22万元。1991年，冒着经济风险和社会舆论的压力，宗庆后凭着敢为人所不敢为的精神，探索小鱼吃大鱼的实践，兼并了资不抵债的全国罐头生产骨干企业之一的杭州罐头食品厂，组建成立娃哈哈集团，从此娃哈哈逐步开始步入规模经营之路。正是娃哈哈集团艰苦的创业历程塑造了娃哈哈人锐意进取、不畏困难、艰苦创业的奋斗精神，同时也形成了一代代的娃哈哈员工“精益求精，追求卓越”的企业价值观。

二、精益求精，追求卓越

“精益求精，追求卓越”成为娃哈哈集团推出产品和服务的衡量标准，并深入到每位娃哈哈人的心中。娃哈哈集团非常注重产品的科技含量。以娃哈哈营养液为例，营养液从研制生产到投放市场，娃哈哈集团始终重视专家的指导，从儿童营养缺陷出发，突出了营养液的特殊含量——钙、铁、锌等，产品得到了家长的一致好评。娃哈哈集团在任何时候都绝对保证产品的质量，从原料采购、产品生产到质量检测等环节都严格把关，把质量管理落实到每道工序和每一个产品之中。由于质量可靠，所以产品投入市场后赢得了消费者的信赖。

三、终身学习，提升素质

娃哈哈集团建立起学习型企业文化，全体员工养成终身学习的习惯。学习是员工提高素质、胜任本职工作的需要，也是企业不断超越自我、谋求更大发展的有效手段。娃哈哈集团是一个典型的学习型组织。宗庆后在初建学习型组织的时候塑造了组织学习的整体环境，个人带头学习并确立了全员参与的学习理念，建立了学习机制，制定了鼓励学习的政策，制订了中长期计划。经过几年的努力，学习型组织的创建已初见成效，集团最终形成了资源共享、互帮互助、全员学习的良好氛围，为娃哈哈集团的持续快速发展增添了强大的后劲，促进娃哈哈集团实现了个人学习与团队学习的有机结合。

四、精简机构，民主管理

娃哈哈集团尊重员工的主人翁地位，注重调动员工的积极性和创造性，培养员工的责任感和参与管理意识。娃哈哈集团自下而上建立起了权力相对集中的权威性管理体制。集团实行总经理负责制，下面不设副职，由总经理直接领导各职能部门，一般情况下各职能部门也只设正职，部门领导直接对总经理负责。这种组织结构保证了政令畅通和令行禁止，实现

① 子夜：娃哈哈家文化[J]. 企业文化，2008，(1)：32.

了上有命令、下有行动的统一行动目标。为了避免权力简单集中，组织运行陷入僵滞，娃哈哈集团在强调集权的同时，还兼顾发扬民主，凡是涉及员工切身利益的重大决策宗庆后都广泛征求意见、听取意见，做到决策前人人有主意、决策后拧成一股绳，很好地处理了企业组织中民主与集中的关系。在员工政策上，娃哈哈集团将股份作为一项奖励措施分配给对企业有突出贡献的员工，在人员安排上，尽量做到使每个员工都学有所用，实现才尽其用。企业长期关心员工的生活，员工的子女从幼儿园到小学毕业的学费都由企业支付。正是在这种宽严相济"以人为本"的管理文化的指导下，娃哈哈集团产生了巨大的凝聚力。

五、社会责任

企业创始人宗庆后认为，社会是企业的生存依托，奉献社会既是义务也是责任，对社会负责也就是对自己负责。多年来，娃哈哈集团在文化事业、社会弱势群体、拥军优属和灾害救助等方面广泛履行社会责任。娃哈哈集团援建了23所希望小学，捐资成立"娃哈哈慈善基金会"、"馥莉慈善基金"，资助贫困大学生；开展"爱心支教大行动"，招聘100位志愿者赴川、黔贫困地区支教等，截至目前，娃哈哈累计教育类捐赠已达2.2亿余元。

# 参考文献


[1] 王杰,高敬,南兆旭. 哈佛模式·人力资源管理[M]. 人民日报出版社,2005:98—112.
[2] 匀诸. 学习速度:未来企业的核心竞争[J]. 中关村,2004:40.
[3] 李永峰,张明慧. 论企业生命周期[J]. 太原理工大学学报:社会科学版,2004,22(3):21—24.
[4] 杨志. 人本管理[M]. 东营:石油大学出版社,1998:4—5.
[5] 刘燕娜,郑少红. 管理学原理[M]. 北京:光明日报出版社,2004:2—3.
[6] 李慧颖. 2006 年福建民营经济出口快速增长同比增长 41.9%[EB/OL]. [2007-01-22]. http:// news. xinhuanet. com/local.
[7] 姚瑶. 民营企业与企业文化[J]. 理论界,2006,(6):155.
[8] 王立才. 论企业文化在企业管理中的作用[J]. 理论学刊,2003,(3):131—132.
[9] 周国荣. 企业文化建设与中小民营企业管理[J]. 福建农林大学学报:哲学社会科学版,2002,5(2):26—29.
[10] 张印堂,张霞. 浅谈我国中小民营企业的文化建设[J]. 经济问题,2006,(6):37—39.
[11] 邸平伟. 论民营企业的发展与加强企业文化建设的关系[J]. 北京大学学报(国内访问学者专刊),2000:73—75.
[12] 李彦亮. 关于民营企业文化建设的几点思考[J]. 江西社会科学,2004,(9):98—99.
[13] 鲍升华. 试论企业执行力文化建设[J]. 江汉论坛,2004,(10):63—65.
[14] 卞津舟. 关于培育企业执行力文化的几点思考[J]. 冶金企业文化,2006,(5):48—49.
[15] 章先彪. 基于企业生命周期的企业发展阶段理论研究[J]. 湖北经济学院学报:人文社会科学版,2007,(7):78—79.
[16] 李兰芹. 浅谈企业精神与企业文化的关系[J]. 苏盐科技,2003,(12):41—42.
[17] 李永峰,张明慧. 论企业生命周期[J]. 太原理工大学学报:社会科学版,2004,(3):21—24.
[18] 万光侠,张新纪. 努力塑造和培育企业精神[J]. 发展论坛,2003,(7):74.
[19] 高鹏. 浅谈优秀企业精神文化的形成[J]. 现代企业教育,2006,(9):60—61.
[20] 刘毅,张杰. 培育现代企业精神筑牢企业发展基石[J]. 工会论坛,2005,(9):89.
[21] 宋晓玲. 现代企业精神探析[J]. 经济师,2003,(7):182.
[22] 程华. 用文化塑造独特的企业精神[N]. 深圳特区报,2006-04-10.
[23] 袁宁. 企业文化与人力资源管理——浅谈步长集团的用人机制[J]. 中国人力资源开发,2001,(12):70.
[24] 徐春游. 企业文化与人力资源管理[J]. 重庆工学院学报,2004,(5):78—79.
[25] 曾天雄,马昌群. 试论以人为本的企业管理思想[J]. 湖湘论坛,2006,(4):37—38.

[26] LiebowitZ, Jay. BuildingOrganiZationalIntelligence:AKnowledgeManagement Primer [M]. BocaRaton, FL:CRCPress,2000.
[27] Entrepreneurshipin Economic Change: The Case of the Automobile Industry[J]. The Review of Austrian Economics,2003,(16).
[28] 刘惠君,周洁,李晓春. 民营企业文化存在的问题及对策研究[J]. 重庆大学学报:社会科学版,2003,(9):90—91.
[29] 王红斌. 企业文化与人力资源管理互动[J]. 职教论坛,2003,(15):38.
[30] Lavoie, Don, Chamblee-Wright, Emily[M]. Culture and Enterprise: The Development, Representation and Morality of Business. Rutledge Studiesin the Modern World Economy 26. Published By: Rutledge, 2001.
[31] 企业文化研究宣传中心. 什么是文化力[N]. 山东邮电报,2001.
[32] 陈春华,曹洲涛,曾昊. 企业文化[M]. 北京:机械工业出版社,2010:35—80.
[33] 李彬. 略论企业文化建设与企业管理的关系[N]. 经理日报,2005.
[34] 王再金. 民营企业文化管理[J]. 经济与管理,2003,(10):27.
[35] 黎永泰. 企业文化管理初探[J]. 管理世界,2001,(4):163—172.
[36] 邓小平文选[M]. 第2卷. 北京:人民出版社,1994:221.
[37] 李彦亮. 关于民营企业文化建设的几点思考[J]. 江西社会科学,2004,(9):98—99.
[38] 田红英,黄远新. 论企业文化的建设与管理[J]. 川北教育学院学报,2002,(6):17—19.
[39] 黄卓立,宋晓燕,叶永刚. 股票期权[M]. 武汉:武汉大学出版社,2000:38—40.
[40] 黎永泰. 企业文化管理初探[J]. 管理世界,2001,(4):171.
[41] 张敬文. 知识经济时代企业文化建设探讨[D]. 广州:暨南大学硕士论文,2003.
[42] 郑其绪. 柔性管理[M]. 东营:石油大学出版社,1996:30—31.
[43] 钱肇基. 柔性管理[M]. 北京:中国电力出版社,1998:40—43.
[44] 冯周卓. 走向柔性管理[M]. 北京:中国社会科学出版社,2003:51—53.
[45] 老子. 道德经[M]. 徐澍,刘浩,注译. 合肥:安徽人民出版社,1990:92 93.
[46] 游唤民. 孔子思想及其现代意义[M]. 长沙:岳麓书社,1994:83—55.
[47] 王文献. 论知识经济条件下的大企业管理创新[J]. 商业研究,2003,(5):17—19.
[48] 胡正荣,黄新民,王宇. 企业文化——现代企业之魂[M]. 北京:中国水利水电出版社,1985:45—46.
[49] 周强. 企业文化与竞争优势的关系[D]. 北京:对外经济贸易大学,2005.
[50] 刘光明. 企业文化[M]. 北京:经济科学出版社,2000:13—15.
[51] 〔美〕卡肖. 人活的资源——人力资源管理[M]. 张续超等,译. 北京:煤炭工业出版社,1989:55—58.
[52] 〔美〕沙因. 企业文化与领导[M]. 朱明伟等,译. 北京:中国友谊出版公司,1989:67—68.
[53] 方妙英. 对民营企业文化建设的探讨[J]. 当代经理人,2006,(6):027.
[54] 谢梅. 对日本的企业文化的借鉴与思考[J]. 西南民族学院学报:哲学社会科学版,2003,24:126—129.

[55] 李婷. 论企业品牌文化建设[D]. 武汉:武汉大学,2005.
[56] 田丽君. 全方位经营企业品牌战略[J]. 企业活力,2005,(10):14.
[57] 企业文化研究宣传中心. 什么是文化力[N]. 山东邮电报,2001.
[58] 贾春峰. 21世纪中国企业文化走势[N]. 今日浙江,2001,(5):20.
[59] 阮喜珍. 基于企业文化创新的核心竞争力的提升[J]. 科技创业月刊,2006,(6):74.
[60] 马钢企业文化课题组. 马钢五十年发展历程与企业文化建设[J]. 理论建设,2004,(5):93.
[61] 潘承烈. 民营企业要靠企业文化"传宗接代"[N]. 经济参考报,2006.
[62] 马树林. 积极推进民营企业文化建设[J]. 中外企业文化,2004,(2):4.
[63] 〔美〕伊查克·爱迪思. 企业生命周期[M]. 赵睿,译. 北京:中国社会科学出版社,1997.
[64] 林繁. 东西方企业文化的比较分析[J]. 现代商贸工业,2007,(11):162.
[65] 张向前,刘佳,黄种杰. 和谐社会企业文化管理分析[J]. 经济问题探索,2007,(2):132—133.
[66] 周文霞. 管理要正视人性特点[J]. 中国人力资源开发,2000,(1):9.
[67] 何载福. 企业文化建设实践与绩效研究[D]. 华中科技大学,2005.
[68] 范周. 企业文化导论[M]. 北京:世界知识出版社,1991:262.
[69] 王成荣,周建波. 企业文化学[M]. 北京:经济管理出版社,2002:340.
[70] 朱河山,陈翰武. 企业文化教程[M]. 武汉:武汉大学出版社,2003:209.
[71] 〔日〕名和太郎. 经济与文化[M]. 高增杰,郝玉珍,译. 北京:中国经济出版社,1987:36.
[72] 郑风田. 日本人企业家精神[M]. 北京:中国经济出版社,2001:133.
[73] 王英. 企业核心竞争力问题观点述评[J]. 党政干部学刊,2003,(8):22.
[74] 左建华. 谈企业核心竞争力[J]. 长江论坛,2000,(5):38—39.
[75] 管益忻,韩继志. 论企业战略多元化与专业化之关系[J]. 中国工业经济,1999,(3):55—58.
[76] 吴文盛. 欧美日企业文化之比较与启示[J]. 苏州大学学报,2006,(4):33.
[77] 王瑞. 中国传统文化与我国现代企业文化的构建[D]. 西安:西安电子科技大学,2006.
[78] 张巧云. 先进企业文化的构建[D]. 武汉:武汉大学,2005.
[79] 张云云. 企业人本管理体系及其构成要素研究[D]. 四川:西南石油学院,2005.
[80] 卢迎新,覃朝霞. 导入CIS打造电视媒介个性——凤凰卫视控股有限公司CIS案例分析[J]. 新闻界,2005,(2):31—33.

# 后　记

本书是作者多年关于企业文化建设与企业文化管理实践的研究成果。实践方面,1995年,作者曾在湖北十堰一家中型国有企业担任总经理,在福建福州丞心秘书事务有限公司、福州玖号企业管理咨询有限责任公司等企业担任管理顾问职务期间以及自己开办企业时期,就曾高度重视企业文化建设;理论研究层面,从2005年开始着手积累资料,2007年全年在浙江大学做访问学者期间将企业文化与人本管理作为唯一研究课题,经过多年实践研究,2009年年底《企业文化与人本管理》(第一版)面世。2012年,北京大学出版社有限公司根据市场需求,决定再版,为此,本人借此机会纠正了第一版存在的个别问题,并新补充了部分内容。

本书以作者的十余篇有关企业文化研究的论文为骨架,参考叶生的《企业灵魂》、罗长海的《企业文化》等著作,并吸收了许多专家、学者的研究成果,引用了中外知名企业成功实施企业文化建设和文化管理的实践范例,得益于领导在研究时间和研究经费等方面给予的大力支持,感谢参阅的冠捷电子(福建)有限公司、娃哈哈集团、海尔集团等其他企业文化建设与人本管理的成功案例,感谢我在浙江大学做访问学者的指导导师陈大柔教授对本人有关企业文化论文的指导和研究思路上给予的指导,感谢福州职业技术学院经济系郭丽霞、谢群斌二位管理学硕士在撰写过程中的交流与探讨,深化了本课题的研究,在此表示衷心的感谢!

本书的出版与再版还要感谢北京大学出版社有限公司的辛勤劳动,最后还要感谢家人的全力支持。

段维龙

2013年2月再版于广东职业技术学院